Herderbücherei

Band 8810

Über das Buch

Der Münsteraner Alttestamentler vermittelt hier das Wissen über Herkunft und Entstehung der Psalmen, zeichnet ein lebendiges Bild von der Welt der Dichter und ersten Beter der Psalmen und erschließt die geistliche Tiefe dieses gemeinsamen Gebetsschatzes von Judentum und Christenheit. Beispielhaft legt er 24 Psalmen auf die Grunderfahrungen menschlichen Lebens hin aus: „Wer Psalmen betet und sich von ihren Worten ergreifen läßt, wird nicht nur mit dem konkreten Leben konfrontiert, sondern in dieses ‚gesandt': Psalmen sind prophetisches und apostolisches Gebet zugleich. Sie versetzen den Beter in die lebenswichtige Spannung von Mystik *und* Politik, von Kontemplation *und* Engagement."
Diesem Band folgt 1995 ein zweiter: „Ich will die Morgenröte wecken – Psalmenauslegungen 2".

Der Autor

Erich Zenger, geboren 1939, Studium der Theologie und der Orientalistik in Rom, Jerusalem, Heidelberg und Münster; Dr. theol., 1972 Professor für Alttestamentliche Exegese in Eichstätt, seit 1973 in Münster/Westf.

Erich Zenger

Mit meinem Gott überspringe ich Mauern

Psalmenauslegungen 1

Herder
Freiburg · Basel · Wien

Neuausgabe 1994

Herstellung: Freiburger Graphische Betriebe 1993
Umschlagmotiv: Vincent van Gogh, Caféterrasse
bei Nacht, 1888. Rijksmuseum Kröller-Möller, Otterlo.
ISBN 3-451-08810-X

Inhalt

Vorwort

„Begreifen, was uns ergreift" – so hat der Literaturwissenschaftler Emil Staiger das Ziel der methodischen Textauslegung zusammengefaßt. Die Beschreibung der Architektur eines Gedichtes, seiner Bildwelt und seiner Sprache soll aufdecken, was ein Gedicht in uns bewegt und auslöst, damit wir die Dynamik begreifen, mit der es uns ergreift.

Die Psalmen der Bibel sind Gedichte. Um ihre Auslegung geht es in diesem Bändchen. Zwar verzichtet es auf den wissenschaftlichen Apparat, aber die Auslegungen sind fachexegetisch erarbeitet. Sie wollen keine Anmutungen anläßlich eines Psalmtextes mitteilen, sondern zum „begreifenden" Hören und Rezitieren der Psalmen selbst hinführen. Das Bändchen greift auf Beiträge zurück, die für die Wochenzeitung „Christ in der Gegenwart" geschrieben wurden. Die meisten wurden nun überarbeitet, andere kamen neu hinzu. Insgesamt wurden die Beiträge in den größeren literarischen und theologischen Zusammenhang des Psalmenbuchs eingeordnet, so daß nun, wie ich hoffe, eine Einführung in Gestalt und Theologie des Psalmenbuchs überhaupt vorliegt.

Die kleine Studie, die auch im Kontext meiner Arbeit an einem Psalmenkommentar für die Neue Echter Bibel steht, verdankt vieles anderen Fachkollegen. Der Charakter des Bändchens läßt eine Einzeldokumentation nicht zu; das Literaturverzeichnis am Schluß des Bändchens gibt entsprechende Hinweise und Anregungen zur Weiterarbeit.

Bei der Fertigstellung des Manuskripts und beim Lesen der Korrekturen haben Barbara Bögge, Roland Krabbe, Resi Koslowski, Marlies Mittler und Susanne Schulte geholfen; ihnen danke ich sehr herzlich.

Münster, am jüdischen Purimfest 1987 *Erich Zenger*

I. Psalmen rezitieren – wozu und wie?

„Ich bin ziemlich sicher, daß heutzutage außer unseren Geistlichen nur noch wenige in den Psalmen des Alten Testaments lesen. Ein paar Bibeltreue wahrscheinlich, einige kranke alte Menschen, vielleicht auch ein junger Dichter, der bei Brecht gelernt hat, wie gut Luthers kräftiges oder feingestimmtes Deutsch in unserer Zeit noch zu gebrauchen ist ..." Fast bin ich bereit, dieser pessimistischen Analyse des vielfach preisgekrönten Schriftstellers und Mitglieds der Deutschen Akademie für Sprache und Dichtung Heinz Piontek zuzustimmen. Ja, wo und wie leben die biblischen Psalmen heute? Als gelebte Tradition in der Synagoge? Als Füllelemente bei christlichen Großveranstaltungen? Als tägliches Brot für die, die das kirchliche Stundengebet in Gemeinschaften oder allein als geistliche Uhr ihres Alltags gewählt haben? Leben die Psalmen noch bei Dichtern und Komponisten? Leben sie bei den Kirchenchristen – oder überleben sie, weil sie sich, gewissermaßen wie von selbst und unkontrolliert, immer wieder den Menschen aufdrängen? Weil der Geist weht, wo er will ... Noch wichtiger ist die Frage: Was lebt in den Psalmen? Was geschieht, wenn Menschen nach den Psalmen der Bibel greifen und von ihnen ergriffen werden?

Psalmen beten ist ein großes Wunder

„Jetzt hilft nur noch beten", leichthin gesagt oder als Schlagzeile von Sensationsblättern mißbraucht, ist dieser Satz gewiß ärgerlich. Aber er ist zutiefst wahr, wenn er gelebt wird! Wenn Menschen in Ausweglosigkeit und Not sprachlos und apathisch werden, wenn andere im Glück oder im Erfolg sich selbst überschätzen, wenn wieder andere in der Banalität und im grauen Trott des Alltags abstumpfen, wenn nochmals andere in ihrer Rücksichtslosigkeit über Leichen gehen – wer in solchen Situationen nach den Psalmen der Bibel greift, wird aus seiner Einsamkeit, Lebensangst oder Selbstbezogenheit befreit. Nicht nur, weil er sich selbst zurücknehmen läßt, indem er Gebete rezitiert, die andere vor ihm schon gebetet haben. Nicht nur, weil er so seinen Gefühlen und Sehnsüchten Gestalt und Sprache gibt. Sondern vor allem, weil er sich so in der Nacht seiner Qualen und Gefahren dem menschenfreundlichen Gott JHWH entgegenstreckt. Weil er darauf setzt, daß da ein Gott ist, dessen An-sehen sein Ansehen ist und in dessen Licht sein Leben neu er-scheint.

Die chassidische Tradition hat dieses Geheimnis der Psalmen in dem Ausruf zusammengefaßt: „Verlaßt euch nicht auf Wunder, sondern rezitiert Psalmen!" Wer auf Wunder wartet, wartet auf ein Ereignis, das alles neu macht. Von Wundern erwartet man Rettung in der Not. Oder das ganz große Glück. Oder die Erfüllung eines Wunsches, den man sich selbst nicht erfüllen kann. Solche Wunder gab und gibt es – aber nicht für Menschen, die so darauf warten, daß das Warten ihnen zur lähmenden Tatenlosigkeit gerät. Wer sich auf Wunder verläßt, ist verlassen. Aber wer auf Wunder hofft, wer darauf hofft, daß nichts so bleiben muß wie es ist, und wer diese Hoffnung seinem Gott mit Psalmen sagt, wird erfahren, daß sich ihm dabei eine Quelle der Lebenskraft auftut. Das ist die Paradoxie des Psalmenrezitierens: Wer *ihre* Worte zu den *seinen* macht, ist in höchstem Maße aktiv und wird zugleich vor falschem Aktivismus bewahrt. An dem, der Psalmen rezitiert, geschieht das Wunder, daß er sich frei dem Gott der Freiheit aussetzt.

Es gibt im Grunde zwei Möglichkeiten, die Psalmen der Bibel zu beten. Entweder können wir sie als *unsere* Gebete rezitieren, weil wir unser Leben und unseren Gottesglauben in ihnen zusammengefaßt sehen. Oder wir rezitieren sie, weil unser Leben und unsere Erfahrung von Welt und Geschichte sich *nicht* mit den Psalmen und ihrer Hoffnung auf Gott decken: weil wir nichts mehr von Gott erwarten, weil wir eigentlich nicht mehr zu ihm rufen können und wollen, weil wir an seiner Güte und Treue zweifeln ... Wenn wir in solchen Augenblicken dennoch nach den Psalmen greifen, kann uns aufgehen, weshalb die Psalmen in der Bibel stehen, die wir „Wort Gottes in Menschenwort" nennen ...

Wer die Psalmen der Bibel zu seinen Gebeten macht, hofft auf das Wunder, das der 18. Psalm in einem „unglaublich schönen" Bild zusammengefaßt hat. „‚Unglaublich schön' will heißen, daß sogar Unglauben diesem Schönen nichts anhaben, sondern es, paradoxerweise, nur noch potenzieren kann" (Heinz Piontek). Dieses Bild sagt: „Mit meinem Gott kann ich über Mauern springen" (Ps 18, 30). Der Gott der Psalmen gibt mir die Kraft, (Stadt)Mauern, die Ausdruck von Angst oder Feindschaft sind, zu überspringen. Mögen es Mauern sein, die andere gebaut haben oder die wir selbst aufrichten. Weder mit dem Kopf durch die Wand noch mit der Planierraupe, die alles und jeden niederwalzt, noch mit Brandpfeilen und Kriegsmaschinen – nein, mit dem Gott der Güte und der Gerechtigkeit geschieht mir das Wunder, daß der Böse und das Böse mich nicht mehr einengen und abschrecken. Mit meinem Gott packe ich an, wovor ich, auf mich allein gestellt, zurückweichen würde. Mit unserem Gott gelingt das Wunder des Exodus. Ja, mit ihm überspringen wir Mauern und Trennwände.

Dieses Geheimnis buchstabieren die Gebete der Psalmen, die wir „aus der Tiefe" zum himmlischen Thron hinaufschicken. „Wenn wir sagen, daß unsere Gebete zum himmlischen Thron aufsteigen, dann bedeutet das, daß sie dort aufgenommen werden wie Kinder, die von einer langen Reise zurückgekehrt sind" (Elie Wiesel). Die Psalmen erinnern uns, daß wir auf der Reise sind – und sie halten das Ziel der Reise fest. Und sie lassen uns buchstäblich erfahren, daß wir nicht allein reisen.

Vom Segen des Psalmenrezitierens

Rabbi Schmuel von Kaminka, eine bedeutende Gestalt des chassidischen Judentums, erzählte aus seinem Leben die folgende Geschichte: „Einmal beschloß ich, einen ganzen Tag der Rezitation der Psalmen zu widmen. Als ich gegen Abend kurz vor dem Abschluß meines Gebetes war, kam der Diener meines Rabbis, des ‚Tschidnower Maggids', zu mir herüber und sagte, der Maggid wünsche mich zu sprechen. Ich bat ihn, dem Rabbi zu sagen, ich würde sofort nach dem Abschluß des Gebets zu ihm kommen. Doch kam der Diener zurück und sagte, der Rabbi fordere mich auf, sofort ohne Verzug zu kommen. Als ich zu meinem Lehrer kam, fragte er mich, warum ich der ersten Aufforderung nicht nachgekommen sei, und ich erklärte ihm den Grund. Der Maggid erwiderte: ‚Ich habe dich gerufen, damit du eine Sammlung für einen in Not geratenen Juden durchführst. Psalmen können die Engel genausogut singen wie wir, doch sterbliche Menschen allein kann Gott dazu brauchen, um den Armen zu helfen. Wohltätigkeit ist ein größeres Werk als das Psalmengebet, da nicht einmal Engel dieses Gebot erfüllen können!"*

Diese Geschichte könnte gut von einem/einer der zahlreichen Verfasser(innen) biblischer Psalmen stammen. Keine(r) von ihnen hat das Rezitieren oder Meditieren eines Psalms als Alternative zu einer geforderten Tat der Nächstenliebe verstanden. Daß Gottesliebe sich in der Nächstenliebe bewähren muß und daß Nächstenliebe aus der Gottesliebe Leidenschaft und Großherzigkeit schöpfen kann, ist Grundüberzeugung der gesamten biblischen Überlieferung. Auch der Psalmen. Ihr Festhalten an Gott, ihre Gottsuche und ihr Gotteslob erwachsen ja aus den Stürmen, Nöten und Freuden des privaten und des politischen Alltags. Sie sind verdichtetes Leben und wollen Leben prägen – von Gott her und auf Gott hin. Wer Psalmen betet und sich von ihren Worten pakken läßt, wird nicht nur mit dem konkreten Leben konfrontiert, sondern in dieses „gesandt": Psalmen sind prophetisches und apostolisches Gebet zugleich. Sie versetzen den Beter in die lebenswichtige Spannung von Mystik *und* Politik, von Kontemplation *und* Kampf!

Was auf den ersten Blick als eine Grenze des Psalmenbetens erscheint, nämlich daß die Psalmen doch keine „persönlichen, spontanen Gebete", sondern „vorgegebene Gebetsformulare" sind (für manchen Zeitgenossen im Zeitalter von Kreativität, Spontaneität, Phantasie usw. ja ein schlimmer Fehler!), halte ich für einen großen Vorzug, für eine echte Segensquelle. Und zwar in zweifacher Hinsicht:

1) Es ist eine Illusion, daß der Mensch fähig ist, seine

* Nach P. Kuhn, Weißt du, wo Gott zu finden ist? Geschichten aus dem chassidischen Judentum, Kevelaer 1984, 87 f.

Erfahrungen, Nöte und Sehnsüchte immer adäquat und gleich intensiv auszudrücken oder kreativ zu verarbeiten. Es gibt Augenblicke der Ratlosigkeit und der Resignation, des Leids und der Angst, aber auch der Freude und des Glücks, in denen vorgegebene Texte aus der Sprachlosigkeit herausführen und der Situation eine Erlebnistiefe geben können, die „aus eigener Kraft" nicht erbracht werden könnte. Am Sterbebett zum Beispiel „originell" und „kreativ" beten zu wollen oder zu müssen, wäre anthropologisch und theologisch verstiegen! Ja, vorgegebene Texte wie die Psalmen, mit denen über Jahrhunderte hinweg Menschen das Leben und den Tod bestanden haben, können leichter zur Segensquelle werden als die zahlreichen Produkte jener kurzlebigen „Gebetsliteratur", die so modern und originell ist, daß sie schon am Tag ihrer „Veröffentlichung" keinen Lebensbezug mehr hat.

2) Die Psalmen bewahren uns davor, in unserem Beten kleinkariert und steril zu werden. Sie sind eine Gabe Gottes, um echt beten zu lernen. „Beten-lernen, das klingt uns widerspruchsvoll. Entweder ist das Herz so übervoll, daß es von selbst zu beten anfängt, sagen wir, oder es wird nie beten lernen. Das ist aber ein gefährlicher Irrtum, der heute freilich weit in der Christenheit verbreitet ist, als könne das Herz von Natur aus beten. Wir verwechseln dann Wünschen, Hoffen, Seufzen, Klagen, Jubeln – das alles kann das Herz ja von sich aus – mit Beten. Damit aber verwechseln wir Erde und Himmel, Mensch und Gott. Beten heißt ja nicht einfach das Herz ausschütten, sondern es heißt, mit seinem erfüllten oder auch leeren Herzen den Weg zu Gott finden und mit ihm reden" (D. Bonhoeffer). Die Psalmen als vorgegebene, ja als gottgegebene Gebete stellen uns in den großen Strom einer Gebetsgeschichte hinein, über der die dem Abraham zugesprochene Verheißung steht:

„In dir sollen Segen erlangen alle Geschlechter der Erde" (Gen 12,3).

Mit den Psalmen der Bibel ist es wie mit dem Brot. Über Brot kann man diskutieren, man kann es analysieren, chemisch in seine Bestandteile auflösen ..., doch nur dem, der das Brot ißt, gibt und stärkt es das Leben. Wer die Psalmen betend „in sich hineinspricht" (Ps 1,1), wer mit ihnen „aus den Tiefen schreit" (Ps 130,1) und wer mit ihnen staunend-dankend aufschaut zu IHM, „der in der Höhe thront und sich hinabwendet in die Tiefe, um den Schwachen aus dem Staub aufzurichten und den Armen aus dem Schmutz zu erhöhen" (Ps 113,6f) – der wird erfahren, daß „der Mensch von allem lebt, was der Mund JHWHs ausspricht" (Dtn 8,3), nämlich daß er lebt vom Brot *und* vom Wort, die Gott gibt.

Christliche Vorbehalte gegen die Psalmen

Wie anderen alttestamentlichen Texten sind auch den Psalmen Vorwürfe und Vorbehalte von seiten der Christen nicht erspart geblieben. Zwar haben die Psalmen insgesamt die besten christlichen „Noten" erhalten, nicht zuletzt deshalb, weil die Psalmen seit den Anfängen der Kirche zur „eisernen Ration" auch der christlichen Frömmigkeit und der offiziellen Liturgie gehört haben. Dennoch: Landauf, landab rümpfen sich christliche Nasen darüber, daß die poetische Schönheit und die anthropologisch-theologische Tiefe dieser Gebete und Gedichte immer wieder durchbrochen, ja – so sagt man – verunstaltet werden durch jene emotionalen Ausbrüche, in denen die Psalmenbeter ihren Haß über Feinde und Gottlose herausschreien, deren Verschwinden und Vernichtung fordern und den „Gott der Rache" anrufen. Unsere Übersetzungen glätten die oftmals deutliche

Sprache solcher Psalmenstellen, aber die Schärfe und die Klarheit des Urtextes lassen sich nicht immer „verbergen" – also streicht man sogar ganze Psalmen (wie Ps 58; 83; 109) oder wenigstens einzelne Psalmenverse (z. B. Ps 137, 8 f) aus dem biblischen Gebetsschatz, den man im Stundengebet oder in christlichen Gebetbüchern den Christen zum betenden Nachvollzug anbietet.

Nun könnte man auf diese Vorgänge und Vorwürfe einfach mit zwei Autoritäts-Argumenten antworten. 1) Das fatale Klischee, „der Gott der Rache" sei alttestamentlich-jüdisch und „der Gott der Liebe" sei neutestamentlich-christlich, ist historisch falsch und theologisch gefährlich (und ist übrigens *eine* der zahlreichen Wurzeln des Antisemitismus!). Wer immer noch meint, „der Gott der Rache" und der Fluch seien kein christliches Thema, der lese z. B. Mt 25, 41; 1 Kor 16, 22; Offb 6, 10; 19, 11–21. Die Schere, die die Psalmen zerstümmelt, müßte auch an das Neue Testament angesetzt werden. Ob das jene christlichen Kommissionen bedacht haben, die einzelnen Psalmen „die rote Karte" gezeigt haben? 2) „Das Wort Gottes lasset stahn!" – dieser reformatorische Kampfruf bringt auf den Punkt, was theologisch geschieht, wenn Menschen sich zu Schiedsrichtern über „Gottes Wort" aufspielen. Immerhin gilt der Kanon doch als abgeschlossen. Soll er nun doch nachträglich noch verändert werden? Wer dies will, muß die grundsätzlichen Konsequenzen mitbedenken. Offensichtlich halten manche Christen die Bibel für einen weniger heiligen Text als die kirchenamtlichen Dokumente. Oder darf man mit diesen ähnlich umgehen ...?

Nein, nicht streichen oder verdrängen dürfen wir diese harten, vielleicht sogar unverdaulichen „Brocken" im Psalmenbuch. Wir müssen sie zu begreifen versuchen – um sie zu akzeptieren und um sie richtig beten zu können. Viel wäre hier zu sagen.

Exegetisch wäre an Einzelpsalmen zu zeigen, daß es Psalmen, die durch und durch von Rache und Haß bestimmt sind, im Psalmenbuch gar nicht gibt, sondern daß die Racheschreie jeweils eingebunden sind in die Geschehensstruktur der Klage und der Bitte um Rettung. Es wäre herauszuarbeiten, daß die immer wieder gebrauchte Formulierung „Fluchpsalmen" töricht und falsch zugleich ist, weil ausgerechnet im Psalmenbuch keine Flüche (wie z. B. in Dtn 27–28) stehen; es sind meist Wünsche und Bitten, die direkt und indirekt Gott vorgetragen werden, damit ER dem Treiben der Feinde ein Ende setzt. Es wäre zu entfalten, daß die emotionale Sprache dieser Psalmenstellen kein dogmatischer Lehrsatz, sondern Dichtung ist, d. h. Ausdruck von Ängsten, Stimmungen, Aggressionen, Verletztheiten – und Äußerung der Sehnsucht, daß das Böse und die Bösen nicht das letzte Wort haben können und dürfen! Es wäre auch tiefenpsychologisch aufzuhellen, wie wichtig es ist, die Ängste und Aggressionen nicht zu verdrängen, sondern zuzulassen und sie im Gebet vor Gott (!) auszusprechen, sie gewissermaßen in SEINE Hände zu legen, damit sie nicht urplötzlich die eigenen Hände zur Tat treiben!

Vor allem aber sind zwei Gesichtspunkte wichtig:

1) Die alttestamentlichen Rachewünsche sind Lebensäußerungen der Verfolgten, Armen und zu Tode Erschrockenen, die damit den letzten Funken ihres Lebenswillens mobilisieren; sie sind verzweifelte Manifestation ihrer Ohnmacht und der Versuch, sich die Subjekthaftigkeit nicht vollständig zertreten zu lassen; sie sind Reaktion auf unsägliche Not. Und *da* liegt eine (verborgene) Wurzel unserer Schwierigkeiten mit diesem Teil der Psalmensprache: Weil wir diese Tiefe der Not nicht selbst kennen oder bei anderen nicht wahrnehmen, tun wir uns schwer, diese Psalmen zu beten. Das bürgerliche Christentum der Neuzeit müßte sogar Angst bekom-

men, diese Gebete wirklich ehrlich in den Mund zu nehmen: es wären Gebete über und gegen es selbst!

2) Theologisch halten diese Psalmenelemente fest, daß es für den biblischen Gott und vor ihm keine falsche Neutralität angesichts von Ungerechtigkeit und Leid gibt. Der Psalter verordnet den Unterdrückten nicht die brüderliche Liebe zu den Unterdrückern, damit diese so weitermachen können wie bisher. Nein, das Psalmenbuch entlarvt die Unterdrückungsmechanismen und fordert Gott selbst auf, die Zustände zu beenden – damit SEIN Reich der Gerechtigkeit und der Solidarität wachse!

Graben und Brücke zugleich zwischen Judentum und Kirche

Wenn Christen die Psalmen der Bibel rezitieren, dürfen sie nicht vergessen und verdrängen, daß diese zuallererst die Gebete Israels waren – und bis zum Ende der Zeiten bleiben! Israel hat über die Jahrtausende seiner Geschichte hinweg, auch in den Leiden, mit denen die Kirchen und christlichen Autoritäten die Juden überhäuft haben, seine Identität nicht zuletzt darin gerettet, daß es die Psalmen rezitiert und weitergegeben hat. Auch in den Gettos und Konzentrationslagern haben Juden die Psalmen rezitiert, als Zeugnisse der Menschenwürde und des ewigen Bundes Gottes mit diesem SEINEM Israel. Sie haben die Psalmen durch den Feuersturm des Holocaust hindurch bewahrt – auch für uns Christen.

Daß wir als Kirche die Psalmen nach Auschwitz noch beten dürfen, hat zwei theologische Voraussetzungen:

1) Gewiß kann jeder Mensch die Psalmen beten, wenn er beten will. Und manche sogenannte Atheisten beten vielleicht mehr mit Psalmen, als wir denken. Doch als

Kirche dürfen wir das nur tun, wenn wir die Rezitation der Psalmen als Aufforderung und Bekenntnis zur Solidarität mit dem jüdischen Volk begreifen. Das „Wir" der Psalmen muß christlicherseits die Juden miteinschließen. Aber weder in missionarischer Absicht noch in der Pose der Enteignung, sondern im Respekt vor der theologischen Würde, die Israel auch „post Christum natum" nicht verloren hat: daß es Volk Gottes ist und bleibt. Gewiß hat auch die Kirche Anteil an dem Geheimnis „Volk Gottes", das eine dynamische und eschatologische Wirklichkeit darstellt. Zwar hat die Kirche sich bisweilen als das „wahre" und „eigentliche" Israel bezeichnet, das das jüdische Volk theologisch ablöst und ersetzt. Doch ist dies, wie nicht zuletzt die neueren lehramtlichen Äußerungen hervorheben, weder biblisch legitim noch theologisch vertretbar. Schon der 1. Petrusbrief (2,9) belegt dies, wenn er die in Ex 19,5f Israel zugesprochenen Ehrentitel „auserwähltes Geschlecht, königliche Priesterschaft, heiliger Stamm, Volk, das sein besonderes Eigentum wurde" *ohne* den bestimmten Artikel (daß Martin Luther hier den bestimmten Artikel einführt, hängt mit seinem Antijudaismus zusammen!) auf die christlichen Gemeinden bezieht: Wo und wann die christliche Kirche sich von Gott in Dienst nehmen läßt, ist sie „Volk Gottes" – zusammen mit Israel, nie gegen es!

2) Daß wir als Kirche die Psalmen Israels rezitieren, erinnert uns daran, daß diese das „Gebetbuch" Jesu und der ersten Christen waren. Mit den Psalmen sagen wir ausdrücklich ja zu unserer jüdischen Ursprungsgeschichte und zu dem jüdischen Erbe, das seit den Anfängen der Kirche bei uns da ist. Mich erschüttert und beschämt der Gedanke, daß wir als Kirche inzwischen über zwei Jahrtausende hindurch die Psalmen rezitiert, aber immer noch nicht den theologischen Antijudais-

mus überwunden haben, der seit Markion christliche Köpfe und Herzen verdreht und verhärtet.

Das Rezitieren der Psalmen macht bewußt: sie sind Graben *und* Brücke zugleich zwischen Judentum und Kirche. Daß beide die gleichen Gebete auf eigene Weise zu ein und demselben Gott sprechen, ja im Respekt vor der Eigenart des anderen, hält fest, daß es eine „Wand" zwischen ihnen gibt, die zugleich trennt und verbindet. Judentum und Christentum sind wie Familien, die „Wand an Wand" im großen Haus ein und desselben Gottes wohnen. Solches ist, wie wir wissen, nicht immer einfach. Es bringt Probleme, fordert Rücksicht und schränkt manchmal ein. Aber es kann auch bereichern, vor allem, wenn die Familien die rechte Balance von Nähe *und* Distanz finden. Die Psalmen sind eine Einübung dazu!

II. Das Psalmenbuch als Teil der Bibel

Wenn wir die Bezeichnung „Psalmen" hören, denken wir an die 150 Gebete, Gedichte und Lieder, die in unserer christlichen Bibel im Mittelteil des Alten Testaments im Psalmenbuch zusammengestellt sind. In der jüdischen Bibel, dem TaNaCH, steht dieses Buch im letzten Teil, den „Schriften". Aber diese 150 Psalmen sind nicht die einzigen „Psalmen" des Alten Testaments. Auch in anderen Büchern gibt es „Psalmen", so z. B. das Siegeslied am Schilfmeer in Ex 15, 1–18, das Lied des Mose in Dtn 32, das Magnificat der Hanna, der Mutter des Samuel, in 1 Sam 2, 1–11, das Totenklagelied des David über Saul in 2 Sam 1, 19–27, die „Konfessionen" des Jeremia in Jer 11; 15; 17 f; 20, das „Danklied der Geretteten" in Jes 12, 1–6, den Lobgesang der drei Jünglinge im Feuerofen in Dan 3, das „Dies irae" in Zef 1, 14–18. Die Aufzählung ließe sich noch vermehren, vor allem wenn wir das Ijob-Buch hinzunähmen. Das Buch der „Klagelieder" könnte man sogar als zweites kanonisches Psalmenbuch bezeichnen.

Das Buch mit den 150 Psalmen ist also eine kleine Auswahl. Das biblische Israel hat viel mehr Psalmen gedichtet und gesungen, als da zusammengestellt sind. Das bestätigen auch die Textfunde aus den Höhlen bei Chirbet Qumran, dem essenischen Kult- und Verwaltungszentrum am Toten Meer. Hier wurden nicht nur Teile aus 31 Exemplaren des biblischen Psalmenbuchs (mit übrigens teilweise unterschiedlicher Reihenfolge der Psalmen im letzten Drittel des Psalmenbuchs!) entdeckt, sondern auch „Psalmen", die sich nicht im kanonischen Psalmenbuch finden. Darunter sind Psalmen, die von den Essenern selbst verfaßt wurden, aber auch solche, die „vor-essenisch" sind wie z. B. der jetzige Schlußpsalm der griechischen Bibel (Septuaginta), der nicht in den hebräischen Kanon aufgenommen wurde (vgl. unten Kapitel XI).

Sogar das Neue Testament bezeugt, daß der Schatz jüdischer Psalmen umfangreicher war als das biblische Psalmenbuch. Sowohl das „Magnificat" Mariens (Lk 1,46–55) als auch das „Benedictus" des Zacharias (Lk 1,68–79) greifen wahrscheinlich jüdische Psalmen auf und erweitern sie christlich bzw. christologisch.

Lobpreisende Antwort Israels

In einer klassisch gewordenen Formulierung hat Gerhard von Rad, einer der großen Alttestamentler dieses Jahrhunderts, die Psalmen als „Antwort Israels" gekennzeichnet. In den Psalmen wird sichtbar, daß Israel sich als Bundesvolk verstanden hat. JHWH hat sich Israel eben nicht als stummes Objekt seines Geschichtswillens erwählt, sondern zum Gespräch. Die Psalmen sind Niederschlag dieses Gesprächs, in dem Israel und der einzelne Israelit im Gegenüber Gottes zum Wir und Ich gefunden haben. Sie sind Israels Antwort auf die erfahrene Zuwendung und auf die erlittene Verborgenheit seines Gottes. Die Antwort zeigt uns, „wie Israel ... diese Existenz in der Unmittelbarkeit und Nähe zu Jahwe bejaht und verstanden hat; welche Anstalten es getroffen hat, sich vor sich selbst und vor Jahwe in dieser Nähe zu rechtfertigen oder zu schämen. Sie zeigt uns aber auch, wie Israel in diesem Verkehr mit Jahwe sich selbst offenbar wurde und in welchem Bild es sich sah, wenn es redend vor Jahwe trat" (G. von Rad). Sich selbst, als Kollektiv und als Individuum, im Geheimnis seines Gottes zu begreifen und sich der Lebensgemeinschaft mit ihm zu vergewissern, darum geht es in den Psalmen. Insofern die Psalmen Antwort sind, entspringen sie dem in der Alten Welt lebendigen Ursprung von Religion, der der Moderne und der Post-Moderne verlorengegangen ist. Während für uns Heutige Religion Ausdruck der Sehnsucht nach dem Heiligen ist und von der Gottessuche geprägt ist, setzt die Religion der Alten die Erfahrung des Heiligen, seine Gegenwärtigkeit und Wirkmächtigkeit voraus.

Weil die Psalmen „Antwort" sind, sind es zumeist Texte, in denen ein „Ich" oder ein „Wir" redet. Manchmal verschmelzen „Ich" und „Wir" sogar in ein und demselben Psalm (z. B. Ps 40). Die Exegese hat oft diskutiert, ob das „Ich" ein individuelles oder ein kollektives „Ich" ist. Heute wissen wir, daß dies eine eher moderne Unterscheidung ist. Auch wenn der einzelne Israelit „ich" sagte, wußte er sich eingebunden – gerade im Angesicht seines Gottes, vor dem und zu dem er betete – in das „Wir" des Gottesvolks. Und umgekehrt wußte sich Israel vor dem „Du" seines Gottes als eine Gemeinschaft, deren Leben unteilbar und verletzlich zugleich war wie das eines „Ich".

Aber es war ein lebendiges, vielgestaltiges „Ich" und „Wir", das da in den Psalmen seinem Gott antwortete. Vielleicht ist dies sogar das Faszinierendste am Psalmenbuch überhaupt. In ihm begegnen wir eben nicht nur der „offiziellen" Antwort Israels, sozusagen den Texten einer Kommission, einer Synode oder eines Konzils. Nein, hier sind Stimmen aus allen Schichten des Volkes gesammelt. Hier kommen nicht nur ausgebildete Theologen, Kultfunktionäre, Weisheitslehrer oder Könige und Beamte (sogar sie „beten"!) zu Wort, sondern ebenso Leute des einfachen Volkes, mit all ihren Nöten und Freuden; auch Psalmen, die von Frauen gedichtet wurden (z. B. Ps 131), fehlen nicht.

Die Psalmen sind eine „Antwort", die mitten aus dem Leben kommt. Das zeigen, wie die Exegese im einzelnen nachweist, die Situationen, in denen sie entstanden, für die sie erstmals verfaßt oder in denen sie immer wieder verwendet wurden („Sitz im Leben"): „Hausgottesdienste" am Bett eines Kranken, familiäre Opferdarbringungen am Heiligtum, große festliche Anlässe wie Krönungsfeierlichkeiten des Königs, Wallfahrtsgottesdienste, Buß- und Fastentage, aber auch als Gebete von einzelnen („Privatpersonen"), als Meditationstexte der Weisheits- und Tempelschule oder als theologische Dichtung. Wie kein anderes biblisches Buch ist der Psalter deshalb ein Volks- und Lebensbuch.

Vor allem aber gilt: die Psalmen sind eine *lobpreisende* Antwort Israels. So jedenfalls faßt die hebräische Tradition das den Psalmen gemeinsame Grundanliegen im Titel zusammen, den sie diesem Buch gibt. Während die bei uns durch die griechische Bibel (Septuaginta) üblich gewordenen Bezeichnungen „Buch der Psalmen" (griechisch *psalmós* = „Lied") oder „Psalter" (griechisch *psaltérion* = hebräisch *nebäl* = „Standleier", „Harfe") eine Aussage über die Verwendung dieser Texte (mit Musikbegleitung gesungene Gebete) machen, gibt der in der jüdischen Überlieferung gebrauchte Titel *sefär tehillim* = „Buch der Preisungen" (so mit Martin Buber) eine theologische Gesamtdeutung: In jedem einzelnen Psalm und in diesem Buch als Ganzem geht es um den Lobpreis des Gottes Israels. Diese Sicht überrascht auf den ersten Blick. Immerhin ist der größere Teil der Psalmen nicht Lob, sondern Klage. Doch erschließt bei genauerem Zusehen gerade diese Gesamtbezeichnung die theologische Bedeutung dieses biblischen Buches. Was, wie und von wem immer in einem Psalm gesprochen wird, preisend oder klagend, immer wurzeln die Worte und Sätze in der Gotteswirklichkeit, daß ER da ist und da sein will inmitten SEINES Volkes. Daß der Gott JHWH nicht der Götze einer leeren (philosophischen oder mathematischen) Jenseitigkeit ist, sondern ein lebendiges Du, ein ansprechbarer Gott, der hört und sich herausfordern läßt, dem man sein Herz ausschütten kann, dem man alles sagen darf (ohne Angst vor Mißverständnissen und Sanktionen!), der es sich sogar „gereuen" läßt (vgl. Ex 32, 14) – das ist die Grundposition, von der die Psalmen herkommen und die sie uns zur Annahme und Einübung anbieten. Die einzelnen Klagepsalmen bezeugen dort, wo sie die Rätselhaftigkeit und das Schweigen Gottes oder die als feindselig empfundene Gottverlassenheit beklagen und herausschreien, die lebendige Leidenschaft der Überzeugung, daß menschliches Leben nur als Leben vor und mit dem lebendigen Gott gelingen und sich vollenden kann. Deshalb schließen die Klagepsalmen (für uns oft überraschend) mit einer positiven Bekenntnisaussage. Und deshalb sind gerade die Klagepsalmen als sprachliches Ringen um die Erfahrung des gnädigen und rettenden Gottes ein Lobpreis des Gottes JHWH!

Daß das Psalmenbuch die lobpreisende Antwort Israels auf JHWHs Gerichts- und Heilshandeln sein will, wird auch in der kompositionellen Endgestalt des Buches sichtbar. Die meisten Bibelausgaben gliedern das Psalmenbuch in fünf Teile bzw. Bücher: Ps 1–41; Ps 42–72; Ps 73–89; Ps 90–106; Ps 107–150. Literarisch läßt sich dies begründen mit den sogenannten Doxologien (Lobpreisformel: „Gepriesen/Gesegnet sei JHWH ... Amen") am Ende der vier Psalmen Ps 41; 72; 89; 106, die mit dem vorangehenden Psalmtext nur recht locker verbunden sind und deshalb auf eine Redaktion zurückgehen; als „Doxologie" des gesamten Psalmenbuchs ist dann

Ps 150 zu begreifen. Auch wenn diese Doxologien von verschiedenen Redaktoren stammen, so geben sie doch dem fertigen Psalmenbuch eine theologische Deutung, die der Midrasch Tehillim zu Ps 1 so formuliert: „Mose gab Israel die fünf Bücher der Tora, und David gab Israel die fünf Bücher der Psalmen." Auf die Gabe der Tora in fünf Büchern antwortet Israel mit der (Rück-)Gabe der Preisungen in fünf Büchern. Auf die zentrale Botschaft der Tora, daß *Gott* die Schöpfung und sein Volk erwählt und liebt, antworten die Psalmen, insofern sie bezeugen, wie sehr *Israel* seinen Gott als Schöpfer und König sucht und liebt.

Zusammenstellung mehrerer Lieder- und Gebetbücher

Genaugenommen ist das biblische Psalmenbuch eine Zusammenstellung mehrerer Psalmenbücher, die eine je eigene Entstehungsgeschichte haben. Aber auch die „Zusammenstellung" ist nicht in einem einzigen Akt vollzogen worden; das ist keine „Gesamtausgabe", die irgendwann beschlossen worden wäre. Unser „Psalmenbuch" ist das Ergebnis eines komplexen Prozesses, der hier nicht nachgezeichnet werden kann. Aber es sollen wenigstens zwei Beobachtungen genannt werden, an denen dieser Prozeß auch für den „Nichtfachmann" sichtbar wird.

Die erste Beobachtung betrifft das Phänomen der Doppelüberlieferung von Psalmen. Es gibt einen Psalm, der – ausgenommen die Gottesanrede – vollständig wortgleich zweimal im Psalmenbuch steht (Ps 14 = Ps 53). Und es gibt einen Psalm, der unbezweifelbar aus Teilen anderer zwei Psalmen zusammengesetzt ist (Ps 108 = Ps 57,8–12 und 60,7–14). Auch Ps 40,14–18 und Ps 70 sind fast wortgleich. Diese „Wiederholungen" in ein und demselben „Liederbuch" sind kein Versehen der Überlieferer. Das Phänomen ist so zu erklären, daß im Psalmenbuch eben mehrere kleine „Psalmenbücher" unterschiedlicher Gruppen „zusammengebunden" wurden – wobei die Gruppen, denen jeweils die Sammlung „gehörte", darauf bestanden, daß ihre *ganze* Teilsammlung aufgenommen wurde, selbst wenn dadurch nun eine Doppelüberlieferung entstand.

Die zweite Beobachtung betrifft die Reihenfolge der 150 Psalmen. Vergleicht man beispielsweise das Psalmenbuch mit dem Liedteil unseres „Gotteslobs", so ist gegenüber der systematischen Anordnung der Lieder im Gotteslob keine auch nur irgendwie vergleichbare Reihenfolge (z. B. nach dem Festkalender, nach Lebenssituationen usw.) zu erkennen. Statt dessen lassen sich die meisten Psalmen durch ihre Überschriften zu Gruppen zusammenordnen. So stimmen beispielsweise die Psalmen 3–41 darin überein, daß sie alle „dem David" zugeschrieben werden. Danach folgen Ps 42–49 als „den Söhnen Korachs" zugewiesene Psalmen. Ps 51–71 sind wieder „Davidpsalmen", die von den „Asafpsalmen" Ps 50 und Ps 73–83 wie von einem Rahmen umgeben sind. Daran schließen sich mit Ps 84 und 85 wieder zwei „Korachitenpsalmen" an usw. Dabei fällt auf, daß die „Davidpsalmen" überwiegend individuelle Klagepsalmen sind, während die „Korachitenpsalmen" und die „Asafpsalmen" überwiegend „Wir-Psalmen" sind. Im letzten Drittel des Psalmenbuchs wird *diese* Systematik zwar lockerer, doch immerhin heben sich die jeweils mit „Ein Wallfahrtslied" überschriebenen Psalmen 120–134 als ein Block heraus, der als „Vademecum" von Jerusalempilgern entstanden sein dürfte (zu den „Korachitenpsalmen" vgl. die Auslegung von Ps 47; zu den „Wallfahrtsliedern" vgl. die Auslegung von Ps 126).

Vergröbernd gesprochen kann man sich die Entstehung des Psalmenbuchs als sukzessive Aneinanderreihung verschiedener Gebet- und Liederbücher vorstellen, wobei die jetzt gegebene Reihenfolge auch in etwa die Wachstumsgeschichte widerspiegelt („Einzelgänger" wie z. B. Ps 1 und Ps 2 oder Ps 149 und Ps 150 verdanken ihre Entstehung oder ihren Platz im Psalmenbuch einer übergreifenden Redaktion; vgl. das nächste Kapitel).

Die Psalmenüberschriften

Im hebräischen Text des Psalmenbuchs tragen die meisten Psalmen knappe Überschriften. Die alten Übersetzungen (Septuaginta, Vulgata, Peschitta) neigen dazu, die im hebräischen Text vorgegebenen zu erweitern oder dort, wo sie noch keine vorfinden, neue hinzuzufügen. Das Targum, die freie, ausmalende Übersetzung ins Aramäische, bietet besonders breit entfaltete Überschriften.

Keine dieser Überschriften dürfte ursprünglich mit der Entstehung eines Psalmes zusammenhängen. Sie geben uns nicht nur, wie schon angedeutet wurde, Aufschluß über den Vorgang der Zusammenstellung der Einzelpsalmen zu einer (Teil-)Sammlung. Aus ihnen erfahren wir auch etwas über die Assoziationen, die schon die alttestamentlichen Überlieferer zu dem einen oder anderen Psalm hatten, und über die Spiritualität der Kreise, in denen die Psalmen gebetet und meditiert wurden. Leider ist es der Forschung noch nicht gelungen, alle Überschriften zu verstehen. Einige Erkenntnisse sollen dennoch kurz mitgeteilt werden.

Manche Überschriften machen einen Vorschlag, wie ein Psalm musikalisch gestaltet werden kann bzw. soll. So gibt es Angaben über die Melodie, nach der ein Psalm gesungen werden kann, wobei offensichtlich die Melodie bekannter Volkslieder zugrundegelegt wird. So soll Ps 22 „nach der Weise ‚Hinde der Morgenröte'" (möglicherweise ist aber nicht auf eine entsprechende Liedmelodie angespielt, sondern gemeint: wie das Klagen der Hinde ...), Ps 8 „nach dem Kelterlied", Ps 9 „nach der Weise ‚Stirb für den Sohn'" oder Ps 56 „nach der Weise ‚Stumme Taube der Ferne'" gesungen werden. Oder es findet sich ein Hinweis auf die gewünschte Instrumentalbegleitung, z. B. „mit Saitenspiel" (Ps 4), „zum Flötenspiel" (Ps 5), „mit Saitenspiel zum Achtsaiter" (Ps 6). Vermutlich haben die Sammler solche Regieanweisungen nicht vordergründig technisch gemeint, sondern als deutende Anregung, worüber wir freilich nur spekulieren können. So könnte z. B. die Angabe bei Ps 6 bedeuten, dieser Psalm solle als Psalm der Sehnsucht nach der messianischen Zeit gebetet/gesungen werden, da nach der rabbinisch belegten Tradition die achtsaitige Harfe das Instrument der messianischen Zeit ist.

Andere Überschriften sind eine Art Gattungsbezeichnung. Sie sind teilweise recht allgemein (z. B. „Lied", „Gebet"), teilweise geben sie eine inhaltliche Charakterisierung (z. B. „Liebeslied" für Ps 45), teilweise sagen sie etwas über die bevorzugte Verwendung (z. B. „Wallfahrtslied": Ps 120–134). Einige Bezeichnungen deuten an, was der jeweilige Psalm dem meditierenden Beter vermitteln könnte. So weist die Überschrift „Ein *maskil*-Psalm" (Einheitsübersetzung: „Ein Weisheitslied") darauf hin, daß die so bezeichneten Psalmen (32; 42; 44; 45; 52; 55; 74; 88; 89; 142) zu tieferer Lebenseinsicht und -kunst führen können. Dabei ist auffallend, daß für diese Überschrift nicht unbedingt der Inhalt des Psalms, sondern eine minimale Anspielung im Wortlaut des Psalms ausschlaggebend war. Die Überschrift „Stilles Gebet" (Ps 16; 56–60) weist darauf hin, daß die betreffenden Psalmen nach Meinung der Überlieferer entweder wegen ihres Inhalts nicht laut gebetet werden sollten oder, was mir wahrscheinlicher erscheint, eben als höchst persönliche Gebete geeignet sind.

Wieder andere Überschriften sagen etwas über die wirkliche oder auch nur fiktive kultische Verwendung eines Psalms. So wird z.B. Ps 30 „zur Tempelweihe", Ps 92 „für den Sabbattag" und Ps 100 „zum Dankopfer" empfohlen. Das können durchaus Angaben über die wirkliche Verwendung dieser Psalmen im Kult des Zweiten Tempels sein, zumal die Entstehung der betreffenden Psalmen in anderen Lebenssituationen wahrscheinlicher ist. Diese Überschriften deuten damit einen Wechsel im „Sitz des Lebens" an.

Die zahlenmäßig häufigsten Überschriften nennen den Namen einer Gruppe oder einer Einzelperson, mit denen bzw. mit der der jeweilige Psalm in Verbindung gebracht wird: 73mal wird ein Psalm mit David verbunden, 12mal mit Asaf (einem prominenten Leviten der nachexilischen Zeit, nach dem sich eine Tempelchorgemeinschaft nannte), 12mal mit den Korachiten (ebenfalls eine Tempelchorgruppe), 2mal mit Salomo, 4mal mit Jedutun und je 1mal mit Mose, mit Heman und mit Etan. Während die Angabe „Von den Korachiten" bzw. „Für die Korachiten" im Sinne von „Ein Psalm aus dem Repertoire der Korachiten" zu verstehen ist, sind die Angaben „Von Mose" oder „Von David" als Verfasserangaben gedacht, freilich nicht als historische Information, sondern als Deutehinweise: der Beter soll sich vorstellen, daß, wie und warum dieser Psalm gerade von Mose (Ps 90: wegen der Anspielung in V. 3 auf Gen 3, 19!) bzw. von David gebetet wurde – und in Gebetsgemeinschaft mit Mose oder David den Psalm beten.

Beinahe die Hälfte aller Psalmen des Psalmenbuches (73 von 150) schreibt die hebräische Bibel ausdrücklich dem David als Verfasser zu. Die griechische Bibelübersetzung (die sogenannte Septuaginta) erhöht die Zahl sogar auf 83. Auch das Neue Testament nennt mehrfach David als Autor eines Psalms (Apg 4, 25: Ps 2; Apg 2, 34: Ps 16; Röm 4, 7 f: Ps 32; Apg 1, 16.20: Ps 69; Mk 12, 25 ff: Ps 110). Für die frühjüdische, die rabbinische und die frühe kirchliche Tradition ist David der Psalmendichter und Psalmensänger schlechthin. In Qumran wurde eine Psalmenrolle gefunden, die neben Zitaten aus dem biblischen Psalmenbuch und mehreren biblisch nicht belegten Psalmen auch tiefsinnige Reflexionen über David als Psalmendichter enthielt, wobei David gar als Verfasser von 4050 (!) Psalmen gefeiert wird.

Die durch die Überlieferer vorgenommene Zuweisung so vieler Psalmen an David wurzelt in der Tradition und möglicherweise in der historischen Tatsache, daß David ein charismatischer Dichter und Musiker war. Von keinem anderen König Israels wird erzählt, was die Tradition von David sagt: Er konnte so meisterhaft die Tragleier, die „Harfe" der kleinen Leute (das meist mit „Harfe" übersetzte hebräische Wort *kinnōr* bezeichnet die kleinere und volkstümliche Leier; daneben gab es eine „Standleier" [hebräisch *nebäl*] mit größerem Resonanzkasten) spielen, daß er mit seinem Spiel die Schwermut, ja den bösen Geist Sauls vertreiben konnte (vgl. 1 Sam 16, 14–23; 18, 10). Mehrfach werden ihm im 2. Samuelbuch Gedichte bzw. Lieder in den Mund gelegt. Besonders eindrucksvoll sind die Totenklagen 2 Sam 1, 19–27 und 2 Sam 3, 33 f, die einen menschlich sensiblen und emotional betroffenen David widerspiegeln. So wundert es nicht, daß als Davids letztes Wort keine Prosarede wie z. B. das Testament des Josua (vgl. Jos 23; 24) oder des Samuel (vgl. 1 Sam 12), sondern ein Psalm überliefert wird (2 Sam 23, 1–7), dessen Wortlaut die oben erwähnte Qumranrolle aufgreift und weiter ausmalt. Die Erzählung vom singenden, musizierenden und tanzenden David vor der Bundeslade (2 Sam 6) gibt eine theologische Deutung: Die Musik und der Tanz sind Ausdruck dafür, daß David sich von der Gegenwart seines Gottes voll ergreifen läßt; sie sind Vollzug höchster Spontaneität und geradezu mystischer Versenkung in das Gottgeheimnis. So wie Mose in der Tradition zum prophetischen Mittler der Tora (des Gesetzes) wurde (und deshalb als Verfasser der „fünf Bücher Mose" galt) und wie Salomo zum Weisen und Philosophen der Lebenskunst schlechthin avancierte (weshalb ihm auch die Bücher Kohelet = Prediger, Hoheslied, Weisheit Salomos zugeschrieben werden), so ist David zur biblischen Figur der Poesie, des Gebetes, der Musik und des Tanzes schlechthin geworden. Der singende und tanzende David als Hoffnungssymbol der messianischen Zeit – so hat ihn uns auch Marc Chagall nahegebracht!

In 13 Psalmenüberschriften gibt die Überlieferung Situationen aus dem Leben Davids an, in denen David den jeweiligen Psalm gebetet haben soll (Ps 3; 7; 18; 34; 51; 52; 54; 56; 57; 59; 60; 63; 142). Es sind Angaben, die im Stil der sogenannten Midrasch-Exegese einen Zusammenhang zwischen einem Wort des Psalms mit den in den Samuelbüchern überlieferten Daviderzählungen herstellen. Diese Angaben, die von gelehrtem und frommem Umgang mit der Tradition zeugen, sind als erbauliche Anregungen für die geistliche Schriftlesung gedacht: Der Beter soll sich in die Lage Davids versetzen und mit/gleich ihm den jeweiligen Psalm beten. „David" wird so zum Vor-Beter einer lebendigen Gebetsgemeinschaft!

Dies kann für uns ein Ansatzpunkt sein, die Psalmen Israels als jüdisch-christliche Gebete zu rezitieren. Für den christlichen Psalmenbeter tritt neben den alttestamentlichen David der neutestamentliche *Jesus.* Er löst allerdings David nicht ab, wie manche Christen immer noch denken. Jesus hat die „Psalmen *Davids*" gebetet und sie nicht durch eigene Psalmen ersetzen wollen. Wenn wir Christen die Psalmen beten, ist es freilich legitim, nicht nur die Lebenssituationen des David, sondern auch das Leben Jesu zu bedenken, „und uns ‚Schulter an Schulter' neben ihn und in seine Lebenssituation zu stellen. So wird uns Jesus gerade beim Psalmenbeten in besonderer Weise unser ‚erstgeborener Bruder' (vgl. Röm 8,29), und wir kommen in einen geistigen Kontakt mit ihm, wie ihn keine ‚Reliquie' von ihm (vgl. Turiner Grabtuch) gewähren könnte" (A. Deissler).

Ein Lieder- und Lesebuch zugleich

Von der angedeuteten Entstehungsgeschichte des Psalmenbuchs, aber auch von unseren knappen Ausführungen zu den Psalmenüberschriften her dürfte nun verstehbar sein: Die verbreitete Rede vom Psalter als *dem* Gesangbuch des Zweiten Tempels ist nur bedingt richtig. Im Psalter sind gewiß *einzelne* „Gesangbücher" von levitischen Sängergilden des Jerusalemer Tempels enthalten. Daß und wie diese Lieder beim Tempelkult Verwendung fanden, läßt sich plastisch in 1 Chron 16 und vor allem im Buch Jesus Sirach 50,15–21 nachlesen. Die eigentlichen Psalmentexte wurden danach von einem musizierenden und singenden Levitenchor vorgetragen, dem (zwei) Priester vom Opferaltar aus durch Posaunensignale den Einsatz, die Pausen und das Ende ihres Psalmvortrags anzeigten. Dieser Levitenchor stand auf den breiten Stufen, die zum „Priesterhof" (wo der Opferaltar stand) hinaufführten. Das Volk konnte den Chor hier gut sehen *und* hören; es selbst sang in der Regel nur den Refrain oder einen Kurzvers. Als „Kurzvers" waren der Satz „denn SEINE Güte währt ewig" (vgl. Ps 135) oder der Ruf „Hallelu-Jah" (= lobpreiset Jah[we]) oder die Feststellung „Amen, amen" (= so ist es, so soll es sein!) besonders beliebt.

Aber nicht alle Psalmen sind bei den großen Tempelfeiern gesungen worden. Viele sind weder im offiziellen Kult entstanden noch gebraucht worden. Wahrscheinlich ist auch das Psalmenbuch als Ganzes nie als „Tempelgesangbuch" verstanden worden, sondern als „Gebetbuch" für die Synagoge bzw. für die familiäre Frömmigkeit. Und vor allem als Buch religiöser Dichtung und Lehre – als „Lese- und Meditationsbuch", ähnlich den anderen biblischen Büchern.

Daß das Psalmenbuch auch als Buch gewissermaßen „Seite für Seite" gelesen werden will, wird an drei Eigenheiten greifbar:

1) Im Psalmenbuch „benachbarte" Psalmen sind häufig durch (teilweise sekundär hergestellte) Stichwortbezüge miteinander verbunden; leider hat die „Einheitsübersetzung" dies nur selten festgehalten.

2) Nebeneinander stehende Psalmen bilden öfter eine thematische oder geschehensmäßige Einheit (z. B. Ps 23 und Ps 24 gehören durch das Bild von JHWH als dem König, der seinen Frommen Schutz und festliche Gemeinschaft in seinem heiligen Haus bietet, zusammen; die Psalmen 25–27, die überdies durch mehrere Stichwortassoziationen verbunden sind, stimmen in der Liebe zum Haus Gottes überein; die Psalmen 90–92 entfalten einen fortschreitenden Geschehensbogen: Klage [Ps 90] – Göttliche Zusage der Rettung [Ps 91] – Dank für erfahrene Rettung [Ps 92]).

3) Es gibt übergreifende Bearbeitungsschichten, deren theologische Bedeutung nur aufgeht, wenn das Psalmenbuch als Ganzes in den Blick kommt.

Dennoch: Die Psalmen sind als Einzeltexte entstanden. Und sie sollen und wollen zuallererst als solche *geschaut* und *gehört* werden: weil sie Dichtung sind.

Rhetorische und poetische Gedichte

Nicht alle Psalmen sind literarisch von gleichem Rang. Ihre Sprache und ihre Bilder, ihre Architektur und ihre Klanggestalt sind aber durchweg – vor allem in ihrer „Erstfassung", falls sie sich rekonstruieren läßt – von ergreifender Intensität. Mit einer Unterscheidung, die ich bei Paul Konrad Kurz (Wem gehört die Erde. Neue religiöse Gedichte, Mainz 1984, 258f) gefunden habe, kann man sagen: manche Psalmen sind rhetorische Gedichte, manche sind poetische Gedichte, manche sind beides zugleich.

P. K. Kurz erläutert die Unterschiede so: „Das *rhetorisch* gearbeitete Gedicht setzt handwerklich sehr bewußt die sprachlich-rhetorischen Mittel ein: zum Beispiel die Metapher, Antithese, rhetorische Frage, Wiederholung, Steigerung, unterschiedliche sprachliche Schichten ... Das rhetorisch-religiöse Gedicht spricht meditativ, pastoral oder sozialkritisch ... Das rhetorische Gedicht ist bis zu einem gewissen Grad ‚übersetzbar' in Prosasprache." Psalm 1 ist ein solches rhetorisches Gedicht. Das *poetische* Gedicht ist – wieder mit P. K. Kurz – „nicht weniger sprachlich gearbeitet. Es steigt aus tieferen Schichten des Bewußtseins auf. Es spricht aus einer anderen Dichte und Dimension des Bildes. Es zehrt von einem poetischen Einfall (der mehr ist als der bloß rhetorische), dem poetischen Genius, der poetischen ‚Gnade' ... Dem poetischen Gedicht kann man sich zwar interpretatorisch nähern. Aber es ist unendlich viel mehr als die Interpretation, die Analyse, der Übersetzungsversuch. Das poetische Gedicht ‚strahlt': bildlich, rhythmisch, logoshaft, energetisch. Es produziert nicht nur (wie der rhetorische Verstext) ein intellektuelles Anderssehen oder Verstehen im neuen Kontext. Das *poetische* Gedicht löst seelisches Staunen aus.

Es läßt uns die Welt mit anderen Augen sehen. Alle poetischen Gedichte sind zugleich *epiphanische* Gedichte." Psalm 23 ist ein derart poetisches Gedicht.

Die hebräische Dichtkunst hat zwei Eigenheiten, um die man wissen muß, um diese Gedichte poetisch zu begreifen und zu erleben.

Die erste Eigenheit der Psalmen-Gedichte ist ihre (auch im Druckbild wiedergebbare) Parallelismusstruktur. Gewöhnlich bilden zwei, manchmal auch drei Zeilen eine kleine poetische Einheit. Was diese Zeilen zusammenbindet, ist freilich kein lautlicher Reim, wie dies in einem traditionellen deutschen Gedicht der Fall ist (bzw. war), sondern eine Eigenart der semitischen Dichtkunst, auf die schon vor 200 Jahren der Engländer Lowth aufmerksam wurde: der sogenannte *parallelismus membrorum,* d.h. die Doppelung (Parallelität) der Aussagen in zwei, drei aufeinanderfolgenden Zeilen. Die Zeilen „reimen" sich hier dadurch, daß sie das gleiche, aber mit anderen Worten bzw. mit einem anderen Bild sagen. So beginnt Psalm 2 mit dem Zweizeiler:

„Wozu tosen die Völker
und (wozu) murmeln die Nationen Eitles?"

Diese Technik des Gedanken- bzw. Bilderreims, die eine Sache durch Wiederholung von verschiedenen Aspekten her umkreist, entspricht der semitischen Vorliebe, etwas möglichst plastisch und lebendig darzustellen. Während unser abendländisch-griechisches Denken auf Präzision und Einfachheit abzielt, liebt es der Orientale, möglichst viele Aspekte einzufangen. Man hat diese Art des plastischen Denkens zu Recht mit dem Stereosound in der Musik verglichen. Wie die Psalmen zeigen, vermeidet die hebräische Dichtkunst die Monotonie der parallelen Doppelzeilen dadurch, daß sie verschiedene Arten des Parallelismus entwickelt hat. So gibt es neben dem synonymen (bedeutungsgleichen) Parallelismus (vgl. den zitierten Anfang von Ps 2) zunächst den antithetischen (gegensätzlichen) Parallelismus. Ein Beispiel ist der Schluß von Psalm 1:

„Ja, JHWH kennt den Weg der Gerechten,
und (= doch) der Weg der Gottlosen führt in den Abgrund."

Eine weitere Ausprägung dieses poetisch-rhetorischen Prinzips ist der synthetische (zusammensetzende) Parallelismus. Ein Beispiel dafür bietet der Anfang von Psalm 27:

„JHWH ist mein Licht und mein Heil:
vor wem sollte sich mich deshalb fürchten!"

Die Parallelismusstruktur gibt den biblischen Psalmen eine rhetorische Grundbewegung, die sich dem ruhigen Tempo des menschlichen Atems angleicht. Und genau dies will ein biblischer Psalm sein: Sprechendes Atmen vor Gott und in Gemeinschaft mit anderen!

Die Parallelismusstruktur der hebräischen Psalmen hängt mit einer zweiten Eigenheit zusammen, die durch die Eigenart der semitischen Sprachen insgesamt verstärkt wird. Diese bilden keine komplizierten Verschachtelungen von Haupt- und Nebensätzen, sondern stellen kurze Sätze unverbunden (asyndetisch) oder nur durch „und" verbunden (syndetisch) nebeneinander, wobei die Konjunktion recht unterschiedliche Bedeutung haben kann (z. B. doch, sogar, weiterhin ...). Ihren logischen Zusammenhang muß dann der Hörer bzw. der Leser selbst herstellen. Das gibt der Sprache einerseits eine gewisse Unbestimmtheit, andererseits fördert dies die Aufmerksamkeit und die Aktivität der Gesprächspartner. Sich einen vorgegebenen Psalm zu eigen zu machen, fordert deshalb den sprachlichen Mitvollzug. Die Psalmen sind auch von daher nicht Formulare, die „zur

Kenntnis" zu nehmen sind, sondern sie sind Gedichte, in die der Beter / der Leser sich selbst einbringen muß, wenn er sich von ihrer Sprachdynamik anstecken lassen will.

Vor allem aber leben die Psalmen-Gedichte von ihrer Bildsprache. Viele Bilder kommen aus der unmittelbaren menschlichen Lebenswelt. Andere stammen aus der Begegnung mit der Landschaft, in der die Psalmen entstanden sind. Wieder andere sind mythische Bilder, die Israel mit der Umwelt teilt. Bisweilen sind es ganze Bildcollagen, die ineinander verschmelzen. Dann ist es wieder ein einziges großes Gemälde, dessen Einzelzüge bis ins Detail dargestellt sind. Am eindrucksvollsten sind jene Bilder, die nicht als Vergleich, sondern als Metapher verwendet sind, d.h., das Bild benennt eine bildhaft wahrgenommene Wirklichkeit. Die Metaphern „JHWH ist mein Hirte, mein Fels" beschwören bildhaft die Erfahrung, daß ich von JHWH beschützt, geleitet, genährt werde bzw. in ihm Halt und Zuflucht finde. Dabei läßt die Metapher jene Offenheit, in der viele Beter diese Psalmverse als ihre ureigene Erfahrung konkretisieren können. Gerade die Bildsprache schafft die Möglichkeit, die Psalmen immer neu und anders zu entdecken und zu erleben. Bilder sind ja nie voll auszuschöpfen. Wer sich auf sie einläßt, schaut immer wieder neue Farbkonstellationen.

Die Poesie der Psalmen führt weg von der Vordergründigkeit des Alltags. Sie zielt auf unsere Emotionalität. Sie will unser Ich in Bewegung bringen, damit wir uns selbst in den Psalmen wiederfinden: mit unseren Sehnsüchten und Ängsten, mit unseren Leiden und Hoffnungen.

III. Das zweifache Portal des Psalmenbuchs

Wie die Textfunde aus den Höhlen um Qumran, aber auch die griechische (Septuaginta) und die syrische (Peschitta) Bibelübersetzung belegen, gab es bis zum 1. Jahrhundert n. Chr. unterschiedliche „Ausgaben" des Psalmenbuchs. Die Divergenzen betreffen das letzte Drittel des Psalmenbuchs, sowohl die Anordnung der Psalmen als auch ihre Anzahl. Eine der über 30 qumranischen Psalmenrollen bringt z. B. die Psalmen 101–150 in veränderter Reihenfolge und darüber hinaus mehrere Psalmen, die nicht in unserem kanonischen Psalmenbuch stehen. Vor allem der Schluß dieser Psalmenrolle zeigt das Selbstverständnis der Qumranbewegung und macht deutlich, daß die Reihenfolge ein theologisch-politisches Programm ist (was auch, wie ich sogleich erläutern werde, für das kanonische Psalmenbuch gilt!). Die Rolle endet gezielt mit Ps 140 als Hilferuf zu JHWH als dem Anwalt und Retter der Armen und Verfolgten und mit Ps 134 als Selbstaufforderung zum Gotteslob „in den Nächten", d. h. in der geschichtstheologischen Epoche der Finsternis und des Unheils, als die die Qumranleute ihre Zeit betrachten. Und als „Nachwort" bietet diese Rolle den (auch in der Septuaginta als „Nachwort" überlieferten) Ps 151, der David als Psalmendichter und Psalmensänger feiert (zu Text und Auslegung dieses schönen Psalms siehe unten unser Schlußkapitel XI).

Unser kanonisches Psalmenbuch verdankt seine Endgestalt der pharisäisch-rabbinischen Tradition, die um 100 n. Chr. den Kanon der hebräischen Bibel endgültig festgelegt hat. Die Rabbinen entschieden sich dabei mit guten Gründen für *jene* „Ausgabe", die mit Ps 149 und Ps 150 einen schönen Abschluß erhalten hatte. Von nun an war *diese* Ausgabe, die vermutlich schon im 2. Jahrhundert v. Chr. im Umlauf war, sich aber noch nicht voll durchsetzen konnte, für das Judentum verbindlich. Und die Kirche hat sich nunmehr faktisch auch für *diese* Ausgabe entschieden, wenngleich über Jahrhunderte hinweg lehramtlich die griechische bzw. die lateinische Bibelübersetzung den Vorzug hatte.

Die beiden Anfangspsalmen und die beiden Schlußpsalmen bilden einen theologisch-politischen Rahmen des Psalmenbuchs. Ps 1 und Ps 2 „begrüßen" den Psalmenbuchleser und Ps 149 und Ps 150 „verabschieden" ihn. Beides geschieht programmatisch. Diese „Eckpsalmen" sind wie zwei Portale, die der Psalmenbeter durchschreiten soll, um die einzelnen Psalmen „recht" zu beten *und* aus ihnen „gerecht" hinauszugehen – in das Leben!

Ps 1 und Ps 2 sind von den Redaktoren mit Bedacht an den Anfang gesetzt. Sie stellen das Psalmenbuch in das Licht der Torafrömmigkeit (Ps 1) und der Messiashoffnung (Ps 2) – beides jedoch unter dem übergreifenden Vertrauen auf die Jahweherrschaft (1,6; 2,11). Beide Psalmen sind durch Stichwortbeziehungen miteinander verbunden (1,1; 2,12: „selig ..."; 1,2; 2,12: „[der/euer] Weg führt in den Abgrund"; 1,2; 2,1: „murmeln"). Sie sollen *auch* als Einheit gelesen werden, nicht zuletzt wegen der beide Psalmen rahmenden Seligpreisung: Sie werben um die Orientierung an der Tora JHWHs im individuellen Leben (Ps 1) und im gesellschaftlich-politischen Zusammenleben der Völker (Ps 2). Den in Ps 1 und Ps 2 seliggepriesenen Weg findet und geht eben nicht zuletzt, wer die einzelnen Psalmen zum „Reiseführer" des privaten und politischen Lebens macht.

Während die zwei Anfangspsalmen des Psalmenbuchs ein Doppelportal bilden, das den, der den Psalter betritt, in die richtige Grundstimmung versetzen will, fassen die beiden Schlußpsalmen zusammen,was geschieht, wenn und wo die Psalmen gebetet, gesungen und gelebt werden. Psalm 149 kennzeichnet das Sprechen der „Preisungen" als den grundlegenden Lebensvollzug der endzeitlichen Jahwegemeinde: wo Psalmen als Ruhmgesang Gottes die bestimmende Lebensmelodie sind, da bricht das Reich Gottes (vgl. V. 2) an. Psalm 150 zieht die Bedeutsamkeit des Psalmengebets noch weiter aus: Im Beten und Singen der Psalmen verdichtet sich der Lobpreis des ganzen Kosmos. Ps 150 ist ein „Schlußpunkt, der in Wahrheit ein Doppelpunkt ist" (K. Seybold). Denn dieser Psalm weitet ausdrücklich die Einladung zum „Psalmensingen" auf „alles, was atmet", aus. Die im Psalmenbuch gesammelten Psalmen sollen dazu hinführen. Sie sollen gewissermaßen das „Textbuch" sein, mit dem die Psalmenbeter alle Welt zum Lob JHWHs mitreißen. So sind Ps 149 und Ps 150 eine „Toröffnung" zur Welt. „Der so vollendete, aber als unvollendet erklärte Psalter wird zu einer textlich zwar abgeschlossenen, doch in alle Ewigkeit zu intonierenden Partitur des Lobpreises. Als solche steht sie im Kanon" (K. Seybold).

Psalm 1

1a *Selig der Mann,*
1b *der nicht geht im Rat der Gottlosen*
1c *und auf dem Weg der Sünder nicht steht*
1d *und am Sitz der Spötter nicht sitzt,*
2a *vielmehr an der Weisung JHWHs seine Lust hat*

2b *und in seiner Weisung murmelt bei Tag und bei Nacht.*

3a *Er wird sein wie ein Baum, gepflanzt an Wasserbächen,*
3b *der seine Früchte gibt zu seiner Zeit*
3c *und dessen Blätter nicht welken*
3d *und dem alles, was er tut, gelingt.*
4a *Nicht so die Gottlosen, [nicht so],*
4b *vielmehr wie der Spreustaub, den wegweht ein Wind.*
5a *Darum bestehen Gottlose nicht im Gericht*
5b *und Sünder nicht in der Gemeinde der Gerechten.*

6a *Denn JHWH kennt den Weg der Gerechten,*
6b *aber der Weg der Gottlosen führt in den Abgrund.*

Einführung

Als geistige Heimat des ersten Psalms gilt zu Recht die weisheitlich denkende Theologie, der es (etwa im Unterschied zur Geschichtstheologie, die die Geschichte Israels als Folge von Geschichtssetzungen JHWHs erzählend zu begreifen versucht) darum geht, Regeln zu finden und zu lehren, damit Leben gelingt. Die Weisheit zielt auf Lebenswissen und auf Lebenskunst. Ihre sprachlichen Mittel gleichen denen, die uns aus der Alltagspädagogik von Eltern oder Lehrern vertraut sind. Auch Ps 1 ist von ihnen geprägt. Typisch „weisheitlich" sind im Psalm: die Schwarzweißmalerei, die in pädagogischer Absicht zwei gegensätzliche Lebensweisen kontrastiert; die Gegenüberstellung des *einen* Gerechten und der Masse der Gottlosen; die Vergleiche aus dem Bereich der Natur (sie wollen überzeugen: das ist eben etwas, was jeder nachprüfen kann!); die Vorstellung vom Leben, das wie ein großer Scheideweg ist, für den man einen Wegweiser und einen Reisebegleiter braucht.

Der Psalm ist eine kunstvoll gestaltete Seligpreisung, die in V. 1–2 den idealen Lebensweg des Frommen vor dem Kontrast der gottlosen Lebenspraxis beschreibt, in V. 3–5 dann die Fruchtbarkeit dieses Lebensweges mit der Tora, wieder im Kontrast zum Leben der Gottlosen, in eindrucksvollen Bildern nahebringt, und schließlich in V. 6 zusammenfassend den tiefsten Grund der Seligpreisung nennt: Wer den im Psalm empfohlenen Lebensweg wählt, ist deshalb seligzupreisen, weil das der von JHWH begleitete und gesegnete, ja geliebte (das Verbum „kennen" in V. 6 meint all dies!) Lebensweg ist. Gattungsmäßig ist der Psalm also eine „begründete Seligpreisung." Diese Gattung hat ihren „Sitz im Leben" ursprünglich im politischen Leben und in der Weisheitsschule. Mit ihr wurden die jeweiligen Adressaten werbend aufgefordert, eine ihnen vorgelegte Lebenslehre zu verwirklichen oder einem König in unverbrüchlicher Loyalität zu folgen (vgl. Ps 2!). Für beide Verwendungsbereiche bietet die ägyptische Tradition zahlreiche Belege. In der sogenannten Amarna-Epoche (14. Jahrhundert v. Chr.) wird z. B. so um die Loyalität der Untertanen gegenüber ihrem König geworben: „Selig, wer seine Lehre tut! Denn er wird den Gau des Gelobten erreichen!" Auch das Alte Testament selbst belegt mehrfach diese Verwendungen der Seligpreisung (z. B. 1 Kön 10, 8; Spr 3, 13–20; 8, 32–36; Sir 14, 20 – 15, 10). Und noch die Seligpreisungen als Eröffnung der Bergpredigt (Mt 5, 3–12) stehen in dieser Wirkungsgeschichte; sie wollen dazu bewegen, sich auf den in der Bergpredigt verkündeten Weg ins Reich Gottes einzulassen.

Im Psalm spiegelt sich die Auseinandersetzung mit der hellenistischen Aufklärung wider, die im 3. Jahrhundert vor allem in der Mittel- und Oberschicht Jerusalems (vgl. auch das Buch Kohelet = Prediger) um sich griff. Zu zwei Fragestellungen dieser Zeit bezieht unser Psalm eine eindeutige Position. Gegen die hellenistische Weltkultur verteidigt er die Überlieferung der Väter (die Tora), und gegenüber den auf wirtschaftlichen und politischen Aktivismus setzenden ‚modernen' Lebensprogrammen vieler Zeitgenossen entwirft der Verfasser des Psalms *seine* Vision vom fruchtbaren Leben: für andere und für sich selbst produktiv ist nur, wer eine geradezu mystische Beziehung, abhold aller äußerlichen Geschäftigkeit, zu seinem Gott hat.

Auslegung

V. 1–2 preist den Lebensstil des Menschen, der sich als „Gefolgsmann" JHWHs (ein heutiger Psalmdichter müßte gewiß sagen: „Selig jene Frau und jener Mann, die ...") inmitten einer gott-losen Welt bewährt, in doppelter Weise. Einerseits praktiziert dieser „Gerechte" (Zaddik) ein konsequentes Nein (dreimal steht „nicht"), das seinen Alltag rundum (vgl. die Verbfolge: gehen–stehen–sitzen) prägt. Er läßt sich nicht von den Überlegungen der Gottlosen beeinflussen, er gestaltet seinen Lebensweg nicht als Abfolge sündiger Aktionen, er praktiziert keine Kumpanei mit denen, die die überlieferte Tora spöttisch belächeln: Vom Gedanken über die Aktion bis hin zur organisierten Lebensform unterscheidet er sich von allem, was viele seiner Zeitgenossen treiben. Aber dieser Idealtyp gelingenden Menschseins ist kein bloßer Neinsager. Noch mehr ist er bestimmt durch sein begeistertes Ja zur „Weisung JHWHs", das alle Fasern seines Menschseins („bei Tag und bei Nacht" = immer) durchdringt. Die Singularbildung „Weisung" faßt die „gnädige

Willensoffenbarung" (G. von Rad) zusammen, in der der Gott Israels seinem Volk das Geschenk der Gottesherrschaft erschlossen hat. Bündig formuliert liegt dieses Geschenk für den Israeliten in der schriftlich formulierten Tora der sogenannten fünf Bücher Mose vor. Sie ist die Magna Charta des Gottesbundes, mit und in welcher der Zaddik unseres Psalms leben kann und leben will. An dieser „Wegweisung" hat er seine Lust, in ihr „murmelt" er ständig, d. h. (vom hebräischen Wortsinn her), die Worte dieser Wegweisung (sie erzählen von den Wegen Abrahams und Israels aus Ägypten sowie von den Weisungen am Sinai) spricht er vor sich hin und in sich hinein, um sie ganz und voll in sich aufzunehmen. Es ist ein Meditieren der Tora, das einem Eßvorgang gleich (vgl. Jes 31, 4; 38, 14) die Worte in sich aufnimmt, eine Erfahrung ähnlich der, die den Propheten geschenkt wurde (vgl. Jer 15, 16; Ez 3, 1–3). Da Ps 1 als „Portal" des Psalmenbuchs gedacht ist und überdies das fünfteilige Psalmenbuch die Anlage der fünf Bücher Mose nachahmt, meint das „Murmeln in seiner Weisung" das Rezitieren des Psalmenbuchs.

Der Doppelvergleich V. 3–4 wertet die Lebenspraxis dieses meditierenden, betenden Zaddik. Anders als es die Meinung vieler damals war und heute ist, hält unser Psalm diesen Mystiker für den eigentlichen „Politiker", d. h., dieser am Quellbach der Tora gepflanzte und daraus lebende Mensch ist der für die Gemeinschaft eigentlich Frucht bringende Mensch. Während die Gott-losen wie der Spreustaub (der „letzte Rest" beim Dreschen bzw. Worfeln des Getreides) sind, nämlich nutzlos und vom geringsten Wind verweht, ärgerlich juckend (wenn er zwischen Hemd und Haut fliegt) und das absolute Gegenbild zu Ernteertrag, ist der Zaddik wie ein immergrüner Baum, der reiche, eigene Frucht abgeben (!) kann und schattenspendendes Laub bereithält.

V. 6 faßt optimistisch-werbend zusammen: Der Lebensweg des Gerechten ist nicht als dessen eigene Leistung so fruchtbar und letztlich gelingend, sondern weil JHWH ihn „kennt", d. h. sorgend und liebend begleitet. Anders der Weg der Gott-losen, der streng genommen gar kein „Weg" ist: Er verliert sich wie im Sand und führt nicht an ein Ziel, sondern in den Abgrund – gewissermaßen von selbst, wie der Psalm in V. 6b durch das gegenüber V. 6a auffallende Fehlen eines besonderen Eingreifens JHWHs andeutet.

Die Zeilen V. 3d. 5ab, die erst von der Psalmenbuchredaktion eingefügt wurden, tragen in den Psalm den Tun-Ergehen-Zusammenhang ein: Wer für andere Menschen ein Segen ist, ist zugleich für sich selbst erfolgreich (V. 3d: vgl. Jos 1,8) und gesegnet (vgl. Gen 12,1–3); wer für andere nur nutzloser und ärgerlicher Spreustaub ist, hat selbst keinen „Bestand im Gericht" (V. 5). Der Wechsel vom Bild der Spreu zum Thema „Gericht" ist insofern durch die Tradition nahegelegt, als die Spreu mehrfach als Bild im Kontext des Gerichtshandelns Gottes begegnet (vgl. Ps 35,4f; Jes 17,13; Zef 2,2). Die genauere Deutung von V. 5 ist kontrovers. Daß mit dem „Gericht" das „ständig gerechte Walten Gottes" (H. Gunkel) gemeint sei, mit dem er im Lauf der Geschichte die Guten belohnt und die Bösen bestraft, ist von V. 5b her wenig wahrscheinlich. Vom zeitgeschichtlich späten Kontext der Erweiterung her (3. oder 2. Jahrhundert v. Chr.) ist an das eschatologische Gericht zu denken, worin JHWH über die Zugehörigkeit zu seiner eschatologischen Heilsgemeinde (vgl. Ps 149,1) entscheidet. Das impliziert die Position: Nur wer sich voll der Torafrömmigkeit verschreibt, wird den Weg ins eschatologische Gottesreich finden. Das ist die „Vollendung", von der V. 3d letztlich redet; sie gründet in der Tat in der „erkennenden Liebe" JHWHs (V. 6b).

Psalm 2

1a *Wozu tosen die Völker*
1b *und wozu murmeln Eitles die Nationen,*
2a *stellen sich hin die Könige der Erde*
2b *und schließen sich die Fürsten zusammen*
2c *gegen JHWH und seinen Gesalbten?*
3a *„Laßt uns zerreißen ihre Stricke*
3b *und laßt uns werfen von uns ihre Seile!"*
4a *Der im Himmel Sitzende lacht,*
4b *der Allherr spottet über sie.*

5a *Einst wird er reden zu ihnen in seinem Zorn*
5b *und in seiner Zornesglut wird er sie verstören.*

6a *Ich aber bin eingesetzt als sein König*
6b *auf dem Zion, seinem heiligen Berg.*
7a *Ich will berichten die Setzung JHWHs.*
7b *Er sagte zu mir: „Mein Sohn – Du!*
7c *Ich habe heute dich (hiermit) gezeugt.*
8a *(Bitte von mir und) ich gebe die Völker als dein*
Erbteil
8b *und als deinen Besitz die Enden der Erde.*
9a *Du sollst sie zerschlagen mit eisernem Stab*
9b *und wie Töpfergefäße sollst du sie*
zerschmettern."

10a *Und nun, ihr Könige werdet einsichtig,*
10b *laßt euch warnen ihr Herrscher der Erde.*
11a *Dienet JHWH in (Gottes-)Furcht*
11b *und küßt seine Füße in Beben,*
12a *damit er nicht zürnt und euer Weg in den*
Abgrund führt,
12b *denn es entbrennt bald sein Zorn.*
12c *Selig alle, die sich bergen in ihm!*

Einführung

Meist wird der Psalm als vorexilischer Königspsalm gedeutet, den der König von Jerusalem zum Abschluß der Krönungsfeierlichkeiten oder zum Krönungsjahrestag selbst laut sprach (oder sang?), wenn er vom Tempelplatz zu seinem Thron im Palast zurückkehrte, um die Huldigung seiner Untertanen bzw. der Großen des Reiches entgegenzunehmen. Bei dieser Annahme bezeugt der Psalm das Amtsverständnis der Jerusalemer Könige zwischen 1000 und 587 v. Chr. Sie halten sich demnach für im letzten unüberwindlich, weil ihnen von JHWH der Auftrag und die Vollmacht übergeben sind, die Völkerwelt insgesamt zur Anerkennung der Gottesherrschaft JHWHs zu führen. Daß sich am Verhalten zum Volk JHWHs der Segen oder der Fluch für die Völkerwelt entscheidet, ist ja die dem Abraham „am Anfang" der Geschichte Israels gegebene Verheißung (vgl. Gen 12, 1–3). Daß diese Grundüberzeugung Israels in unserem Psalm so kriegerisch formuliert ist und daß der Anspruch auf Weltherrschaft im Munde eines Provinzkönigs angesichts der politischen Realitäten des Vorderen Orients reichlich selbstbewußt klingt, läßt sich immerhin dadurch erklären, daß dies typische Hofsprache altorientalischer Groß- und Kleinkönige war. Und außerdem war die Jerusalemer Tradition schon in ihrer jebusitisch-kanaanäischen Zeit von kosmisch-universalem Denken bestimmt, das von der JHWH-Religion übernommen wurde.

Um die vorexilische Herkunft unseres Psalms zu stützen, wird gerne auf die verwandten Psalmen 20; 21; 45; 72 und 110 verwiesen. Nun zeigt sich gerade beim Blick auf diese Psalmen, daß es offensichtlich zwei Gruppen von Königspsalmen gibt: in einer Gruppe (Ps 20; 21; 72) ist der König eher als Knecht JHWHs und als Musterisraelit gezeichnet, während die andere Gruppe (Ps 2; 45; 110) ihn als „Gott" (mit göttlicher Vollmacht ausgestattet bzw. als „Gottessohn") sieht. Diesen Unterschied möchte ich entstehungsgeschichtlich erklären. Da sprachliche und motivliche Eigenheiten von Ps 2 (besonders die Vorstellung von der Weltrevolution gegen JHWH und seinen Gesalbten) in die nachexilische Epoche verweisen und da Ps 2 den exilisch-nachexilischen Ps 89 voraussetzt (vgl. die Bezüge zwischen Ps 2,6–7 und Ps 89,27–28), halte ich Ps 2 (und die mit ihm verwandten Ps 45; 110) für nachexilisch. Da es in dieser Zeit aber kein historisches Königtum in Israel gibt, muß Ps 2 „messianisch" verstanden werden (vgl. auch unten unser Kapitel VII).

Der Psalm ist demnach Ausdruck der messianischen Hoffnung der bedrängten nachexilischen Gemeinde. Sein „Sitz im Leben" ist nicht das Gefühl triumphalistischer Überlegenheit, sondern die Sehnsucht nach einem neuen gottgeschenkten Königtum (vgl. Jes 9,1–6; 11,1–9), das in der Vollmacht des Weltherrschers JHWH alle chaotischen Mächte bändigt, damit die Gottesherrschaft endgültig und weltweit Wirklichkeit wird.

Der Psalm ist, insbesondere in V. 7–9, stark von der ägyptischen bzw. hellenistischen Königsvorstellung bzw. -propaganda geprägt. So legt sich die Vermutung nahe, daß der Psalm diese Bilder in polemischer Absicht aufgreift, um gegen den Herrscherkult jener Epoche (Alexanders des Großen bzw. seiner ptolemäischen Nachfolger) zu betonen: Nicht die sich für Götter halten und sich so von ihren Untertanen anbeten lassen, sondern JHWH allein und der von ihm beauftragte messianische König können der Völkerwelt jene Lebensordnung geben, die ein lebenförderliches Zusammenleben der Völker ermöglicht.

Der Psalm, der der im Neuen Testament meistzitierte

Psalm ist, verwendet Metaphern der Gewalt, die in der alten Welt weniger spektakulär waren als für uns Heutige. Zu ihrem sachgerechten Verständnis muß bedacht werden: Der Psalm ist nicht das Kriegsprogramm einer Großmacht, sondern die Hoffnungsvision einer unterdrückten Gemeinde. Sie legt den Psalm dem messianischen König in den Mund. Der Psalm ist getrieben von der alles entscheidenden Frage: Wem gehört die Geschichte? Wer ist der eigentliche Akteur der Geschichte? Wann und wie wird die Erde zu einem (Be-)Reich, in dem die Völker ohne Haß und Krieg zusammenleben? Darauf antwortet der Psalm mit der Hoffnung, daß am Ende „Gott alles in allem sei" – ein Hoffnungsangebot für alle, die sich bergen wollen in IHM (Ps 2, 12) und die sich SEINEM „Regierungsprogramm" der Tora, d. h. der (politisch verstandenen!) Brüderlichkeit und gegenseitigen Hilfe, unterwerfen.

Auslegung

V. 1–4 setzt die Weltherrschaft JHWHs und seines Gesalbten (hebräisch *maschíach* = griechisch *christos*) voraus, der die Völker zum Wohle aller unterworfen sind. In ägyptischen und mesopotamischen Texten und Bildern ist das unserem Psalm zugrunde liegende Bild reichlich belegt: Der Schöpfergott und der König als sein Stellvertreter halten die Völker und deren Repräsentanten an Seilen gebunden zusammen (vgl. V. 3), um so ein geordnetes Zusammenleben zu ermöglichen. Wo und solange diese Schöpfungsordnung funktioniert, herrscht Ordnung (Kosmos); wo sie gestört wird, bricht Chaos herein – und muß gebändigt werden, damit der Kosmos erhalten bleibt. Genau dies ist die Situation, die in V. 1–3 plastisch geschildert ist. V. 1 beginnt mit akustischen Phänomenen. Die Völker „tosen" heran wie das Brodeln und Rauschen chaotischer Meeresfluten (vgl. Ps 46,4.7; Jes 17,12). Sie „murmeln" nicht, wie Ps 1,2 empfiehlt, „in der (lebensförderlichen) Weisung JHWHs", sondern „Eitles", d.h. was vergeblich und verderblich zugleich ist. V. 2 steigert mit visuellen Phänomenen. Aus der dumpf lärmenden Masse treten Einzelgestalten hervor. Die Könige „stellen sich hin" in Kriegspose (wie weiland Goliat: 1 Sam 17,16; vgl. Jes 59,3) und rotten sich zusammen in der Kumpanei der Revolution gegen die Gottesherrschaft (V. 3). Angesichts dieses wahnwitzigen Aufstandes (vgl. ähnlich Gen 11,1–9) der Erdenkönige reagiert der himmlische Schöpfergott freilich mit Lachen und Spott (V. 4): Er läßt sich das Weltregiment nicht aus den Händen nehmen!

V. 6–9 erläutert, warum der Schöpfergott über das immer wieder in der Geschichte aufbrechende Chaos „lachen" und „spotten" kann. Inmitten des Chaos tritt eine messianische Gestalt auf, die als SEIN König vom Zion aus die Lebensordnung schützen und das Chaos vernichten soll. Dieser Messias (den unser Psalm erhofft) spricht von einer dreifachen Zusage Gottes: 1) Er ist „Gottes Sohn", von Gott „heute", d.h. im Augenblick seiner Beauftragung, „gezeugt". Der Akt der Amtseinsetzung dieses messianischen Königs wird als mystische Neuzeugung und Wiedergeburt verstanden, die diesen Gesalbten befähigt, wie Gott selbst die Weltordnung durchzusetzen. 2) Daß diesem „Gottessohn" die ganze Erde übereignet wird, ist die rechtliche Folge seiner „Gottessohnschaft" und die logische Konsequenz seines Auftrags. 3) Die Bilder, mit denen in V. 9 die Durchsetzung des Auftrags formuliert ist, entstammen voll der ägyptisch-hellenistischen Bildwelt. An Tempelwänden, auf Gedenksteinen, auf Siegeln und auf Amuletten findet sich häufig die Szene vom König, der über die Feinde die eiserne Keule schwingt – ein „quasi-sakramentales" Bild, welches das Dargestellte bewirken soll, nämlich das Chaos abwehren und den Kosmos schützen! Auch das Zerschmettern der Töpfergefäße ist ein rituelles Bild. Im ägyptischen Totenkult und im täglichen Tempelkult ist inschriftlich und ikonographisch der Ritus bezeugt, daß mit den Namen feindlicher Fürsten beschriebene Tonkrüge zerschmettert wurden, um so die von diesen Feinden ausgehende böse Bedrohung zu bannen.

V. 5.10–12 (diese Verse gehen wahrscheinlich erst auf die Bearbeitung zurück, die Ps 1 und Ps 2 als übergreifende Einheit las und beide Psalmen als „Doppelportal" dem Psalmenbuch vorangestellt hat) geben dem Psalm eine Endzeitperspektive (vgl. ähnlich Ps 1,5). Angesichts der Macht des Gotteszorns (V. 5) und im Wissen um die Macht des Messias (V. 9) werden die Akteure der politischen Geschichte vor die Alternative gestellt, entweder JHWHs Weltregiment als dienstbereite Vasallen anzuerkennen (zum Fußkuß vgl. Jes 49,22f) oder im bald hereinbrechenden endzeitlichen Zorngericht unterzugehen. Sprachlich greift V. 11–12 auf die deuteronomische Predigt zurück (vgl. besonders Dtn 6,13–18), mit der Israel die Tora als Lebensweg ans Herz gelegt wird. Von dieser Anspielung her wird die Beziehung zu Ps 1 verständlich: Wenn die Völker und ihre Könige (wie der einzelne Israelit von Ps 1!) die Tora der Gottesherrschaft zum Handlungsprinzip machen, wird „ihr Weg" gelingen; wenn sie dies nicht tun, wird er in den Abgrund führen.

Psalm 149

1a *Hallelu-Jah!*

1b *Singt JHWH ein neues Lied,*
1c *seinen Lobpreis in der Gemeinde der Getreuen!*
2a *Es soll sich freuen Israel über seinen Schöpfer,*
2b *die Kinder Zions sollen jauchzen über ihren König!*
3a *Sie sollen preisen seinen Namen mit Tanz,*
3b *mit Handtrommel und mit Tragleier sollen sie* IHM aufspielen!
4a *Denn JHWH will begnaden sein Volk,*
4b *er schmückt die Armen mit Heil.*

5a *Es sollen jubeln die Getreuen in Herrlichkeit,*
5b *sie sollen frohlocken, wenn sie sich (zum Gebet) niederwerfen.*
6a *Ruhmgesang Gottes sei in ihrer Kehle –*
6b *(und) das sei ihr doppelschneidiges Schwert in der Hand,*
7a *um Vergeltung zu wirken an den Völkern,*
7b *Züchtigung an den Nationen,*
8a *um deren Könige zu binden mit Fesseln*
8b *und deren Fürsten mit eisernen Ketten,*
9a *um an ihnen Gericht zu wirken, wie geschrieben steht.*
9b *Glanz ist ER all seinen Getreuen.*
9c *Hallelu-Jah!*

Einführung

Psalm 149 ist nicht selten mißverstanden oder mißbraucht worden. Wo militärische Siege als Zeiten besonderer Gottesnähe begriffen wurden und wo man meinte, im Namen Gottes gar Religions- und Glaubenskriege führen zu müssen, konnte unser Psalm gut und gern als Stütze und Verstärkung gesungen werden. Beispiele dafür ließen sich bis in die Neuzeit beibringen. Der Psalm war z. B. eines der Kampflieder sowohl der katholischen Fürsten wie der Soldaten Gustav Adolphs im 30jährigen Krieg. Und mit diesem Psalm feuerte Thomas Münzer den Bauernaufstand an.

Gewiß gab es auch im alttestamentlichen, insbesondere im vorexilischen Israel, die theologische Verbindung von Krieg und Gott. Israel war da ein Kind seiner Zeit und Umwelt, freilich nur teilweise, denn die Propheten bekämpften massiv diese Kriegstheologie.

Aber unser Psalm ist, was hier nicht näher erläutert werden kann, weder von seiner Entstehungssituation („schriftgelehrte Kreise" des 2. Jahrhunderts v. Chr.), noch von seiner Form (ein eschatologischer Hymnus, der nicht das Handeln von Menschen, sondern ausschließlich das Handeln Gottes preist!), noch von seinem literarischen Kontext (beachte den Zusammenhang Ps 146–150!), noch von seinem präzisen Wortlaut (in V. 6 muß die Konjunktion „und" als sogenanntes „und der Erläuterung" verstanden werden; so übrigens schon das Targum!) her ein militaristisches Lied!

Der Psalm besteht aus den zwei Satzgefügen V. 1–4 und V. 5–9; das ist auch seine Gliederung in zwei Teile bzw. zwei Strophen. Beide Teile, deren ungleiche Länge eher an das gotische als an das klassizistische Stilgefühl erinnert (H. Gunkel), weisen eine analoge Struktur auf: Beide setzen mit einer entfalteten Aufforderung zum

Lobpreis ein (V. 1–3 bzw. V. 5–6) und geben dann eine Motivation dafür an, wobei der erste Teil eine kausale (denn) und der zweite Teil eine finale (um zu) Motivation anführt. Die kausale Motivation V. 4 redet von einem Geschehen am Volk JHWHs, die finale Motivation V. 7–9 a hat ein Geschehen an der Völkerwelt im Blick.

Bei dieser Zweiteilung des Psalms ergeben sich mehrere semantische Strukturakzente. Zunächst einmal sind die letzten Zeilen der beiden Strophen parallelisiert. Die Aussage von V. 4 b: „er schmückt die Armen mit Heil" wird in V. 9 b aufgegriffen und theologisch enggeführt: „Glanz (Schmuck, Pracht) ist ER für all seine Getreuen"; das Heil, mit dem JHWH die Armen schmückt, ist letztlich ER selbst. Daß er sich ihnen rettend zuwendet, daß er für sie Partei ergreift, daß er sich auf ihre Seite stellt, daß er – neutestamentlich gesprochen – einer der Ihren wird, das ist ihr Heil *und* das ist ihre königliche Würde.

Die Metapher von JHWH als „Glanz" der Chassidim in V. 9 b bildet weiter zusammen mit dem Motiv der „Herrlichkeit" in V. 5 a eine semantische Klammer um die zweite Strophe des Psalms. Die Aufforderung in V. 5 a „Es sollen jubeln die Getreuen *in* Herrlichkeit" kann sowohl kausal (also wegen der ihnen gegebenen Herrlichkeit) als auch modal (also: im Zustand der ihnen gegebenen Herrlichkeit) verstanden werden.

Daß beide Elemente „Herrlichkeit" und „Glanz" aufeinander bezogen sind, deutet schließlich auch die in V. 5 a und V. 9 b wiederholte Nennung der „Getreuen" an, wobei die durch den Zusatz „alle" erweiterte Nennung in V. 9 b dem Psalm eine eschatologisch-universale Perspektive gibt.

Wie die zweite ist auch die erste Strophe des Psalms semantisch gerahmt. Das erste und das letzte Bikolon dieser Strophe sind durch zwei Elemente aufeinander hingeordnet: durch den Gottesnamen JHWH und durch die Gemeinschaftsbegriffe „Gemeinde" (V. 1) bzw. „Volk" (V. 4).

Die beiden Strophen stehen in wirkungsvollem thematischem Kontrast zueinander:

a) Strophe 1 besingt JHWHs Handeln am wahren Israel, während Strophe 2 auf ein Geschehen an der Völkerwelt blickt.

b) Strophe 1 feiert die befreiende Mächtigkeit des wahren Königs JHWH, während Strophe 2 die Entmachtung der Könige dieser Erde erhofft.

Auslegung

Die *erste Strophe* (V. 1–4) setzt mit einer breit entfalteten Aufforderung zum Lobpreis JHWHs ein. Der Lobpreis soll ein „neues Lied" sein, weil es von einem „neuen" Geschehen kündet. Wie der „neue" Bund und das „neue" Herz in der alttestamentlichen Tradition die Dimension des Neuen nicht als Abschaffung eines dann als „alt, veraltet" geltenden Zustandes meint, sondern „neu" als „erneuert" und „erneuernd" bedeutet, so auch dieses Lied. Das „neue" Lied singt von der Erfahrung, daß die verlorene und zerstört gewähnte Gottesnähe inmitten der Gemeinde der Getreuen erneut und endgültig aufgebrochen ist. Das „neue" Lied ist ein Lied, das die, die es singen, erneuern kann. Es ist ein Lied, das die Vision der eschatologischen Vollendung schon jetzt wirksam werden läßt. Die „neuen" Lieder wollen nicht Träume entwerfen, die aus der Gegenwart wegführen, sondern sie wollen zu jener Art von Mystik hinführen, aus der die Politik im Dienst der befreienden Gottesherrschaft entspringt. Adressat und Thema solcher befreiender Lieder sind nicht Menschen, sondern JHWH in der zweifach erfahrenen Zuwendung, die V. 2 nennt: JHWH ist der „Schöpfer" Israels, dem Israel also seinen Ursprung verdankt. Daß Israel in die Geschichte eintrat, ist nicht seine eigene Leistung, wie die Abrahamfigur und die Exodusgeschichte festhalten. Und daß Israel in der Geschichte nicht unterging, verdankt es JHWH als seinem „König", der sich Israel zum Volk erwählt hat. Dies soll Israel in einem Fest feiern, das an das große Befreiungsfest nach dem Exodus erinnert. Wie damals die zur „Handtrommel" den „Tanz" aufführenden Frauen um Mirjam (vgl. die Anklänge von V. 3 an Ex 15,20) den Lobpreis des Gottesnamens sangen (vgl. V. 1 mit Ex 15,1; V. 2 mit Ex 15,2), so nun das „neue" Israel – in jener Gestalt, die in V. 4 definiert wird. Dieser Vers vollzieht eine der spektakulärsten Identifikationen der Bibel und der Geschichte überhaupt: Er verkündet Gottes Option für die Armen. Er definiert die Armen als Gottes Volk. Das ist die einzig mögliche Interpretation, die sich aus der Parallelismusstruktur des Verses ergibt. Das ist mehr als nur die These, daß die Armen *auch* mit der Gnade des Gottesreiches rechnen dürfen. Es ist auch nicht bloß die Botschaft, daß die Armen in besonderer Weise mit der Fülle des Heils beschenkt werden. Nein, es ist die provozierend neue Aussage, daß die Gnade der Gottesherrschaft nur den Armen und vermittelt durch sie in diese Welt einbricht (vgl. unten unser Kapitel VIII). Der Vers greift Jes 61,1–3 auf, wie mehrere sprachliche Anklänge anzeigen, und sagt, daß das dort verheißene eschatologische Geschehen in der Gemeinde der Psalmen singenden Getreuen JHWHs in Erfüllung zu gehen beginnt.

Im Hintergrund der *zweiten Strophe* (V. 5–9) steht die Vorstellung von JHWH als dem (eschatologischen) „Rächer" der Geschichte (vgl. Jes 61,2; 63,4; Ez 25,14 und besonders Ps 10,12–18). Dies ist keine emotionale, sondern eine juristische Kategorie. Als „Rächer" offenbart sich JHWH als Gott des Rechts, der den Rechtlosen zu ihrem Recht verhilft, das ihnen die Mächtigen verwehren. Die „Rache“ JHWHs zielt auf die Überwindung des Bösen durch SEINE Gottesherrschaft. „Gott will in seinem Gericht alles wieder ins Lot bringen, d. h. ins ‚Richtige‘ stellen“ (A. Deissler). *Darauf* sollen, wie V. 5f betont, die unterdrückten und machtlosen Jahwefrommen des 2. Jahrhunderts v. Chr. (und aller Zeiten) frohlockend setzen: daß JHWH selbst die Mächte der Weltgeschichte, die sich seiner Lebensordnung widersetzen, entmachten wird (vgl. V. 8 mit Ps 2,1–3.10–12). Deshalb dürfen sie auch hoffen, daß es ein eschatologisches Gericht geben wird, das den Opfern der Geschichte ihre Würde und ihr Recht zurückbringt – und das die Henker der Geschichte in jene Strafe taucht, die ihnen Gottes Gerechtigkeit und Barmherzigkeit bestimmt. Dieses Gericht ist und bleibt aber nach unserem Psalm Werk Gottes allein. Was den „Armen“ in diesem Geschehen zukommt, ist der Lobpreis ihres Gottes: *das* ist ihr Schwert (V. 6)! Die „Armen“ sollen und können mit ihrem Lobpreis bezeugen, daß JHWHs Gnade und Heil bereits in ihnen und für sie wirksam ist. Ihre Psalmen sind ihre Antwort auf die Zuwendung JHWHs, der sie allein als sein neues Volk erwählt hat.

V. 7–9a macht deutlich, daß Gottes Solidarität und Parteinahme mit den Armen keine Neutralität ist und zuläßt. Solange es Unterdrückte als Folge von Unterdrückern, Arme als Folge von Ausbeutern und Reichen, Verfolgte als Folge von Verfolgern gibt, gibt es keine Solidarität Gottes (und keine menschliche Solidarität), die diesen Tatbestand überspringen und verdecken darf. Solidarität angesichts dieser Realitäten kann nur entschiedene und einseitige Parteinahme bedeuten, d. h., sie „besteht zunächst einmal mit denen, die die Menschenrechte suchen, und nicht mit denen, die sie brechen“

(D. Mieth). Das in V. 7–9a angedrohte Gericht Gottes über die Völker und ihre Könige ist die Konsequenz der entschiedenen Parteinahme Gottes *für* die Armen und *gegen* die Gruppen und Mächte, die diese Armut verursachen und von ihr profitieren.

Der laute und öffentliche Lobpreis JHWHs als des Herrn der Geschichte ist der Widerstand und die Würde der Unterdrückten und Armen zugleich. Daß JHWH bei und mit ihnen ist – mitleidend, richtend und rettend – das ist ihr Glanz und ihre Herrlichkeit, die ihnen niemand nehmen kann (V. 5a.9b). So ist ihr erstes und ihr letztes Wort: Hallelu-Jah, preiset JHWH!

Mit der Einladung zum Halleluja fordert der Psalm keineswegs dazu auf, den status quo von Ausbeutung und Unterdrückung hinzunehmen und den davon Betroffenen das Psalmensingen zu empfehlen. Er entwirft vielmehr die Vision, daß sich die Armen in einer „neuen Gesellschaft", in der „Gemeinde der Getreuen" (V. 1) zusammentun. Der Psalm hält daran fest, daß Gottes Geschichtsstrategie zur Überwindung von Machtgier und Habsucht über ein Kontrast-Volk läuft. Daß die Gottesherrschaft eine die politische Geschichte verändernde Wirklichkeit ist, kann an dieser „neuen Gemeinde" sichtbar werden, „die nicht nach den Prinzipien der Macht, sondern nach denen der Brüderlichkeit konstruiert" (N. Lohfink) ist. Die Gebete der neuen JHWH-Gemeinde halten daran fest, daß in der Unterdrückung von Menschen die Sache Gottes selbst auf dem Spiele steht. Die „Rühmungen Gottes" wollen deshalb diesen Gott daran erinnern, daß er als Schützer und Rächer der Armen zu ihren Gunsten eingreifen muß. Den Modus dieser Intervention läßt der Psalm offen, aber an ihrer Unaufschiebbarkeit läßt er keinen Zweifel.

Die Aufforderung unseres Psalms zum „Gebet"

schließt den „Kampf" der Armen nicht aus. Im Gegenteil: Die Mystik drängt zur Politik.

Psalm 150

1a *Hallelu-Jah!*

1b *Preiset Gott in seinem Heiligtum!*
1c *Preiset ihn im Firmament seiner Macht!*
2a *Preiset ihn in seinen Machterweisen!*
2b *Preiset ihn gemäß der Fülle seiner Größe!*

3a *Preiset ihn mit Blasen von Widderhorn!*
3b *Preiset ihn mit Standleier und Tragleier!*
4a *Preiset ihn mit Handtrommel und Tanz!*
4b *Preiset ihn mit Saitenspiel und Flötenspiel!*
5a *Preiset ihn mit Zimbelnklang!*
5b *Preiset ihn mit Zimbelngeschmetter!*

6a *Alles, in dem Atem ist, preise Jah!*

6b *Hallelu-Jah!*

Einführung

Unser Psalm, der in der neueren Musik großartige Ausgestaltungen erfahren hat (vgl. neben César Franck und Benjamin Britten besonders den Schlußsatz der 1930 von Igor Strawinsky für Chor und Orchester geschriebenen „Psalmen-Sinfonie"), ist der letzte der 5 Hallelujapsalmen 146–150. Er ist das zusammenfassende Finale des Psalmenbuchs. Wahrscheinlich ist der Psalm sogar eigens dafür gedichtet worden. Dafür sprechen die Stichwortbeziehungen zum vorangehenden Psalm 149 (Gott, Tragleier, Handtrommel, Tanz), als dessen Fortführung (vgl. die beide Psalmen rahmende Aufforderung „Hallelu-Jah"!) und Ausweitung (149,9: „alle seine Getreuen"; 150,6: „alles, in dem Atem ist") Psalm 150 zu sehen ist; die abschließende Aufforderung „alles ... preise Jah!" greift überdies rahmend zurück auf den Beginn von Psalm 149 „Singt ... seinen (Lob-)Preis!"

Zugleich ist unser Psalm im Zusammenhang der vier Doxologien („Lobpreisformeln") am Ende der Ps 41; 72; 89; 106, die das Psalmenbuch in fünf Teile gliedern, zu sehen. Er ist nicht nur deren abschließender Höhepunkt, sondern gibt dem Psalmenbuch die Gesamtdeutung: Wo und durch wen immer ein biblischer Psalm gesungen oder gebetet wird, geschieht dies als Teilhabe an jenem kosmischen Lobpreis, der als belebender Atem in „allem, was Atem hat", da ist und seinem Geber in der Gestalt von Lob und Dank zurückgegeben wird.

Der Psalm ist gerahmt von dem Refrain „Hallelu-Jah". Das Corpus besteht zunächst aus zehn gleichen imperativischen Sätzen, die zum Lobpreis aufrufen. Weder der Sprecher dieser Imperative noch die Adressaten, also die Subjekte, die den Lobpreis vollziehen sollen, werden genannt. Die Zehnerreihe ist in sich Symbol der Fülle. Es geht also um die Fülle des Gotteslobs. Die Zehnzahl deutet aber nicht nur die Fülle, sondern auch die geordnete Schönheit des Lebens an, die in und hinter der Schöpfung und der Geschichte verborgen gegenwärtig ist und deretwegen Gott gepriesen werden soll. Innerbiblisch ist die Zehnzahl der Hallelujarufe in Beziehung zu setzen mit den zehn Worten des Schöpfergottes in Gen 1 und mit den zehn Worten des Dekalogs, die der Exodusgott am Sinai verkündet. Auf die zehn Schöpfungsworte, die die Grundordnung des Kosmos ermöglichen und festlegen, und auf die zehn Gesetzesworte, die die Lebensordnung für das befreite Gottesvolk proklamieren, antworten hier zehn Worte des Lobrufs. Der Psalm unterstreicht hier also von seinem Aufbau her: die Psalmen sind die Antwort Israels auf das Heilshandeln seines Gottes in Schöpfung und Geschichte.

Die Zehnerreihe ist in zwei ungleiche Abschnitte gegliedert. Die ersten vier Glieder blicken auf Gottes Gegenwärtigkeit und Größe. Diese Glieder sind bestimmt von Ortsangaben (Heiligtum, Firmament) und Abstraktbildungen (Macht, Machterweise, Fülle, Größe). Nur in diesen vier Gliedern finden sich Possessivpronomina. Daß das vierte Glied eine Zäsur in der Zehnerreihe bilden soll, wird auch durch den Wechsel der Präposition angezeigt. Nach dem dreimaligen Gebrauch von „in" verwendet das vierte Glied die Präposition „gemäß" und unterbricht damit die Monotonie der Reihe. Sachlich bedeutet das vierte Glied eine deutende Zusammenfassung der drei vorangehenden Glieder, wie die Auslegung zeigen wird. Insgesamt vermittelt der Abschnitt „einen statischen, global orientierten Eindruck" (H. Schweizer) von Ordnung und Unerschütterlichkeit.

Von den ersten vier Gliedern, deren Bewegung in ihrem vierten Glied zu einem Ruhepunkt gelangt ist, setzt sich der zweite Abschnitt, die Glieder 5–10, deutlich ab. In ihnen begegnen nur Konkreta und Nomina actionis (Musikinstrumente bzw. deren Betätigung; Tanz). Der Abschnitt entwirft also ein plastisches, dynamisches Bild einer vielgestaltigen Fülle von Musik und Tanz. Das neunte und zehnte Glied nennen das gleiche Instrument, wenn auch mit jeweils unterschiedlicher Art des Spiels. Der schnelle Rhythmus der Imperativabfolge kommt durch diese Wiederholung zu einem Anhalten; das Zimbelgeschmetter ist auch – musikalisch gesprochen – das Fortissimo des Ganzen, das auf das Finale vorbereitet, das in V. 6a folgt. Auf V. 6a läuft die ganze Zehnerreihe der Hallelujarufe hin. Dieser Satz ist inhaltlich und formal Ziel- und Höhepunkt des Psalms. Er greift einerseits das Schlüsselwort der Zehnerreihe „preisen" auf; insofern gibt er sich als Fortführung der Reihe. Andererseits hebt sich der Satz in mehrfacher Hinsicht aus der Reihe der vorangehenden Sätze ab:

1) Das erste und einzige Mal wird als Adressat der Aufforderung ein Subjekt genannt: „alles, in dem Atem ist". Dieses Subjekt wird durch die Formulierung „aller Atem" als eine einzige Größe gesehen; ihr gemeinsames Tun macht sie zu einem einzigen großen Subjekt.

2) Das Verb eröffnet nicht den Satz, sondern steht erst an dritter Stelle. Wegen dieser Positionsverschiebung hat es auch eine andere Form. Während der Refrain und die Zehnerreihe immer mit dem Imperativ „preiset" beginnen, hat V. 6a den Jussiv „preise". Die Imperative sind ein Befehl an die Gemeinde (vgl. Ps 149,1), den Lobpreis so glaubwürdig zu vollziehen, daß dadurch „aller Atem" dazu bewogen wird, sich dem Lobpreis anzuschließen. Die Imperative sollen die im Jussiv angezielte Aktion ermöglichen und herbeiführen.

3) Abweichend von der ersten Aufforderung des Corpus, wo das Objekt des Lobpreises das Appellativ „Gott" ist, auf das in den folgenden Imperativen mit (enklitischem) Akkusativpersonalpronomen zurückgegriffen wird („preiset *ihn*"), verwendet V. 6a die Kurzform des Tetragramms (Jah), die im Refrain steht. Im Lobpreis JHWHs sollen alle Formen von Gotteserfahrung zusammenkommen. Was immer an Göttlichkeit in den Religionen erfahren wurde, soll „aufgehoben" werden im Bekenntnis zu dem einen JHWH!

Durch diese drei Abweichungen ist V. 6a herausgehoben und erweist sich als Klimax der Komposition.

Seiner Form nach ist der Psalm eine entfaltete Aufforderung zum Lobpreis, wie sie üblicherweise als Anfang und manchmal auch als Abschluß eines Hymnus begegnet. Abweichend vom Hymnus werden in Ps 150 weder

Anlaß noch Thema des Hymnus genannt. „Der Lobpreis ist völlig autonom dargestellt, er dient keinem anderen Anliegen. Er ist zweckfrei und ist anscheinend aus sich heraus zur Genüge begründet" (H. Schweizer). In diesem Psalm gibt es weder einen Zweck noch eine Bedingung, noch eine Einschränkung des Lobpreises. Was diesen Lobpreis auslöst und zusammenhält, ist durch die Struktur unumstößlich angegeben. In allen 13 Sätzen des Psalms ist als Auslöser und Adressat des Lobpreises Gott genannt, wobei die Verteilung von Gottesnamen und Personalpronomina nochmals strukturierend wirkt. Während in den Sätzen 3–10 das Pronomen „ihn" steht, steht in den beiden äußeren Sätzen am Anfang und Ende (also Sätze 1 + 2 bzw. 12 + 13) der Gottesname Jah bzw. das Appellativ „Gott". Dem Psalm geht es also darum, zur Haltung und zum Vollzug des Lobpreises Gottes zu bewegen. Der Psalm reduziert das Leben auf das Loben Gottes. Nach Meinung des Psalms ist dies Ziel und Vollendung des Lebens: Ja sagen zu Gottes Gegenwart und Mächtigkeit, nicht um etwas zu erhalten, sondern aus Staunen, Freude und Bewunderung.

Auslegung

Die ersten vier Imperative blicken auf Gottes machtvoll-gütige Gegenwart. Die Präpositionalangabe der ersten beiden Sätze „in seinem Heiligtum" und „im Firmament seiner Macht" bezeichnet nicht, wie manche Exegeten vorschlagen, die irdische und die himmlische Festgemeinde, die aufgerufen wird, in einer Synthese von irdischer und himmlischer Liturgie Gott zu lobpreisen. Nicht *wer* den Lobpreis vollziehen soll, wird hier formuliert, sondern *wem* er gelten soll: nämlich Gott, der gegenwärtig ist und wirkt „in seinem Heiligtum" und „im Firmament seiner Macht".

Das „Heiligtum“ (V. 1a) könnte, nimmt man einen synonymen Parallelismus an, der „Himmel“ sein, in dem Gott thronend vorgestellt wird. Dies ließe sich von Ps 60,8 her begründen: „Gott hat in seinem Heiligtum gesprochen.“ Von Ps 20,3 her wäre es auch möglich, an den Jerusalemer Tempel zu denken, in dem JHWH als gegenwärtig gedacht wird. Von Ps 114,2 her kann „sein Heiligtum“ aber auch JHWHs Gemeinde als sein lebendiges Heiligtum meinen. Ist, wie wir vorgeschlagen haben, Ps 150 im Horizont von Ps 149 zu deuten, legt sich dieses Verständnis am ehesten nahe. Der Lobpreis, zu dem im ersten Imperativ aufgerufen wird, gilt der Erfahrung, daß JHWH sich in der Gemeinde der Getreuen ein lebendiges Heiligtum geschaffen hat, durch das er seine heilende und heiligende Kraft erweisen will.

Das zweite Glied der Zehnerreihe (V. 1b) blickt auf das Himmelsfirmament als Manifestation der Macht Gottes. Das Firmament wird nach Gen 1 errichtet, um die Chaoswasser zurückzuhalten. Die Menschen der alten Welt waren tief beeindruckt davon, daß das sich über die Erde wölbende Firmament oben blieb und nicht herunterstürzte. In dieser Festigkeit, in der das Gefüge von Himmel und Erde verharrte, sah Israel einen Machterweis JHWHs. Das Firmament ist gewissermaßen das Dach des Lebenshauses der Schöpfung; durch das Firmament wird die Erde durch JHWH vor dem Chaos geschützt. Unter dem Firmament sind die Lebewesen der Erde geborgen. Dieses Element evoziert demnach JHWHs Schöpferhandeln, durch das er den Kosmos fest gegründet hat und in Festigkeit erhält.

Das dritte Glied der Zehnerreihe (V. 2a) blickt auf Gottes Machttaten in der Geschichte Israels, insbesondere auf die Machttat des Exodus, durch den JHWH sich mächtiger als die Götter Ägyptens und mächtiger als Pharao erwiesen hat. So betet Mose in Dtn 3,24: „Gott, mein Herr! Du hast angefangen, deinen Knecht deine Macht und deine starke Hand schauen zu lassen. Welcher Gott im Himmel oder auf der Erde hat etwas vollbracht, was deinen Werken und deinen Machttaten (Einheitsübersetzung: Siegen) vergleichbar wäre?" Der Plural „Machterweise" und die Verwendung des Motivs in der Psalmensprache (vgl. Ps 20,7; 71,16; 106,2; 145,4.11.12) legen freilich nahe, nicht an einzelne Heilstaten, sondern an JHWHs gesamtes Geschichtshandeln zu denken.

Die drei ersten Glieder der Zehnerreihe bilden eine Steigerung. Der Blick setzt bei der Gemeinde JHWHs an, weitet sich in der Ebene des Raums auf den Himmel als Metapher für die Schöpfung und weitet sich nochmals in der Ebene der Zeit auf die gesamte Geschichte aus. Zum Lobpreis Gottes, der in all diesen Dimensionen gegenwärtig ist und wirkt, fordert der Psalm auf.

Das Maß und der Grund dieses Lobpreises ist, wie das vierte Glied (V. 2b) dann zusammenfassend und rückblickend festhält, „die Fülle seiner Größe", die sich in all dem unvergleichbar und unbegrenzt erweist.

Zur Durchführung des Lobpreises wird im zweiten Abschnitt der Zehnerreihe zum Spiel aller Musikinstrumente aufgefordert, die Israel zu bieten hat.

Die Reihe der Instrumente setzt mit dem Widderhorn ein. Von der Blastechnik her ist es streng genommen kein Melodie-, sondern ein Signalinstrument. Anders als die metallenen Trompeten, die im nachexilischen Tempelkult eine wichtige Rolle spielten, ist das Widderhorn in der Spätzeit im Tempelgottesdienst nicht mehr verwendet worden; dieser Umstand hat andererseits bis heute zu seiner Verwendung in der synagogalen Liturgie geführt. Es ist aber ein altehrwürdiges Instrument, das in der vorstaatlichen und in der vorexilischen Epoche Israels sehr beliebt war. Mit dem Signalton des Widderhorns wurde zur Feier der großen Feste gerufen, es gab die Signale im Krieg, es war das Blasinstrument par excellence bei der Königskrönung (vgl. 2 Sam 15,10; 1 Kön 1,34. 39,41 f; 2 Kön 9,13), und es ist das Instrument, das das Anbrechen der Königsherrschaft JHWHs ankündigt (vgl. Ps 47,6; 98,6). Und insbesondere gibt es das Signal, welches das Erscheinen und Offenbarwerden Gottes ankündigt (vgl. Ex 19,16.19).

Nach dem Widderhorn als das Fest eröffnendem Signalinstrument wird zum Spiel mit den beiden Leierarten „Standleier" und „Trageleier" aufgefordert. Die Standleier, die größere, kostbarere und seltenere der beiden Leierarten, war eher im höfischen und gehobenen Milieu beheimatet, während die billigere und einfachere Trageleier ein eher volkstümliches Instrument war. Diese Unterschiede zählen bei *diesem* Fest, das zur Verherrlichung Gottes stattfinden soll, freilich nicht mehr.

Nach dem Saitenspiel bringt die Aufforderung zum Handtrommelspiel und zum Tanz Bewegung in die Festgemeinde. Beide Motive haben, wie wir bereits bei der Auslegung von Ps 149 gesehen haben, ihren ursprünglichen Sitz im Leben im festlichen Tanz der Frauen, die dabei den Rhythmus mit den kleinen Rahmentrommeln schlagen. Die Handtrommel ist ein gruppenbildendes Instrument, das den gemeinsamen Tanzrhythmus gibt; deshalb ist es auch, wie 1 Sam 10,5 zeigt, bei den Prophetengruppen beheimatet, die in ordensähnlicher Organisation zusammenleben und sich durch Tanz in Ekstase versetzen.

Daß zum Lobpreis Gottes alles aufgeboten werden soll, was Israel an festlicher und musikalischer Tradition kennt und hat, wird schließlich noch in den verbleibenden Gliedern V. 4–5 sichtbar, die nochmals eine Zusammenstellung von Saiten-, Blas- und Schlaginstrumenten anführen. Zwar ist die Bedeutung des in V. 4b an zweiter Stelle genannten Instrumentes umstritten, doch dürfte das verwendete hebräische Wort die einfache „Langflöte" meinen, im Unterschied zur „Doppelflöte". Die abschließende zweifache Erwähnung der Zimbeln markiert, wie wir schon oben sagten, das Fortissimo des Lobpreises. Nach dem Befund der Ausgrabungen waren die Zimbeln, die im Psalmenbuch nur in unserem Psalm begegnen, bereits im Kanaan der Spätbronzezeit und der frühen Eisenzeit weit verbreitet. Der Psalm nennt sehr wirkungsvoll zwei unterschiedliche Weisen, diese kleinen metallenen Becken aneinanderzuschlagen. Die erste Art „Zimbelnklang" meint das kontinuierliche Aneinanderreiben der Becken, die zweite Art meint das kräftige Aneinanderschlagen, das ein ganzes Orchester übertönt und den Schlußakkord markiert. In unserem Psalm leitet dieses musikalische Fortissimo den eigentlichen und überraschenden Höhepunkt des Psalms ein, der in V. 6a folgt – und der sich nun in geradezu feierlicher Stille anschließt. In diesem Kontrast zwischen der immens gesteigerten Rhythmik von V. 1–5 und der Einfachheit von V. 6a liegt die besondere Pointe des Psalms.

Auf dieses eine Sätzchen zielt die gewaltige Komposition von V. 1–5 hin. Alles ist gewissermaßen Einstimmung und Einübung für diese größte Sache des Menschenlebens: lobend Ja zu sagen zur Gegenwärtigkeit Gottes in seiner Gemeinde, in der Schöpfung und in der Geschichte. Dies ist angesichts der Erfahrung von so viel Verneinungswürdigem keineswegs selbstverständlich und leicht. Aber andererseits ist Leben nur lebbar, wenn es eine (bewußte oder unbewußt-faktische) grundlegende Zustimmung zum Leben, ein fundamentales Ja gibt. Und genau zu diesem fundamentalen Ja zum Leben und zum Gott des Lebens will der Psalm hinreißen und hinführen.

Der Psalm ruft zum großen „Schöpfungsfest" auf, in

dem die immer schon gelebte Gutheißung der Welt ausdrücklich vollzogen und gefeiert wird. Zu dieser festlichen Zustimmung zum Leben als einer allen gemeinsam und unteilbar gegebenen Gabe will der Psalm alle Lebewesen vereinen. Genau dies meint ja ein Fest feiern: „sich auf Gemeinsames hin versammeln" (J. Pieper). Nur dort, wo solch Gemeinsames bei einer Feier da ist und die Versammelten ergreift, ereignet sich ein Fest. Zur Feier der allen Lebewesen gemeinsamen Teilhabe am Atem Gottes ruft unser Psalm auf: ER, der so großzügig und bedingungslos *allen* Anteil gibt, soll gefeiert werden.

Psalm 150 gibt den vorangehenden Psalmen des Psalters eine Gesamtperspektive, die sich thesenhaft so festhalten läßt:

a) Die Psalmen sind Ausdruck der Freude an Gott, an seiner Gegenwart und an seinen Taten. Selbst in der Klage, die den Verlust der Gottesnähe beklagt, geht es letztlich um die froh machende Gewißheit, daß ER nahe ist. In den Psalmen realisiert sich die doxologische Grundstruktur der biblischen Rede von Gott.

b) Die Psalmen sind als Texte bzw. Lieder so etwas wie die „Hofmusik" für den König JHWH. Sie wollen ihn unterhalten und erfreuen. Sie sind Lebensäußerungen seines Volkes.

c) Die Psalmen sind Vorwegnahme und Einübung des eschatologischen Festes, auf das Schöpfung und Geschichte hin angelegt sind. Zwar haben viele einzelne Psalmen durchaus konkrete Zwecke und Anlässe. Als Teile des Psalmenbuchs aber zielen sie auf das große Schöpfungsfest hin, dessen Vision Ps 150 entwirft. In den Psalmen vollzieht sich eine Grenzüberschreitung, die Israel und die Völker, ja sogar alle Lebewesen des Kosmos, zusammenführen will in der Hoffnung darauf, daß „Gott alles in allem" sein wird.

IV. Klage und Dank

Menschliches Leben verwirklicht sich in der Spannung von „Glücken" und „Scheitern", von Mißlingen und Gelingen, von Heil und Unheil. Weil es für Israel menschliches Leben nur in der Gegenwart seines Gottes JHWH gibt, haben Glücken und Scheitern in Israel immer und fundamental mit diesem Gott zu tun. Daß und wenn Leben glück- und heilvoll erfahren wird, weiß der Israelit/die Israelitin dies als Gabe seines/ihres gütigen Gottes – und dankt ihm dafür. Und wenn Leben als gefährdet, gestört und unheilvoll erlitten wird, beklagt dies der Israelit/die Israelitin als Erfahrung von Gottverlassenheit und ruft um (erneute) Zuwendung des rettenden JHWH. Solches Danken und Klagen kann sich gewiß in spontanen Worten äußern. Aber auch in geprägten Sprachmustern wie den Klage- und Dankpsalmen, wie sie im Psalmenbuch stehen.

Die meisten „Klage- und Dankpsalmen des einzelnen" sind nicht als private, freie und spontane Gebete in konkreten Einzelsituationen entstanden, sondern sie sind als „Gebetsformulare" verfaßt und auch als solche verwendet worden. Der ursprüngliche „Sitz im Leben" beider Gattungen war die Familie bzw. Sippe, die sich zu einem Bitt- und Dankgottesdienst im Haus (am Lager des Schwerkranken) oder am örtlichen Heiligtum versammelte, um Rettung aus der Not zu erflehen bzw. um für die geschehene Rettung zu danken. Die Mitte dieser „Familiengottesdienste" bildete das im Ich des Kranken, Angeklagten, Verfolgten gestaltete Gebet, das für ihn oder von ihm aus dem Bestand der „Überlieferung" ausgewählt wurde. Solche Zeremonien, die demnach nicht mit dem offiziellen Kult, sondern mit der Familienfrömmigkeit in Verbindung standen, konnten sehr unterschiedliche Anlässe haben: Krankheit, schwere Verfehlung gegen die Gemeinschaft, juristisch nicht entscheidbare Anklage, weshalb ein „Gottesgericht" (Ordal) erfleht wurde, Tod eines Familienmitgliedes u. ä. In solchen Situationen stand nicht nur das Leben eines einzelnen in Gefahr, sondern das seiner „Primärgruppe", d. h. seiner Sippe. Sie versammelte sich deshalb, um unter der Leitung eines „Experten" (in der Regel Priester oder „Prophet" als Mitglied eines „Prophetenkonvents") die Zuwendung Gottes zu erflehen oder für erfahrene Rettung zu danken.

Der Aufbau des individuellen Klagepsalms spiegelt noch Ablauf und Ziel der Bittzeremonien wider. Er setzt mit der Klage ein, die die erfahrene Not letztlich als eine Störung der Beziehungen des Beters zu Gott und zu seinen Mitmenschen beschreibt. Darauf folgt die Bitte um Rettung aus dieser Not – und dann, für uns recht überraschend, eine Äußerung des Vertrauens, ja des Dankes für erfahrene Zuwendung. Gerade dieses dritte Element läßt sich am ehesten von der Herkunft der *Gattung* aus den genannten familiären „Bittgottesdiensten" erklären. Ihr Ziel war es ja gerade, inmitten der Angst und der Not die Zuversicht zu vermitteln, daß JHWH die Seinen nicht verläßt.

Manche Dankpsalmen lassen ihren ursprünglichen „Sitz im Leben" noch gut erkennen. Ps 66,13–20 nennt den Tempel als Ort des Dankes, eine Opferdarbringung als begleitenden Ritus und die „Danksagungserzählung" vor der versammelten Gruppe bzw. „Gemeinde" als tragendes Element des Geschehens. Die beim „Dankgottesdienst" üblichen Opfer waren offensichtlich unterschiedlich. Ps 116,13 läßt an einen „Libationsritus", ein Trankopfer, denken, bei dem Öl oder Wein als besonders kostbare Gaben an den Fuß des Altars gegossen wurden. Ps 22,27 legt nahe, daß der Dankgottesdienst mit einem Opfermahl abgeschlossen wurde. Dieser Ritus unterstrich besonders sinnenfällig die Rückkehr des Geretteten in die Gemeinschaft des Lebens. Manche Exegeten sind der Meinung, Ps 107 beweise, daß es am Jerusalemer Tempel (im Rahmen der großen Wallfahrtsfeste?) große Dankliturgien gab, in denen für die unterschiedlichen Anlässe von der versammelten „Großgemeinde" Danklieder gesungen wurden.

Die ursprünglich enge Bindung von Danklied und Dankopfer wird von mehreren Psalmen freilich relativiert, ja sogar kritisiert. Andere Psalmen lehnen das Dankopfer rundweg ab und legen den Akzent voll auf das Gebet und die Verkündigung als die einzige JHWH wohlgefällige Gestalt des Dankes: „Ich will den Namen Gottes preisen mit einem Lied, mit einem Danklied will ich ihn rühmen: das gefällt JHWH mehr als ein Opferstier, mehr als Rinder mit Hörnern und Klauen" (Ps 69,32f., vgl. auch 51,18–19). Diese Zurückhaltung, die gewiß auch auf Mißbräuche antwortet, atmet die Leidenschaft der prophetischen Kultkritik, die freilich keine grundsätzliche Opferablehnung war. Sie zielt auf die Rückgewinnung der Mitte des Kultes, um die es auch in den Dankliedern geht: daß JHWH Ursprung, Maß und Ziel allen Lebens ist.

Wir haben nun mehrfach vom „ursprünglichen" Sitz im Leben der beiden Gattungen gesprochen. Dies sehr bewußt deshalb, weil die meisten der uns vorliegenden Klage- und Dankpsalmen nicht mehr für derartige „Familiengottesdienste" gedichtet wurden, sondern – nachdem entsprechende Vorbilder da waren – als „freie Nachdichtungen" entstanden, als solche in den „Gebetsschatz" einzelner Gruppen eingingen und schließlich Aufnahme in ein „Psalmenbuch" fanden.

Psalm 13

2a *Bis wann, JHWH, willst du mich so ganz vergessen?*
2b *Bis wann verbirgst du dein Angesicht vor mir?*
3a *Bis wann muß ich mit Gedanken quälen meine Seele,*
3b *mit (Todes-)Kummer mein Herz (sogar) am Tage?*
3c *Bis wann darf sich erheben mein Feind über mich?*

4a *Blicke her (auf mich), antworte mir, JHWH,*
4b *mein Gott, mache leuchtend meine Augen,*
4c *damit ich nicht entschlafe zum Tod,*
5a *damit mein Feind (dann) nicht sagen kann: Ich hab' ihn erledigt!*

5b *Mögen meine Widersacher jubeln, daß ich wanke,*
6a *so vertraue ich doch auf deine Güte.*
6b *Es soll jubeln mein Herz über dein Rettungshandeln,*
6c *ich will singen JHWH, denn er handelt an mir.*

Einführung

„Muster eines ‚Klageliedes des Einzelnen'" hat Hermann Gunkel diesen Psalm genannt. An ihm wird eindrucksvoll erlebbar, was die Klage vom richtungslosen Jammern unterscheidet und wie Klage zum Gebet werden kann, in dem der Leidende die Kraft findet, die Herausforderung des Leids auf- und anzunehmen.

Der Psalm markiert in seinen drei vierzeiligen (V. 3b dürfte eine spätere Randglosse sein, die den schwierigen hebräischen Wortlaut von V. 3a erklären wollte) Strophen die typische Geschehensstruktur eines Klagepsalms: Klage (mit Notschilderung) – Bitte an JHWH um ein Ende der Not (mit Angabe von Gründen, die JHWH zum Eingreifen bewegen sollen) – Bekenntnis des Vertrauens auf JHWH (mit Ankündigung von Lobpreis, Dank usw.). Auf den helfenden Weg von der drängenden Klage zum Grund des Vertrauens will der Klagepsalm die Leidenden führen.

Der dreistrophige Aufbau läßt sich sowohl auf der Satzebene als auch auf der Wortebene erkennen. Der Psalm setzt mit vier asyndetisch (unverbunden) aneinandergereihten Fragesätzen ein, die eine erste Strophe bilden. Die ersten beiden Fragesätze thematisieren ein Verhalten JHWHs gegenüber dem Beter. Der dritte Fragesatz betrifft das Verhalten des betenden Ich zu sich selbst. Der vierte Fragesatz beklagt ein Verhalten eines Feindes, der durch das Personalpronomen („mein Feind") als Feind des Beters näher gekennzeichnet ist; diese Formulierung begegnet nochmals in V. 5a. Von dieser ersten Strophe setzen sich in V. 4 die drei an JHWH gerichteten Imperative als Anfang einer neuen Strophe ab. Von den Imperativen sind zwei finale Konjunktionen „damit nicht" abhängig. Mit V. 5b setzt dann die dritte Strophe ein, die nun in spiegelbildlicher Abfolge von einem Tun der Widersacher (V. 5b) und dann von einem Tun des Beters (V. 6a) redet. Die beiden letzten Zeilen beginnen zwar jeweils mit Aktionen des Beters, haben aber ihren inhaltlichen Schwerpunkt voll im Rettungshandeln JHWHs. Insofern entsprechen diese beiden Zeilen jeweils den ersten beiden Zeilen der Strophen 1 und 2.

Auf der Wortebene ergibt sich zwischen den drei Strophen folgendes Beziehungsgeflecht:

1) Der Gottesname JHWH steht in den ersten beiden Strophen jeweils in der 1. Zeile; in der dritten Strophe

steht er in der letzten Zeile. Er eröffnet und schließt also die entscheidenden Etappen des Sprechaktes.

2) Der Schluß von Strophe 1 und der Schluß von Strophe 3 sind im hebräischen Text durch die gleiche Präposition aufeinander bezogen („*über* mich" – „*an* mir").

3) Motivlich entsprechen sich die Zeilen 1 und 2 der Strophen 1 und 2 wie Negativ und Positiv.

4) Die erste und die dritte Zeile von Strophe 3 sind durch das Verbum „jubeln" kontrastierend aufeinander bezogen.

Auslegung

Die *erste Strophe* (V. 2a–3c) setzt mit der vierfach wiederholten vorwurfsvollen Frage „Bis wann?" ein. Die übrigen Vorkommen der Frage (Ex 16,28; Num 14,11; Jos 18,3 ; Jer 47,6; Hab 1,2; Ps 62,4; Ijob 18,2; 19,2) zeigen, daß sie stärker als die übliche „Wie lange noch"-Frage (dazu vgl. Ps 6,4; 74,10; 80,5; 82,2; 90,13; 94,3.8), die die Ungeduld betont, einen Vorwurf, ja eine Anklage bedeutet. Adressat der anklagenden Fragen ist JHWH selbst. In den vier Fragen kommen die unterschiedlichen Dimensionen von Leiderfahrung zur Sprache, in denen Leid als Störung, ja Vernichtung des Lebens empfunden wird.

Der Leidende protestiert gegen sein Leid aus theologischen Gründen zuallererst. Gesundheit und Glück erlebt der biblische Mensch als Zeichen der Nähe seines Gottes, als Erweis des Glaubens, daß denen, „die Gott lieben", alles zum Besten gereicht. Mit dem Geschenk solcher Gottesnähe nimmt er es gerne auf sich, die Wege Gottes zu gehen, seinen Weisungen und Lebensregeln zu folgen. Sich in Gebet und Lebenspraxis diesem Gott zu überlassen, war die Voraussetzung für glückliches, gelingendes Leben – das war das Grundaxiom Israels und des einzelnen Israeliten. Genau dieses Grundaxiom klagt V. 2 ein. Wenn es also das innerste Wesen des Gottes JHWH ausmachte , seinen Verehrern Glück und Lebensfülle zu gewähren, dann mußte jede Form von Leid eine Infragestellung JHWHs selbst sein, gegen die der Leidende protestiert. Am meisten bedrückt ihn, daß er sein Leid als eine Situation der Gottesferne und der Gottesfinsternis empfindet. Der Psalm greift hier traditionelle Topoi der heilsgeschichtlichen und kultischen Rede von JHWH auf und wendet sie ins Gegenteil. Hat JHWH sich in seinem tiefsten Wesen für Israel als der Gott erwiesen, der sich erinnert und gedenkt, d. h. der in Treue zu der einmal eingegangenen Beziehung steht und dem Leid der Leidenden ein Ende setzt, so wirft der Beter des Psalms JHWH vor, er habe ihn offensichtlich „vergessen" (vgl. Ps 10, 12). Und gilt andererseits, daß JHWH als der den Menschen zugewandte gütige Gott eben ein Gott ist, der ein Angesicht hat, mit dem er die Nöte seiner Verehrer wahrnimmt, weshalb die Wendung „Gottes Angesicht sehen" zum Synonym für „dem Heil begegnen" wurde, so bedeuten Unglück und Leid, daß JHWH sein Angesicht abgewandt hat. Wenn JHWH „sein Angesicht verbirgt", bewirkt dies beim Beter ein Mehrfaches: Es bedrückt ihn, daß sein Leid sich wie eine Mauer zwischen ihn und Gott gestellt hat. Er fürchtet, daß Gott ihm seine Liebe – ohne die er doch nicht leben kann – entzogen hat. Er empfindet sich wie ein Bittsteller, der das „Angesicht seines Königs" nicht sehen darf, d. h. nicht zur Audienz vorgelassen wird, oder wie ein Notleidender, der vergeblich gehofft hatte, daß der vorübergehende König seine Not wahrnimmt und ihm hilft.

Dies ist die Situation des Beters – aber mit ihr will er sich nicht abfinden. Deshalb wählt er die Form der vorwurfsvollen Frage: „Bis wann soll bzw. darf das denn noch dauern, daß ...?" In dieser Frage spricht sich zum einen die Ungeduld und die Erschöpfung des Leidenden aus, der am Ende seiner Kraft ist. Zum anderen freilich steckt in dieser Frage der lange Atem der Hartnäckigkeit und des Widerstandes, der überzeugt ist, daß es so nicht bleiben muß , wie es ist. Die Frage will Gott bewußt machen, daß er nicht mehr lange Zeit hat, sich als Gott des Leidenden zu erweisen. Sie will Gott unter Zeitdruck setzen, endlich aktiv zu werden und dem Leidenden zu seinem Recht auf Glück zu verhelfen.

Diese Fragen des Leidenden, die JHWH die Widersprüchlichkeit der Leidensexistenz vorhalten, kommen aus der geradezu trotzigen Entschlossenheit des Beters, in der er an JHWH festhalten will, auch wenn dieser ihn scheinbar im Augenblick nicht festhält. Mit diesem Festhalten, dessen tiefste Wurzel ein Urvertrauen ist, ohne das kein Mensch leben kann, will der Beter JHWH geradezu zwingen, sich ihm zuzuwenden. Das ist die tiefste Dynamik der biblischen Klage: sie hält an Gott fest, auch im Dunkel und im Rätsel der Gottverlassenheit. In der Klage wird der Leidende im Gegenüber Gottes zum Subjekt, das um sein Leben kämpft.

Die dritte und vierte Frage, die sich ebenfalls vorwurfsvoll an Gott wenden, artikulieren die psychische und soziale Dimension des Leids so, daß auch dies Gott zum Eingreifen bewegen soll. Das Leid, so schreit es V. 3a (und erweiternd V. 3b) heraus, zerstört „die Seele", d.h. das Ich des Menschen, das zum Leben und zur Zukunft ja sagen will. Statt dessen kreisen die Überlegungen, Pläne und Gedanken des Leidenden immerzu um die Fragen nach Ursache und Sinn des Leids, das über den Beter hereingebrochen ist. Diese Fragen lähmen die psychische Kraft und drücken den Leidenden in Apathie und Selbstaufgabe. Auch hier ist die vorwurfsvolle Frage „Bis wann, wie lange noch ...?" der Weg, diesen Verfall des eigenen Ich aufzuhalten. Der Schrei des Leidenden „Es ist genug jetzt!" ist der Protest gegen alle Ideologien, die das Leid zu schnell als schöpfungsgegeben oder als lebensnotwendig erklären und dabei den psychischen Schmerz und die körperlichen Qualen des Leidenden auf die Seite schieben wollen. Unser Psalm hält fest: Das Leid ist ein Angriff auf die Integrität und den Lebenswillen des Menschen: Diese dritte „Bis wann ...?"-Frage ist eine Absage an alle Formen von Masochismus und von frömmelnder Vereinnahmung der Leidenden für theologischen oder mild-pastoralen Schmalz.

Die vierte „Bis wann...?"-Frage deckt eine weitere Dimension des Leids auf: In irgendeiner Form hat das Leiden der Leidenden immer auch mit der Erfahrung zu tun, daß das Unglück, die Not, ja sogar die Krankheit als personifizierte böse Macht gefürchtet wird. Das mag die Erfahrung sein, daß das Leid real von feindlichen Menschen zugefügt wurde oder daß der Leidende von seinen Familienangehörigen und Freunden im Stich gelassen wird. Es mag auch die Erfahrung sein, daß der Leidende so sehr durch Ängste und Mißtrauen besetzt ist, daß er in allem und hinter allem feindliche Absicht sieht. Es mögen auch die eigenen Ängste sein, die er in personifizierte Projektionen kleidet. Daß Leiden immer als Störung der sozialen Beziehungen befürchtet und durchlitten wird, ist eine Erfahrung, die ein ägyptisches Sprichwort bündig so formuliert hat: „Am Tag des Unglücks hat ein Mensch keinen Freund."

Mit dieser Erfahrung hängt es gewiß zusammen, daß in den Klagepsalmen beinahe immer von Feinden die Rede ist. Es sind fast 100 unterschiedliche Bezeichnungen, in denen in den Psalmen die Feinde der Psalmenbeter auftreten. Im Anschluß an O. Keels Studie „Feinde und Gottesleugner. Studien zum Image der Widersacher in den Individualpsalmen" (SBM 7), Stuttgart 1965, lassen sie sich auf zwei Typen reduzieren. Der *erste* Typ der Bezeichnungen betont den Aspekt der Gegnerschaft, ohne das Tun selbst ethisch zu qualifizieren. Dieser Typ betont die Gefahr und die Bedrohung, die von dem (den) Feind(en) ausgeht. Zu diesem Typ gehören die beiden Bezeichnungen, die in unserem Psalm vorkommen: „Feind" und „Widersacher". Der *zweite* Typ, dessen wichtigstes Nomen *rāšāʿ* = „Gottloser, Verbrecher" ist, hebt mehr den ethischen Aspekt heraus: sie sind die gottfeindlichen Übel- und Gewalttäter, die häufig soziologisch mit den einflußreichen Kreisen der Oberschicht identifiziert werden; in nachexilischer Zeit werden zu diesem Typ der Feinde vor allem die Völker, die das kleine Israel unterdrücken, und generell alle Feinde der JHWH-Religion gerechnet.

Daß in unserem Psalm (ähnlich wie in anderen Psalmen) in V. 3c und 5a singularisch von „meinem Feind" und dann in V. 5b pluralisch von „meinen Widersachern" gesprochen wird, ist von den Auslegern recht unterschiedlich gedeutet worden: Oft wird gesagt, daß unter den vielen Feinden des Beters eben einer der Rädelsführer ist, einer, der durch seine Feindseligkeit und Gefährlichkeit besonders herausragt. Andere Autoren spielen den Unterschied mit dem Hinweis herab, daß im Hebräischen der Singular häufig zur Bezeichnung der Gattung dient, so daß der Wechsel als stilistische Variation betrachtet werden muß. Wahrscheinlicher ist schon die These: Der Wechsel von Plural und Singular bzw. von Gruppe und Individuum zeigt an, „daß keine bestimmte Person, dieser oder jener Feind, sondern die Feind-Macht, das ‚Feindliche' im Vordergrund steht. Das Subjekt, der Träger dieser feindseligen ‚Mächtigkeit', bleibt unbestimmt" (Keel 69).

In dieser Richtung ist der Wechsel von Singular und Plural auch in Ps 13 zu konkretisieren. Sosehr der Beter sich in seiner Umwelt einer Vielzahl von „Widersachern" (Menschen, von denen er abhängig ist, die ihn unterdrücken und ausnutzen, anfeinden und verleumden, verachten und verspotten; Krankheit und Unglück; Dämonen und Sünde usw.) ausgesetzt sieht, in seinem altorientalischen Denken ballt und bündelt sich dies alles zusammen zu einem einzigen großen Feind, der viele Gesichter hat. Das Unheil stürmt auf den Beter als *„der"* Feind ein, der „sich erhebt", d.h. schon zum Triumph anhebt, geradezu auf dem Beter steht – und es fehlt nicht mehr viel, daß er sagen kann: „*Ich* habe ihn erledigt!" Was immer dieser Feind konkret tut, der Beter erfährt seine Not als Manifestation des *einen* Feindes des Lebens, der in V. 4c auch namentlich genannt wird: „der Tod", der als zerstörerische Macht mitten im Leben erfahren wird (und dessen „Bundesgenossen", die „Widersacher" des Beters in V. 5b, jubeln).

Als „Feind" wird allerdings nicht so sehr jener Tod erlebt, der ein erfülltes Leben beendet, wenn man, wie die Texte sagen, „alt und lebenssatt" stirbt. Als „Feind" wird der Tod aber in den lebenszerstörerischen Ereignissen wie Krankheit, Unglück, Krieg, Sünde und Verzweiflung erfahren, die mitten im Leben aufbrechen, es bedrohen oder vorzeitig beenden. So klagen die Kranken, daß sie bereits an der Schwelle des Totenreichs sind. Wer vom Unglück überfallen wird, sieht sich in den feindlichen Krallen des Todes. Wer dagegen geheilt ist oder wieder dem Glück begegnet, kann sagen, er sei vom Tod oder aus dem Tod gerettet worden. Als chaotische Macht ist der Tod mitten im Leben demnach nicht nur der Feind der Menschen, sondern zugleich, ja mehr noch, der Feind Gottes. Die Frage „Bis wann darf eigentlich mein Feind triumphieren über mich?" ist deshalb zu Recht an Gott selbst gerichtet, denn der Angriff des Todes ist eine

Infragestellung der Wirkmächtigkeit Gottes, der doch „ein Liebhaber des Lebens“ (Weish 11,26) ist.

In der *zweiten Strophe* (V. 4a–5a) bittet der Psalm um das Ende der Leiden.

Diese Bitte ist im Aufbau und in der Geschehensstruktur des Klagepsalms das tragende Element. In ihr wendet sich der Notleidende an den Gott, der ihm nahesteht, weil er überzeugt ist, daß dieser seine Not wenden kann und wird. Während das Element „Klage“ stärker auf die Dimension der Gerechtigkeit pocht und die Leidsituation als einen Angriff auf die Gerechtigkeit herausschreit, den JHWH als Anwalt der Armen und Unterdrückten nicht hinnehmen könne, setzt das Element Bitte auf die Dimension der Liebe und der Treue JHWHs. Es fällt auf, daß sich die Bitte der Klagepsalmen fast ausschließlich an JHWH wendet. Das hängt einerseits gewiß mit der Gebetssituation als solcher zusammen. Andererseits muß der ursprüngliche Sitz im Leben der Klagepsalmen mitbedacht werden: Zumindest die beim Bittgottesdienst anwesende bzw. repräsentierte Primärgruppe ist ipso facto indirekt von der Bitte angesprochen, den in ihrer Kraft stehenden Beitrag zur Notwende zu leisten; ihre Bereitschaft zur Solidarität dokumentiert ja ohnedies die gemeinsame Bittzeremonie.

Wie in den meisten Klagepsalmen ist das Element der Bitte auch in Ps 13 wenig detailliert. Die Formulierungen sind wenig situationsspezifisch und sind deshalb offen für zahlreiche, vom jeweiligen Beter selbst vorzunehmende Konkretionen. Diese Eigenart ist eine Konsequenz des Formularcharakters des Psalms, der eben für viele Beter verwendbar sein sollte. Daß in dieser Strophe keine Flüche über den Feind fallen, auch keine Vernichtungswünsche an die Adresse des Feindes gehen, wie dies in anderen Klagepsalmen der Fall ist, stützt unsere Interpretation, „der Feind“ sei hier der Tod.

Die drei Imperative sind eine fordernde, verlangende Bitte, die den in der Klage bereits herausgestellten Zeitdruck des Leids nochmals verschärft. Die Imperative halten sich nicht bei den Symptomen des Leids auf, sondern zielen in die Mitte der Leiderfahrungen, wie sie in den ersten beiden „Bis wann?"-Fragen der ersten Strophe (V. 2) sichtbar wurde.

„Die Not des Leidenden kann ... gewendet werden, wenn sich Gott ihm wieder gnädig zuwendet ... Alles kommt hierauf an ... Wenn Gott wieder hersieht und wieder herhört, dann kann alles gut werden" (C. Westermann). V. 4a hat die Funktion der einleitenden Bitte. Die beiden Imperative bitten um die Erfahrung der Zuwendung JHWHs als des Gottes, von dem der Leidende sich verstanden und angenommen glauben darf. Der dritte Imperativ, V. 4b, bringt die eigentliche Bitte um Hilfe und Rettung: „Mein Gott, mache leuchtend meine Augen!" Das ist nicht, wie manche Ausleger meinen, als Bitte um Heilung von einer Augenkrankheit zu deuten, auch nicht als Wegnahme einer metaphorisch gemeinten Blindheit des Herzens. Die Bitte muß auf dem Hintergrund der alttestamentlichen Rede von den matt, schwach, alt gewordenen Augen als Metapher für tödliche Krankheit, Verschwinden von Lebenskraft und Lebensmut verstanden werden. Beispiele für diese Metaphorik sind Ps 6,8; 38,11; Klgl 5,17:

„Darum ist krank unser Herz,
darum sind trüb unsere Augen
über den Zionsberg, der verwüstet liegt;
Füchse laufen dort umher" (Klgl 5,17f).
„Mein Herz pocht heftig, mich hat die Kraft verlassen,
geschwunden ist mir das Licht der Augen!" (Ps 38,11)

Die entsprechend positive Metaphorik sagt dann, daß die Augen wieder hell, leuchtend werden, wenn die Lebenskraft und die Lebensfreude zurückkehren (so in 1 Sam 14,27.29 von Jonatan, dessen matt gewordene Augen wieder zu leuchten beginnen, als er Honig ißt). Oder von Mose sagt Dtn 34,7: „Mose war hundertzwanzig Jahre alt, als er starb. Sein Auge war noch nicht getrübt, seine Frische war noch nicht geschwunden." Und im Bußgebet des Esra heißt es über das Ende des babylonischen Exils: „Jetzt ... hat JHWH, unser Gott, uns Erbarmen gezeigt; er hat einen Rest gerettet und übriggelassen und uns einen Ruheplatz an seinem heiligen Ort gewährt. So ließ unser Gott unsere Augen aufleuchten, er ließ uns ein wenig aufleben in unserer Knechtschaft" (Esr 9,8). Die Bitte zielt also auf die Erneuerung von Lebenskraft und Lebenswillen. JHWH soll den Leidenden zurückholen in seine Machtsphäre des Lebens, wodurch ipso facto die zerstörerische Mächtigkeit des Todes entmachtet wird. So wie das Licht das Dunkel vertreibt, so muß der Tod weichen, wo JHWH als Licht und Quelle des Lebens wirkt.

Die beiden negierten Finalsätze V. 4c.5a, mit denen der Psalmbeter JHWH zum Eingreifen motivieren will, sollen JHWH bewußt machen: Im Schicksal des Beters geht es nicht nur um diesen, sondern JHWHs Wesen und Wirken steht mit auf dem Spiel. In diesen beiden Sätzen deutet sich bereits die Rückgewinnung von Lebenswillen und Lebensziel des Beters an. Es geht nicht primär um das punktuelle Ende seines Leidens, sondern darum, daß der Beter in der Kraftquelle des Lebens JHWHs selbst zur Lebensquelle werden will. Der Psalm führt dies nicht aus, aber es liegt in der Dynamik, mit der der Beter in der dritten Strophe in die Zukunft blickt.

In der institutionellen Vorgeschichte unseres Psalms, insofern er das Schema des familiären Bittgottesdienstes widerspiegelt, wäre an dieser Stelle der göttliche Zuspruch aus dem Munde des leitenden Liturgen (Prophet, Priester) fällig gewesen. Und auf diesen hin wiederum folgten, wie wir gesehen haben, Vertrauensbekenntnis und Dankgelübde. Diese Elemente liegen in der dritten Strophe vor.

Die *dritte Strophe* (V. 5b–6c) setzt mit einem Vertrauensbekenntnis ein, das im antithetischen Parallelismus gestaltet ist. Der Beter hat eine relative Unabhängigkeit von den Menschen gefunden, die er als seine Widersacher gefürchtet hat. Ob es reale oder nur in seiner Vorstellungswelt existierende Feinde sind, ist vom Text her nicht zu entscheiden. Deutlich ist jedenfalls: Sie sind die personifizierte Erfahrung der Isolation und des Unverstandenseins des Leidenden. Der Leidende wird ja von seiner Umwelt nur zu oft als Störenfried empfunden. Sein Leiden provoziert nicht Mitleiden, sondern das Aus-dem-Weg-gehen. Der „Jubel" über das Schicksal des Leidenden, von dem in V. 5b die Rede ist, ist die überspitzte Formulierung des Verdachts, der in vielen Leidenden lebt, daß seine Gegner auf ihn gewiß in Schadenfreude schauen. Dahinter mag sich auch die Erfahrung verbergen, daß frühere Freunde plötzlich zu Feinden wurden oder daß die Leidenden und Kranken plötzlich nicht mehr zum alten Freundeskreis zählten oder daß Kranke die schnellen Besuche ihrer früheren Freunde und die guten Ratschläge als verdeckte Aggressivität erfuhren. Realität, Fantasie und Projektion mögen immer zusammenfließen, wenn Kranke und Notleidende sagen: „Meine Widersacher jubeln, daß ich wanke", d. h. daß ich bereits in der Macht des Chaos und des Todes bin. Der Psalm verdrängt diese Ängste und Projektionen nicht, sondern spricht sie aus – um den Leidenden aus diesen lähmenden Projektionen herauszuholen und ihn hinzuführen zu dem Bekenntnis, von dem her der Leidende neuen Lebensmut finden kann: Was immer die Menschen denken und sagen „so vertraue ich doch auf deine Güte" (V. 6a).

Das Hebräische hat zwei Verben für „vertrauen": *ḥāsāh* und *bāṭaḥ*. Sie sind nicht einfach identisch, sondern haben unterschiedliche Konnotationen. Das Verbum *ḥāsāh* bezeichnet den Vorgang, durch den jemand Vertrauen zu gewinnen sucht; es beschreibt „das dramatische Fliehen ins Zutrauen", das eine Entscheidung voraussetzt, die nicht immer leicht fällt; man könnte es auch mit „Zuflucht suchen, sich bergen wollen" übersetzen. Das Verbum *bāṭaḥ*, das in V. 6a steht, drückt dagegen weniger den Vorgang als das Resultat aus; es meint das Festsein und Festbleiben im Vertrauen; es ist „Ausdruck eines Zustandes im Sinne eines Ausruhens, in dem man sich sicher fühlt, weil man sich auf sein Gegenüber verlassen kann" (K. Seybold); es drückt also auch den psychischen Aspekt der Gewißheit und der Unerschütterlichkeit aus und ist von daher das Gegenteil zu dem „Wanken", von dem in V. 5b die Rede war.

Der Raum, in dem der Leidende seine Gelassenheit gefunden hat, der Fels, der ihm inmitten des ihn umbrandenden Chaos seine Festigkeit gibt , ist JHWHs *ḥäsäd*, d.h. JHWHs Güte. *Ḥäsäd* kann sowohl von Menschen wie von Gott ausgesagt werden und kennzeichnet ein besonderes Verhalten. *Ḥäsäd* ist spontane Solidarität, die darauf aus ist, einem anderen das Leben zu retten, zu ermöglichen oder zu fördern – unter Einsatz der ganzen Menschlichkeit bzw. von Gott her gesehen unter Einsatz der ganzen Göttlichkeit. Daß JHWH in seinem innersten Wesen der helfende, rettende, belebende Gott ist, der eine einmal eingegangene Beziehung nie mehr aufgibt, das ist der Grund des Vertrauens, von dem aus der Beter von Ps 13 die Herausforderung seines Leidens annimmt.

Das Vertrauen auf den Gott, der dem Leidenden liebend nahe sein will, will dem Beter die Zuversicht geben, daß sein Leben nicht nur die Erfahrung seines Leidens ist. Vor allem ruft der Psalm zur Hoffnung auf, daß JHWH sich als Retter des Klagenden erweisen wird: „Es soll jubeln mein Herz über dein(e) Rettung(shandeln)". Das Nomen „Rettung" ist mit Blick auf V. 3c und V. 5a gewählt. Es bezeichnet JHWHs rettendes Eingreifen vor allem im Krieg (Rettung des Volkes) und im Gerichtsverfahren (Rettung des einzelnen). Im Kampf mit dem Tod bleibt JHWH der Sieger – das ist die feste Überzeugung unseres Psalms. Und die ganze Dynamik der Klage und der Bitte zielt eben darauf ab, daß JHWH doch endlich den Kampf mit dem Tod aufnehmen soll, damit der Leidende gerettet werde *und* damit er endlich in jenen Siegesjubel ausbrechen kann, der JHWH als dem Sieger über den Tod gilt.

Nachdem der Psalm in V. 6b zur Glaubensgewißheit durchgedrungen ist, daß JHWH im Kampf mit dem Tod den Sieg erringt, schließt er in V. 6c mit dem Lobgelübde ab, das den spannungsreichen Weg zusammenfaßt, der dem Beter im Klagepsalm zugemutet wird. Nun steht der Beter „nicht mehr da, wo er bei den ersten Worten stand. Der Psalm begann als Klage; ... der Psalm schließt mit zuversichtlichen, der Zukunft gewissen Worten ... Der sein Leid vor Gott Klagende bleibt nicht bei seiner Klage. Damit es aber dazu komme, muß das Leid erst zu Wort kommen, sich aussprechen können, und eben dies geschieht in der Klage, in der der Leidende vor Gott ‚sein Herz ausschüttet'" (C. Westermann). Wer freilich wie z.B. die „Einheitsübersetzung" das in V. 6c formulierte Versprechen, JHWH ein Danklied zu singen, durch die Übersetzung des verwendeten Verbums mit „weil er mir *Gutes* getan hat" wiedergibt, nimmt dem letzten Teil seine theologische Schwerkraft. Das Verbum ist nicht von vornherein auf „Gutes tun" festgelegt, sondern meint „vollbringen, vollenden, handeln". Der Akzent liegt nicht auf der *Wertung* des Tuns (gut oder böse), sondern auf dem Tun als einem vollendenden Handeln. Und genau darauf kommt es dem Beter an: daß JHWH die Macht *und* den Willen hat, alles zu vollenden. Oder um es mit dem Ijobbuch zu sagen: Es kommt darauf an, daß ER, der das Leben gibt, es auch ist, der es auf- und annimmt (vgl. Ijob 1,21). SEIN Wille geschehe, wie im Himmel so auf Erden – das ist die Lebensperspektive dieses Psalms.

Psalm 30

2a *Ich will dir danken, JHWH , denn du zogst mich empor*
2b *und ließest nicht frohlocken meine Feinde über mich.*

3a *JHWH – mein Gott!*
3b *Ich schrie zu dir und du heiltest mich.*
4a *JHWH, du führtest mich herauf aus der Scheol,*
4b *du riefst mich ins Leben zurück aus jenen, die in die Grube hinabsteigen.*

5a *Singt JHWH, ihr seine Getreuen,*
5b *und dankt seinem heiligen Namen,*
6a *denn ein Augenblick – in seinem Zorn,*
6b *ein Leben lang – in seiner Huld,*
6c *am Abend – Weinen*
6d *und am Morgen – Jubel!*

7a *Ich aber – in meiner Sicherheit sagte ich:*
7b *„Nicht werde ich wanken in Ewigkeit!"*
8a *JHWH – in deiner Huld*
8b *hattest du mich auf schützende Berge gestellt,*

8c *dann verbargst du dein Angesicht,*
8d *da wurde ich verstört.*

9a *Zu dir, JHWH, rief ich*
9b *und zu (dir), meinem Gott, flehte ich um Gnade:*
10a *„Was für ein Gewinn ist an meinem Blut*
10b *(und) wenn ich hinabsteige in das Grab?*
10c *Kann denn Staub dir danken?*
10d *Kann er denn verkünden deine Treue?*
11a *Höre, JHWH, erweise mir Gnade!*
11b *JHWH, werde mir zum Helfer!"*

12a *Da wandeltest du meine Totenklage*
12b *für mich in festlichen Tanz,*
12c *du löstest meinen Trauer-Saq*
12d *und umgürtetest mich mit Freude,*
13a *damit dir singt mein Herz*
13b *und es nicht (mehr) stumm bleibt.*

13c *JHWH – mein Gott!*
13d *In Ewigkeit will ich dir danken.*

Einführung

Der Psalm ist ein „Danklied des Einzelnen". Mit ihm dankt ein aus Todesnot Geretteter seinem Gott dafür, daß ihm das Leben, das schon im Machtbereich des Todes schien, wieder zurückgegeben wurde. Gefährdung und Rückgabe seines Lebens haben dem Beter eine neue Sicht des Lebens erschlossen. Vor allem aber wurde ihm dies zu einer intensiven Gotteserfahrung. Und dafür dankt er seinem Gott. Diesem Dank gibt er die Gestalt eines Gebets zu JHWH und eines Zeugnisses für ihn. Der letzte Vers des Psalms sieht in der Erfahrung von Not und Rettung sogar dies als tiefsten Sinn: daß JHWH darin und dadurch verherrlicht werde als der Gott, der sich als Quelle des Lebens erweist.

Der Psalm zeigt zunächst in V. 2–6 die üblichen Bauelemente des Danklieds: 1) Ankündigung des Dankes, oft verbunden mit einer zusammenfassenden Vorwegnahme der Danksagungserzählung (V. 2); 2) zurückblikkende Danksagungserzählung, bestehend aus dem Bericht von der Not, von der Anrufung JHWHs und vom rettenden Eingreifen JHWHs (V. 3–4); 3) Einladung an die „Gemeinde", sich dem Gotteslob anzuschließen, und (meist weisheitlich formulierte) Schlußfolgerung aus der gemachten Erfahrung (V. 5–6).

In V. 7 setzt der Psalm abermals mit einer zurückblikkenden Danksagungserzählung ein, in der die Bedeutsamkeit der Rettung noch einmal reflektiert wird. Während es im ersten Teil des Psalms stärker um den äußeren Vorgang der Rettung ging („der Tote darf wieder leben"), zielt dieser zweite Teil auf die innere Dimension des Geschehens. Der Gerettete hat dabei erfahren, daß Leben überhaupt verdanktes Leben ist. Auch diese Danksagungserzählung durchläuft die Elemente „Not" (V. 7–8), „Hilferuf" (V. 9–11) und „Rettung" (V. 12). Der Psalm endet mit der Erklärung des Geretteten, daß das Bekenntnis zu JHWH und die Verkündigung SEINER Lebenskraft hinfort Grundvollzüge seines Lebens sein sollen.

Auslegung

Der Beter setzt mit einer begründeten Selbstaufforderung zum Gotteslob ein (V. 2), in der wesentliche Momente des biblischen „Dankens" zum Ausdruck kommen. Strenggenommen bezeichnet das gewöhnlich mit „danken" übersetzte hebräische Verbum *hōdāh* (vgl.

V. 5.10.13), das immer nur mit Bezug auf Gott vorkommt, den Vorgang, der in V. 2a mit „erheben, rühmen, verkünden" ausgedrückt ist. Der „Dankende" blickt zuallererst voll Staunen und Bewunderung auf den Gott, dem er dankt. Er dankt nicht einfach für die Gabe, sondern er dankt dafür, daß er dem Geber der Gabe begegnen durfte. IHN will er preisen und bekennen. Was ihm in der Begegnung mit diesem Gott widerfahren ist, ist nicht einfach ein Ereignis der Vergangenheit, sondern eine Wirklichkeit, die weiterwirkt und sein ganzes Leben umgreift (V. 6b) und die er seiner Familie und seinen Bekannten, ja der ganzen Gemeinde mitteilen muß (V. 5). Der „Dankpsalm" ist deshalb nicht nur Gebet für eine einmalige Dankopferfeier, mit der „die Sache erledigt" ist, sondern er ist Einübung in eine Grundhaltung, in der das Leben insgesamt als „Wunder" angenommen wird (vgl. V. 13).

Die Situation, in der der Beter seinen Gott als JHWH, d. h. als den Gott, der Leben schenkt und in die Freiheit führt, erfahren hat, ist metaphorisch als Todesgefahr gekennzeichnet. Die Metaphern sind einerseits so konkret und plastisch, daß die ganze Dramatik von Angst und Ausweglosigkeit lebendig wird. Andererseits sind sie so offen und unbestimmt, daß sie für viele konkrete Situationen stehen, in denen Menschen sich der Macht des „Todes" ausgeliefert sehen. Was wir schon zu anderen Psalmen gesagt haben, gilt auch hier: wo und wie immer das Leben eines Menschen gestört und bedroht wird (durch Krankheit und Leid, Verleumdung und Verfolgung, Unterdrückung und Armut, aber auch durch Versagen und Schuld), ist die (chaotische) Macht des Todes am Werk und hat die Scheol (die Unterwelt) ihre Greifarme ausgestreckt. Wer keine Lebenskraft und keinen Lebensmut mehr hat, „ist" in der Sicht der Bibel „tot" – außer er wird vom Gott des Lebens wieder ins Leben zurückgerufen (V. 4b). Genau dies ist dem Beter widerfahren. Und zwar in zweifacher Hinsicht, wie die beiden Teile des Psalms erzählen und bekennen. Die erste Dimension faßt V. 2 zusammen: Wie einen Schöpfeimer aus dem tiefen Schacht des Grundwasserbrunnens hat JHWH den Beter aus seiner Todesnot „emporgezogen". Die Wasser des Todes standen ihm nicht nur bis zum Hals, er war mitten drin. In der Tiefe und Enge gab es für ihn keinen Lebensraum mehr. Sein Leben war vom Gelächter „der Feinde" umstellt. Die „Feinde" sind hier, wie meist in den Psalmen, Chiffre für die als feindlich empfundene Lebenswelt und für die eigenen Ängste des Beters; beiden ist er ausgeliefert – und auch von beiden hat ihn sein Gott befreit.

In der Danksagungserzählung (V. 3–4) „bekennt" er abermals in Metaphern, wie er JHWH als den ihm zugewandten Gott („mein Gott") erfahren hat: als den kompetenten und gütigen Arzt, der ihn heilte (V. 3b), d.h. der nicht nur die Todesbedrohung beendete, sondern ihn „heil" machte, indem er ihm neue Lebensmöglichkeiten erschloß; als den Gott des Exodus, der „heraufführt" (V. 4a) und aus der Sklaverei des Totenreiches, der Scheol, befreien kann; als den Schöpfergott, der Tote wieder lebendig machen kann, indem er sie aus der dunklen, gefängnishaften Todesgrube zurückruft (V. 4b), weil alles Leben SEINE Gabe ist.

Diesen Gott will der Beter öffentlich bekennen und preisen. Er fordert die „Getreuen JHWHs" auf, sich diesem Bekenntnis durch ihre Lieder anzuschließen und das Gedächtnis dieses Gottes („seinen Namen") weiterzugeben (V. 5). Was er erfahren hat, ist ein Lebenswissen, mit dem tödliche Bedrohungen bestanden werden können (V. 6): Menschliches Leben ist durchkreuztes Leben. Es gibt Schmerz und Tränen. Es gibt den Abend und die Nacht, d.h. Zeiten des Unglücks und der Angst.

Aber es gibt ebenso und zuletzt den Jubel über die erfahrene Nähe Gottes. Und es gibt den Morgen, der aufgeht wie die hell und warm machende Sonne. Der Zorn Gottes, seine Verborgenheit und sein Gericht sind nur „ein Augenblick" (kurz und nicht so gewichtig) im Vergleich zu SEINER Huld, die das ganze Leben umfaßt und verwandelt.

Noch einmal blickt der Beter zurück auf das, was ihm widerfahren ist. Mit einem Selbstzitat (V. 7 ab) ruft er die oberflächliche Selbstsicherheit in Erinnerung, mit der er die Zeiten der Gesundheit, des Erfolgs und des Glücks als Selbstverständlichkeit, ja sogar als eigene Leistung aus-gelebt hatte – bis jäh die Scheol ihre Hände nach ihm ausstreckte. Jetzt weiß und bekennt er: Die Zeiten des Glücks waren eine Gabe der Huld JHWHs; der hatte ihn auf schützende Berge gestellt (V. 8 ab), so daß die chaotischen Wasserfluten ihn nicht erreichten (vgl. zu diesem Bild besonders Ps 46). Und ebenso weiß und bekennt er: Das Unglück brach über ihn herein, weil JHWH sein Angesicht von ihm abwandte (V. 8 cd). Mit erschreckender Radikalität werden Leid und Not auf JHWH zurückgeführt (vgl. ähnlich Ps 104,29; aber auch Ijob 1,21). Das ist die Realität des Lebens, die er sich und seinen Zuhörern bzw. Mitbetern bewußt macht: Wenn JHWH den Menschen in seiner Huld hält, hat er Halt; wenn er ihm zürnt, gerät er ins Straucheln – hinab zur Grube.

Und noch mehr weiß und bekennt er: JHWH läßt sich seines Zorns gereuen (vgl. Hos 11,9); er läßt sich anrühren und erbitten, denn er ist „ein barmherziger und gnädiger Gott, langmütig, reich an Güte und Treue" (Ex 34,6). So aber ist JHWH nicht „an sich und in sich", sondern als solcher will er sich erweisen und offenbaren. Daran appellierte der Beter in seiner Not. Das war gewissermaßen das Argument, mit dem er JHWH selbst „schlug" (V. 9–11). Nicht die Toten, deren Blut zu pulsieren aufhört und die zu Staub zerfallen, können auf dieser Erde bezeugen, daß Gott die Quelle des Lebens ist, sondern die Lebendigen. Vor allem die, die real erfahren haben, daß das Leben ein Geschenk ist, weil es ihnen an der Schwelle des Todes wiedergegeben wurde.

Diese Erfahrung, die der Beter gemacht hat, wird in V. 12 in zwei Kontrastmetaphern zusammengefaßt. Die Totenklage, in die ihn sein Unglück gestürzt hatte, schlug jäh um in den festlichen Tanz, wie er nach der Ernte und nach einer gewonnenen Schlacht üblich war. JHWH selbst löste ihm den Gürtel, mit dem er den engen, härenen Buß-*Saq* am Leib trug, und legte ihm das Festgewand an, das er mit der Freude als strahlendem Gürtel schmückte. Das ist die Erfahrung, die mit ähnlichen Bildern in der Parabel vom barmherzigen Vater (vgl. Lk 15, 11–32) erzählt wird: Das Leben wird zum Fest, weil und wo Menschen vom Tod zum Leben zurückkehren. Wem dies aufgeht und wessen Herz davon voll ist, der kann nie mehr stumm bleiben: Er wird zum Zeugen für den Gott, der das Leben schenkt, Tag für Tag (V. 13).

Der Psalm wurde, wie seine später hinzugefügte Überschrift „Lied zum Fest der Tempelweihe" zeigt, zum Festpsalm beim jährlichen Gedenkfest an die 164 v. Chr. nach dem Makkabäeraufstand vollzogene „Tempelreinigung", dem sogenannten Chanukka-Fest. Das Ich des Psalms wird in diesem Verständnis das Volk Israel. Der Psalm wird nun, wie der Midrasch Tehillim belegt, zur Deutung der Geschichte Israels vom Exil bis zur Rettung aus der seleukidischen Unterdrückung im 2. Jahrhundert v. Chr.

Die frühe Kirche hat den Psalm für den Wortgottesdienst der Eucharistiefeier in der Osternacht ausgewählt. Für Jerusalem gibt es dazu Belege, die bis an den Anfang des 5. Jahrhunderts zurückreichen. Die zur nächtlichen

Liturgie versammelte Gemeinde vollzog dabei, was V. 6 formuliert: „am Abend – Weinen; am Morgen – Jubel!" Und vor allem hörte sie in V. 4 Jesus selbst beten: „Ich war tot – du hast mich in das Leben zurückgerufen." Und sich selbst stellte sie dabei unter das Schlußwort des Psalms: „In Ewigkeit will ich dir danken!"

Psalm 40

2a *Gehofft, ja gehofft habe ich auf JHWH.*

2b *Und er neigte sich zu mir,*
2c *und er hörte meinen Schrei,*
3a *und er führte mich herauf aus der Grube der Vernichtung,*
3b *aus schmutzig-stinkigem Schlamm,*
3c *und er stellte auf Felsgrund meine Füße,*
3d *gefestigt hat er meine Schritte.*
4a *Und er gab in meinen Mund ein neues Lied,*
4b *eine Preisung für unseren Gott.*

4c *Schauen werden es die Vielen und erschauern,*
4d *und sie werden vertrauen auf JHWH.*

5a *Selig der Mann, der JHWH zum Grund seines Vertrauens macht*
5b *und der sich nicht zuwendet trügerischen Mächten und Lügengötzendienern.*

6 *Zahlreich hast du gemacht, du JHWH, mein Gott, deine Wunder und deine Gedanken für uns.*
Niemand ist dir zu vergleichen! Wollte ich künden und reden davon, zu viele sind es, sie aufzuzählen.
7 *Schlacht- und Speiseopfer begehrtest du nicht,*

doch Ohren grubst du mir. Brand- und Sündopfer
fordertest du nicht.
8 Da sprach ich: „Siehe, ich selbst bin gekommen.
Auf dieser Schriftrolle steht alles über mich!
9 Zu tun, was dir gefällt, mein Gott, begehre ich,
und deine Weisung ist in meinem Innersten.
10 Ich will in öffentlicher Versammlung deinen
Heilswillen verkünden. Siehe, meine Lippen halte
ich nicht verschlossen."
11 JHWH Du, Du weißt es: Deine Heilstat verbarg
ich nicht in meinem Herzen(skämmerlein).
Dein verläßliches und rettendes Handeln
bezeugte ich, nicht verhehlte ich deine Güte und
deine Treue der öffentlichen Versammlung.
12 Du, JHWH, wirst nicht verschließen dein
Erbarmen vor mir.
Deine Güte und deine Treue werden mich
allezeit beschützen.

13 Denn Unheilschläge ohne Zahl umfangen mich,
meine Sünden packen mich, ich kann nicht mehr
aufschauen,
mehr als Haare auf meinem Kopf sind es, meine
Kraft ist weg.

14 Laß dir's gefallen, JHWH, mich herauszureißen!
JHWH, zu meiner Hilfe eile doch!
15 Sich schämen und zuschanden werden sollen
allesamt, die mein Leben suchen [es wegzuraffen];
zurückweichen und mit Schimpf bedeckt werden
sollen, die mein Unheil begehren;
16 erstaunen sollen ob ihrer Beschämung, die zu mir
sprechen: „Ha, Ha!"
17 Frohlocken und jubeln sollen in dir alle, die dich
suchen,
sprechen sollen allezeit „Groß ist JHWH!", die
dein rettendes Handeln lieben.

18 *Ich aber bin ein Unterdrückter und Armer, mein Herr wird (gewiß) an mich denken.*
Meine Hilfe und mein Befreier bist Du, mein Gott, säume nicht!

Einführung

Dank für die Rettung aus tödlicher Bedrohung, Bekenntnis des Vertrauens auf JHWH als Halt und Horizont des ganzen Lebens, Klage über die Last von Unglück und Schuldverstrickung, Bitte um unverzügliches Eingreifen des Befreiergottes – die ganze Dramatik eines Menschenlebens ist im 40. Psalm verdichtet. Strenggenommen ist der Psalm in seiner Letztgestalt eine „Psalmenkomposition", d. h. in ihm sind zwei ehedem selbständige Psalmen „verarbeitet". Daß sich die Psalmendichter, vor allem in der Spätzeit des Alten Testaments, von vorliegenden Psalmen anregen ließen, wird uns nicht verwundern, wenn wir an die Entstehung bzw. Bearbeitung (z. B. Erweiterung durch neue Strophen) unserer Kirchenlieder denken. Manchmal sind einzelne Zeilen wörtlich oder leicht abgewandelt übernommen (vgl. Ps 115; 135; 136 untereinander), manchmal ist der „neue" Psalm eine bloße Textcollage (Ps 108 ist zusammengesetzt aus Ps 57,8–12 und Ps 60,7–14).

Der 40. Psalm zeigt eine besonders eindrucksvolle Kompositionstechnik. Ein ehedem selbständiger kurzer Dankpsalm 40,2–3.4 cd.5, der sich analytisch herauslösen läßt, ist zu einem „neuen Loblied" erweitert worden (durch Einfügung von V. 4ab und Anfügung von V. 6–12). Und dieses Loblied wurde schließlich „fortgeschrieben" zu einem Klage- bzw. Bittpsalm, und zwar mit einem einfachen Mittel. Der als eigenständiger Text überlieferte Ps 70 wurde (als 40, 14–18) an 40, 2–12 angehängt. Allerdings wurde die „Vorlage" Ps 70 = 40, 14–18 ganz geringfügig im Wortlaut so abgeändert, daß nun durch Stichwortrückbezüge der innere Zusammenhang zwischen 40, 6–12 und 40, 14–18, soweit möglich, verstärkt wird.

Diese (hier nur angedeutete) Wachstumsgeschichte unseres Psalms bezeugt die Vitalität des biblischen Gottesgedankens: Die Rettung eines einzelnen (Dankpsalm: V. 2–3.4c–5) wird so in die Rettungsgeschichte Israels eingeordnet, daß neue Dimensionen der Gottesunmittelbarkeit (Relativierung des Opferkults; die „Weisung" = Tora im Inneren) aufbrechen (40, 6–12). Das öffentliche Bekenntnis, daß JHWH das Leben des einzelnen und die Geschichte des Volkes in Güte und Treue umfängt und hält, führt seinerseits wieder in der Erfahrung von Leid und Schuld zu der Gewißheit, daß die Dinge nicht so bleiben dürfen, wie sie sind – weder für den einzelnen noch für die Gemeinschaft (40, 14–18): weil der biblische Gott seine grundsätzliche Option für die Unterdrückten und Armen geoffenbart hat. Daß der Psalm mit der Abfolge Dank – Bekenntnis – Klage und Bitte das übliche Schema Klage–Dank (vgl. Ps 22) umkehrt, macht ihn für den betenden Nachvollzug besonders kostbar, weil so deutlich wird: Jede Bitte an Gott wurzelt in der immer schon vorgängig und grundlegend geschenkten Zuwendung Gottes. Fachtheologisch gesprochen: Die Gnade umgreift immer schon das Leben des Menschen, und jeder Schritt des Menschen auf Gott zu ist das Ergreifen SEINER Hand, die uns immer schon hält und führt.

Sprache und Theologie des Psalms weisen in die exilische und nachexilische Zeit. Der kleine Dankpsalm V. 2–5 inspiriert sich an der prophetischen „Biographie" Jeremias und der Theologie des vierten Gottesknechtslieds Jes 52,13 – 53,12 und lädt mit seiner abschließenden „Seligpreisung" (V. 5) dazu ein, gerade angesichts der Katastrophe von 587 v. Chr. und ihrer Folgen den notwendigen und erhofften Neuanfang nicht in „neuen" Göttern, Götzen und Mächten zu suchen, sondern von JHWH her. Die Ausgestaltung zum „neuen" Lied durch Anfügung von V. 6–12 atmet voll die Leidenschaft der Verheißung des „neuen" Bundes Jer 31,31–34 (vgl. auch Ez 36,16–28). Nun hebt der Psalm mit seiner Rede von der „Herzenstora" die Gottesunmittelbarkeit gegenüber dem Tempel und gegenüber der schriftlichen Tora heraus. In dieser Gestalt ist der Psalm gut als Gebet von lokalen Kultgemeinden im Lande bzw. in der Diaspora vorstellbar, die ihre Gottesdienste ohne Opferkult abhielten. Man könnte ihn sich auch als Gebet von Gruppierungen vorstellen, die zunehmend (aus theologischen und aus politischen Gründen) in Opposition zur „Tempelkirche" traten. In diese Richtung weist zumindest die abermalige Erweiterung des Psalms durch die Anfügung von V. 14–18, die den Psalm als Bittgebet eines „Unterdrückten und Armen" (V. 18) kennzeichnen. Das dürfte, zumal V. 14–18 ja ein gezielt aufgenommener Text (Ps 70!) ist, nicht als biographische Einzelaussage, sondern als „Gruppenbewußtsein" zu verstehen sein. In dieser Gestalt wurde der Psalm zum Gebet der „kleinen Leute" das spätalttestamentlichen Israel, die um das baldige rettende Eingreifen JHWHs bitten – getreu der großen Tradition: daß JHWH um die Leiden derer weiß, die SEIN Volk sind (vgl. Ex 3,7).

V. 13 weist uns schließlich auf eine weitere „Verwendung" von Ps 40 hin. Dieser (zuletzt) eingefügte Vers greift Formulierungen auf , die in Ps 38,5.11 stehen. Wie sich zeigen ließe, gibt es zwischen den Psalmen 38–41 mehrere, teilweise sekundär hergestellte Stichwortverbindungen, die am ehesten für die damaligen (und heutigen) Beter erkennbar sind, wenn man diese vier Psalmen nacheinander liest und als thematische Einheit begreift.

Auslegung

V. 2–6 ist ohne V. 4ab (gegenüber dem sonst verwendeten Gottesnamen JHWH und der Beziehung JHWH – einzelner Beter überrascht „für unseren Gott"; der enge Zusammenhang V. 2–3 mit V. 4cd wird durch V. 4ab unterbrochen. V. 4ab weist auf V. 6!) ein in sich geschlossener Text. Er lehnt sich an das Aufbauschema eines Dankpsalms an. Im Zentrum steht die „Danksagungserzählung" (V. 2b–3d). Auf sie folgt ein Ausblick in die Zukunft; das Rettungshandeln JHWHs am Beter wird in seiner Dynamik „die Vielen" ergreifen (V. 4cd). So endet der ursprüngliche Psalm mit einer Seligpreisung, die dazu einlädt, sich JHWH als Gefolgsmann anzuschließen (zu dieser Funktion der Seligpreisung vgl. Ps 1!). Eigenwillig ist der Anfang des Psalms. Er setzt nicht mit einer Ankündigung des Dankespsalms (vgl. Ps 30,2) oder mit einer Aufforderung an die an der Dankopferfeier teilnehmenden Angehörigen und Bekannten (vgl. Ps 30,5) ein, sondern mit dem betont vorangestellten Bekenntnis der Hoffnung auf JHWH (V. 2a). Damit wird die Absicht dieses kleinen Psalms herausgestellt: Er will Zeugnis ablegen von der rettenden Kraft der Hoffnung auf JHWH, um dadurch andere zu eben dieser Hoffnung anzustiften. Das ist auch der Spannungsbogen, der Anfang und Ende dieses kleinen Psalms zusammenbindet.

Die Not, aus der JHWH den Beter gerettet hat, wird – wie oft – mit plastischen Metaphern angegeben, die für unterschiedlichste konkrete Situationen stehen können, denen freilich dies gemeinsam ist, daß sie als Augenblicke und Orte tödlicher Bedrohung erfahren werden.

Die Grube mit schmutzig-stinkigem Schlamm spielt auf die Verwendung von leeren (Regenwasser-)Zisternen als Kerkern an, wie dies z. B. bei der im Jeremiabuch erzählten Inhaftierung des politischen Oppositionellen Jeremia vorausgesetzt ist. Um den unbequemen Propheten mundtot zu machen, läßt ihn die Regierung von Jerusalem einfach in die Zisterne des Wachhofes im Königspalast werfen: „In der Grube aber war kein Wasser, sondern nur Schlamm, und Jeremia sank in den Schlamm" (Jer 38,6). Wie brutal diese inneralttestamentlich mehrfach belegte Inhaftierungs- bzw. Foltermethode (vgl. Ex 12,29; Jes 44,22; Sach 9,11; Klgl 3,53) war, geht einem auf, wenn man sich diese Zisternen konkret vorstellt. Sie haben zunächst einmal die Form eines Höhlengrabs, unterscheiden sich aber andererseits dadurch von diesem, daß sie keinen seitlichen Zugang, sondern nur eine relativ kleine Öffnung von oben her haben. Wer in eine solche Zisterne hineingestürzt ist oder hineingeworfen wurde, kann sich nicht mehr selbst befreien. Er ist wie in einer großen bauchigen Flasche, die zwar oben offen ist, aber an deren Innenwandung bzw. Innenwölbung man nicht hochklettern kann. Besonders schlimm ist nun, daß der Boden solcher Zisternen, wenn sie nicht gereinigt werden, mit Schmutz und Schlamm angefüllt ist, aber auch, daß der Gefangene seinem eigenen Kot ausgesetzt wird. Das ist, wie die in den KZs praktizierte sogenannte exkrementale Tortur erschreckend belegt, der systematische Angriff auf die Würde und den Lebenswillen eines Menschen.

Dieser zerstörerischen Macht des Todes hat sich der Beter gegenübergesehen. Und aus ihr wurde er gerettet – von JHWH, an dem er unerschütterlich festgehalten und der ihm durch diese Rettung das Leben neu geschenkt hat. Der Psalm greift hier die Sprache der Exodusüberlieferung auf: Aus der Grube der Vernichtung (der Schoah!)

„führte JHWH ihn herauf", d.h. er befreite ihn wie seinerzeit das Volk Israel aus Ägypten. Was ihm dabei widerfuhr, sagt der Beter in V. 3cd mit Metaphern, die als Kontrast zu V. 3ab gestaltet sind: Nun hat er festen Boden unter den Beinen, einen Weg, auf dem er gehen kann, ohne zu versinken oder zu straucheln.

Hier ist in Bildern das Tiefste gesagt, was einem Menschen widerfährt, der sich hoffend und schreiend dem Gott Israels entgegenstreckt: Er wird befreit aus allen Formen von Entfremdung und befähigt zum aufrechten Gang in Würde und Freiheit. Er wird zum Subjekt seines Lebens vor und mit Gott!

Diese befreiende Erfahrung bezeugt unser kleiner Psalm in der Überzeugung, daß das Erzählen von geschenkter Befreiung ansteckt: „die Vielen" in der Umgebung des Beters, ja vielleicht über Israel hinaus (vgl. die Anspielung auf „die Vielen" des vierten Gottesknechtslieds Jes 52,13 – 53,12).

Von 40,2–5 unterscheidet sich 40,6–12 sprachlich, stilistisch und vorstellungsmäßig in mehrfacher Hinsicht. Der Abschnitt soll, wie V. 7ab angibt, das „neue Lied" singen und erläutern, das JHWH dem Beter durch sein Rettungshandeln eingab. Nicht ein stummes Schicksal, sondern der die Menschen anredende Gott ist ihm begegnet – und hat ihm den Mund geöffnet wie einem Propheten (vgl. die Formulierung „ich gebe meine Worte in seinen/deinen Mund": Dtn 18,18; Jer 1,9). So bezeugt er nicht nur, daß er das Rettungshandeln Gottes an ihm als Teilgeschehen jenes unvergleichbaren Handelns begreift, mit dem JHWH Israel von dessen Anfängen an mit Wundertaten und Gedanken des Heils überschüttet hat (V. 6). Er bezeugt vor allem, daß dies aus freier Güte JHWHs geschehen ist, für Israel wie für den Beter selbst – ohne Vorleistung. Keinerlei menschliches Tun ist der Grund für Gottes Heilshandeln. Auch der aufwendigste und schönste Opferkult (die vier in V. 7 aufgezählten Opferarten sollen den ganzen Opferkult repräsentieren!) ist nichts, was JHWH „braucht" oder „haben will". Das ist dem Beter aufgegangen – bei seiner eigenen Rettung *und* im Bedenken der Anfänge der Geschichte seines Volks. Das ist auch die wichtigste Erkenntnis aus dem Bedenken der Rettung Israels aus der Katastrophe des Exils: Die erneute Zuwendung JHWHs wurde da nicht mit dem Jerusalemer Tempelkult „eropfert", sondern geschah aus Erbarmen, Güte und Treue JHWHs (vgl. V. 12). Diese Erkenntnis gilt dem Psalm wie eine Offenbarung, die JHWH selbst „durch das Aufgraben des Ohrs" (V. 7) eingab. JHWH will keine stellvertretenden Opfer, sondern er befreit dazu, *sich selbst* in seinen Dienst zu stellen. Statt der Opfer bringt der Beter eine Votiv-Schriftrolle („ex voto"), auf der er JHWHs Handeln bezeugt – *und* seine Bereitschaft, die ihm ins Herz gelegte Weisung des erneuerten Bundes zu befolgen.

Die ihn rettende Gottesbegegnung hat sein Leben verändert. Er hat dieses „neue Lied" öffentlich „gesungen". Deshalb setzt er voll darauf, daß ihn die so bezeugte Güte JHWHs alle Zeit seines Lebens behüten werde (V. 12). An diese Überzeugung wird, wie in der Einführung kurz erläutert wurde, das Bittgebet 40,14–18 = Ps 70 „angebunden". Mehrere kleine Abänderungen der Vorlage stellen Bezüge zu V. 6–12 her. Der diese Bitte eröffnende Imperativ „laß dir's gefallen" (V. 14) greift auf die Bereitschaftserklärung V. 9 zurück. Die Vertrauensäußerung „mein Herr wird an mich denken" (V. 18) nimmt „die Gedanken" JHWHs für Israel aus dem „neuen Lied" auf (vgl. V. 6). Das in der Vorlage stehende hebräische Wort für „rettendes Handeln" (jeschu'a) wird durch das bedeutungsgleiche teschu'a ersetzt, weil genau dieses Wort in V. 11 steht. Durch V. 14–18 wird der

Psalm insgesamt zu einem Gebet, mit dem die Armen und Unterdrückten sich dem Spott und der Verachtung der Mächtigen (vgl. das Zitat in V. 16) widersetzen und JHWH daran erinnern, daß er sein Gottsein doch an ihr Schicksal gebunden habe (vgl. das Zitat in V. 17).

Vom Hebräerbrief (10,5–10) wird 40,7–10 in der Fassung der Septuaginta (statt „Ohren grubst du mir" heißt es da: „einen Leib bereitetest du mir") als Gebet des Christus bei seinem Kommen in die Welt zitiert. Dadurch wird Jesu Leben und Tod als in Gehorsam vollzogene Selbsthingabe gedeutet, aber auch die im Psalm verkündete Relativierung des Opferkults christologisch vertieft.

V. Volk Gottes

Gerade das Psalmenbuch bietet Zeugnisse einer innigen, persönlichen Gottesbeziehung alttestamentlicher Menschen, vor denen die Dümmlichkeit des, wie es scheint, unausrottbaren christlichen Klischees, der Gott des Alten Testaments sei ein Gott der Rache, wohingegen der Gott des Neuen Testaments der Gott der Liebe sei, beleidigend und schmerzlich zugleich ist (vgl. zu solchen Psalmen unser Kapitel X). Aber nicht nur der einzelne Israelit/die einzelne Israelitin, auch das ganze Volk sah sich in einem Liebes- und Ehebund mit seinem Gott (vgl. vor allem die Predigt des Propheten Hosea). JHWH als liebender Vater und als liebende Mutter Israels sind uralttestamentliche Kategorien. Das „Vater unser" Jesu ist gut alttestamentlich!

Israel hat darum gewußt und es sich immer wieder gesagt, daß es seine Existenz und seine Eigenart , seinen Ursprung und seine Vollendung seinem Gott JHWH verdankt. Das ist zuallererst eine historische Aussage. Was die verschiedenen Gruppen und Stämme im 13. und 12. Jahrhundert v. Chr. als „Israel" zusammenführte und zusammenhielt, war ihr Bewußtsein, „Volk JHWHs" zu sein, d. h. Verwandtschaft, Familie des Exodusgottes JHWH; nicht ein König à la Pharao stand an ihrer „Spitze", nicht eine kanaanäische Feudalgesellschaft mit wenigen Reichen und sehr vielen ausgebeuteten Kleinbauern und Handwerkern war ihr gesellschaftliches Reglement, nein, sie wollten und lebten eine egalitäre Gesellschaftsordnung unter der Herrschaft ihres Gottes

JHWH. Das war ein religionsgeschichtliches und politisches Novum im Vorderen Orient: Ein Gott, der sich ein *Volk* schuf, das wie ein großer Familienverband zusammenleben sollte. Sie sollten weder eine pyramidale Monarchie noch eine klerikale Theokratie, sondern ein „einig Volk von Brüdern" sein, in dem jeder gutes Auskommen *und* Ansehen hatte – von JHWHs Gnaden her! Dieser Gott band sein Gottsein geradezu an das Volksein Israels. So jedenfalls hat es die deuteronomische Theologie für das Bundesritual formuliert: „Ich will euer Gott werden *und* ihr sollt mein Volk werden" (als Beispiel für viele Textbelege: Dtn 26, 17 f).

Als Israel aus verschiedenen Gründen dann doch ein Staat nach dem Muster der anderen Staaten jener Zeit wurde und in Jerusalem ein Regierungs- und Kultzentrum entstand, wurde die Beziehung JHWH–Israel auch begrifflich verändert und erweitert. JHWH, der mit seinem Volk lebende Gott, wurde nun auch als ein Gott begriffen, der sich besondere Orte erwählt, um an ihnen und von ihnen aus gegenwärtig zu sein. Die Theologen griffen dabei Vorstellungen auf, die eigentlich kanaanäisch, ägyptisch oder mesopotamisch waren und integrierten diese, sie teilweise abändernd, in die JHWH-Religion. JHWH wurde nun „König der Götter", „König der ganzen Erde", er residierte als Großkönig in seiner „Gottesstadt", der kleine Tempelberg galt als „Schöpfungs- und Weltberg", von dem aus die paradiesischen Flüsse des Schalom die Erde und die Menschen beglücken. An der Stadt des „Königs JHWH", der „der Höchste" und „der Schöpfer Himmels und der Erde" ist, scheitern – so wird nun gesagt – alle mythischen Mächte des Chaos, an seinem Götterberg zerschellen alle Angriffe feindlicher Heere. In dieser Theologie, die wegen ihres Haftpunktes und wegen der in ihr besonders beliebten Ortsbezeichnung „Zion" verkürzt „Zionstheologie" genannt werden kann, spielt „das Volk" keine besondere Rolle. Im Vordergrund stehen hier der Jerusalemer König als Vertreter des Königs JHWH und der Tempel als Wohnort des (unsichtbaren) Gottes JHWH. Daß dabei JHWH-Tempel und Königspalast auch baulich in Jerusalem nebeneinanderstehen (wobei die Größenverhältnisse so sind, daß der Tempel sich wie eine kleine „Palastkapelle" ausnimmt), macht die theologische Sicht- und Gewichtsveränderung greifbar, die die Zionstheologie gegenüber der „Volkstheologie" bedeutete.

Aber die beiden theologischen Ansätze wurden auch öfter, vor allem in der exilischen Theologie, miteinander in Verbindung gebracht. Der „Zion" konnte dabei zum privilegierten Ort werden, an dem „das Volk" seine Volksgeschichte in den vorgetragenen Erzählungen erinnerte, kultisch darstellte und in der Tora-Unterweisung erlernte. Der Zion wurde dann bisweilen sogar als Ort der exemplarischen Brüderlichkeit nicht nur für Israel, sondern für die Völker geschaut (vgl. Jes 2, 1–5): eben als „die Stadt auf dem Berge", deren *gelebte* Gerechtigkeit als Licht in der Finsternis der Ungerechtigkeit aufstrahlt (vgl. auch Mt 5).

Die drei Psalmen, die wir im folgenden auslegen, repräsentieren, nicht zuletzt in ihrer jeweils kurz angedeuteten Wachstumsgeschichte, das Bemühen Israels, sich als „Gottesvolk" von beiden Ansätzen her zu begreifen – und daraus die rechten, d.h. die für *alle* förderlichen und gerechten Lebenswege zu finden.

Psalm 47

1 *Für den Chorleiter. Von den Korachiten. Ein Psalm.*
2a *All ihr Völker klatscht in die Hände,*
2b *jauchzt Gott zu mit Jubelschall.*
3a *Denn JHWH ist der Höchste, der Furchterregende,*
3b *Großkönig ist er über die ganze Erde.*
4a *Er unterwirft uns Völker*
4b *und Nationen unter unsere Füße.*
5a *Er erwählt für uns unseren Erbbesitz,*
5b *den Stolz Jakobs, den er liebt.*
6a *Hoch zog Gott hinauf unter Jauchzen,*
6b *JHWH unter dem Schall des Schofarhorns.*

7a *Spielt auf für Gott, spielt auf!*
7b *Spielt auf für unseren König, spielt auf!*
8a *Denn König der ganzen Erde ist Gott.*
8b *Spielt auf ein „Weisheitslied"!*
9a *Die Königsherrschaft übernahm Gott über die Völker,*
9b *Gott nahm Platz auf dem Thron seiner Heiligkeit.*
10a *Die Notabeln der Völker sind versammelt worden*
10b *mit dem (als?) Volk des Gottes Abrahams.*
10c *Denn Gott gehören die Schilde der Erde,*
10d *hoch erhaben ist er.*

Die (sekundäre) Überschrift bringt den Psalm mit den „Korachiten" in Verbindung. Sie waren eine einflußreiche Sippe, die das wichtige „Schlüsselamt" (1 Chr 9,19: „Türhüter") für das gesamte Tempelareal innehatte (vielleicht ist „Korachiten" auch Bezeichnung eines „Berufsverbandes" gewesen?). Wie die Erzählung Num 16 (der Aufstand der „Rotte Korach" gegen Mose und Aaron) dokumentiert, strebten die Korachiten vergeblich die Priesterwürde an – und eroberten stattdessen, wie die Redaktion des Psalmenbuchs anzeigt, die führende Position in der Jerusalemer „Kirchenmusik".

Unter der Jerusalemer Tempelsängerschaft gab es offensichtlich zwei miteinander konkurrierende „Chor- und Orchestergemeinschaften": „die Söhne Korachs" und „die Söhne Asafs". Beiden Gruppierungen („Söhne" meint dabei „Mitglieder") schreibt die Psalmenbuchredaktion eine Reihe von Psalmen zu, die im Psalter sogar als „Liedblock" beieinander stehen. Als „Korachitenpsalmen" werden die Psalmen 42–49 und 84–85.87–88 überliefert. Von den „Asafiten" werden die Psalmen 50 und 73–83 hergeleitet. Beide Psalmengruppen haben ihr je spezifisches theologisches „Gruppenprofil" (die Korachitenpsalmen stärker als die Asafitenpsalmen), aber sie stimmen auch vielfach so überein, daß ihre Herleitung aus einer gemeinsamen theologisch-kultischen Tradition plausibel ist. Sie stimmen vor allem in zwei Perspektiven überein: 1) Sie besingen den Tempel von Jerusalem als Wohnsitz JHWHs und als Ort großer Feste; sie feiern den Zion als Götterberg und als Ort, an dem JHWH seine rettende und richtende Mächtigkeit offenbart; sie sehen den Zion als Ort besonderer Gottesoffenbarung und Gotteserkenntnis sowohl für Israel wie für die Völkerwelt. 2) Sie haben vorwiegend kollektiven Charakter,

d. h. es sind „Wir-Lieder", und selbst dort, wo ein „Ich" redet (z. B. Ps 42/43.84), liegt ein Lied/Gebet vor, das die individuelle Sehnsucht ausdrückt, am Heiligtum das Geschenk der „Wir-Gemeinschaft" zu erfahren.

Auf der Ebene der Psalmenbuchredaktion (vgl. dazu das Kapitel II) legen sich die beiden Psalmengruppen wie zwei Schalen um den „Davidpsalter" Ps 51–71(72) als Kern. Dies zeigt (was hier nicht näher begründet werden kann) ein mehrfaches Wachstum des Blocks 42–85 an. Der „Davidpsalter" Ps 51–71(72) wurde zuerst von den „Asafiten" dadurch zu *ihrem* Gesangbuch gemacht, daß als programmatischer Eröffnungspsalm der „Asafpsalm" Ps 50 an die Spitze gestellt wurde, während Ps 73–83 den „krönenden Abschluß" bildeten (vgl. die thematischen und theologischen Bezüge zwischen Ps 50 und Ps 83!). Dieser „Asafpsalter" wurde dann von den „Korachiten" übernommen und entsprechend mit „Korachpsalmen" gerahmt: Ps 42–49 und Ps 84–85. Auch hier besteht wieder zwischen den „Eckpsalmen" ein großartiges thematisch-theologisches Beziehungsgeflecht. Ps 42/43 (*ein* Psalm) korrespondiert Ps 84, und ähnlich wollen Ps 44 und Ps 85 als gemeinsamer Horizont des „Korachitenpsalters" (der *nun* also Davidpsalmen, Asafpsalmen und Korachpsalmen umfaßt) begriffen werden. Daß die Korachpsalmen den äußeren Rahmen der nachexilischen Teilsammlung Ps 42–85 abgeben, stützt die oben geäußerte Vermutung, die Korachiten hätten in der Jerusalemer „Tempelmusikszene" die führende Rolle übernommen.

Ehe diese Korachitenpsalmen zum programmatischen „Hauptrepertoire" der nachexilischen korachitischen Chor- und Orchestergemeinschaft wurden, waren die meisten von ihnen bzw. deren „Urfassung" schon in vorexilischer Zeit im Jerusalemer Kult beheimatet. Dies gilt auch von unserem Psalm, in dem sich eine vorexilische „Erstfassung" (zwei fünfzeilige Strophen: V. 2–3 a.6 und

V. 7–8 a.9) und eine nachexilische Erweiterung (der jetzt vorliegende Psalm; ebenfalls zwei Strophen: V. 2–6 und V. 7–10) unterscheiden lassen.

Die zwei Strophen des vorexilischen Psalms sind gleich gebaut: Auf die (imperativischen) Aufforderungen zum Lobpreis folgt die mit „denn" eingeleitete Begründung im Nominalsatz (3. Zeile: Mitte!); die im Nominalsatz gegebene Aussage wird dann in zwei weiteren Zeilen mit Verbalsätzen, die im Tempus der Vergangenheit gestaltet sind, so entfaltet, daß das Verbum zugleich eine Anspielung auf den Aussagesatz bringt (V. 3 a: der Höchste ↗ V. 6 a: hoch zog ...; V. 8 a König ↗ V. 9 a: die Königsherrschaft übernahm ...). Gattungsmäßig entsprechen die beiden Strophen dem „imperativischen Hymnus".

Er wurde, worauf besonders die Terminologie hinweist, vermutlich im Rahmen des Jerusalemer Herbstfestes (vor-)gesungen, nachdem im Zusammenhang einer Ladeprozession die Lade wiederum im Innern des Heiligtums niedergestellt wurde – als Zeichen der (Neu-)Inthronisation JHWHs als König des Kosmos. Der Hymnus begleitete und deutete demnach die geradezu sinnenhaft-mythisch nachvollzogene geschichtliche Erwählung des Zion durch JHWH, der hier inmitten Israels *und* inmitten der Völkerwelt seine rettend-richtende Königsherrschaft ausüben wollte.

Während der vorexilische JHWH-Königs-Hymnus konsequent die Mächtigkeit JHWHs selbst im Blick hat („unser König übt das Weltkönigtum aus!"), reflektiert die nachexilische Bearbeitung zusätzlich das Thema „Israel und die Völkerwelt". Dadurch erhält der Psalm, falls man V. 10 ab im Horizont von Gen 12, 1–3 und Jes 19, 24–25 interpretieren darf (vgl. die Auslegung), eine Aussagespitze, die „Gottesvolk" als eine universale Kategorie andeutet, die auch für das nachbiblische Verhältnis Israel – Kirche theologisch-politisch hochaktuell ist.

Auslegung

Die beiden Imperative von V. 2, mit denen die *erste Strophe* beginnt, fordern die Völkerwelt zur Königshuldigung auf. Sowohl „Händeklatschen" wie „Jubelschall" sind Fachbegriffe im Zusammenhang des Jerusalemer Inthronisationsrituals (vgl. 1 Kön 1,40; 2 Kön 11,12). Hier werden sie auf den Ritus der Inthronisation des „Gottkönigs" JHWH übertragen. Die immer wieder gegebene Erklärung, diese Aufforderung richte sich konkret an die am Jerusalemer Hof „akkreditierten Diplomaten" der Nachbarvölker, die an der Ladeprozession teilnahmen (bzw. teilnehmen mußten), ist viel zu vordergründig (und auch durch den Text nicht gedeckt). Die Aufforderung ist mythisch-rituell gemeint: Weil JHWH als König auf dem Zion „der Höchste" und „der Furchterregende" (V. 3a: beides sind typische Formulierungen der Jerusalemer Tradition, vgl. z.B. Gen 14,18–20; Ps 46,5; 76,8.13; 83,19; 97,3; 99,3) gar nicht anders gedacht werden kann denn zugleich als König über alle Götter und deren Völker (V. 3b), muß die Huldigungsaufforderung mythisch-rituell an den ganzen Erdkreis gerichtet werden. Soweit ist der Psalm noch gut „gemeinorientalisch". Aber was dann folgt, ist ebensogut jahwistisch bzw. israelitisch. Während die altorientalischen „Götterkönige" ihr göttliches Königtum im Kampf mit anderen Göttern und chaotischen Mächten erringen, ist der Akt der „Amtsübernahme" JHWHs eine friedliche Ladeprozession (V. 6). Diese signalisiert nicht, daß JHWH sich erst die Würde der Königsherrschaft erkämpfen mußte. Sie signalisiert „nur" den *Ort,* von dem aus er seine universale Königsherrschaft ausüben will. Und mehr noch: Dieser göttliche Ort wird nach Ps 47 nicht einem irdischen König als Stellvertreter des himmlischen Königs übergeben, sondern er ist – Israels Erbland. Die Stätte, an der JHWH sein Königtum ausübt, ist das Land, auf dem Israel als Volk unter seinem König JHWH (V. 7b: „unser König") glücklich („Stolz Jakobs") leben darf, weil JHWH Jakob/Israel liebt (V. 5). Israel wird hier als „königliches Volk" gezeichnet (vgl. die Thronmetaphern in V. 4), wobei von V. 10 her die ihm so zugesprochene „messianische Würde" (die analogen Metaphern begegnen in der Vision des messianischen „Gottessohns" von Ps 2, aber auch in der Anthropologie von Ps 8; zu beiden Psalmen vgl. unsere jeweiligen Auslegungen) nicht imperialistisch-triumphalistisch mißdeutet werden darf.

Die *zweite Strophe* setzt, rhetorisch durch die mehrfache Wiederholung des gleichen Imperativs gesteigert, abermals mit einer Aufforderung ein. Diesmal ist kein Adressat genannt. Vom inneren Kontext (V. 7b: „für *unseren* König"; V. 8a: „König der ganzen Erde"), aber auch vom Ritual her dürfte nun die feiernde Kultgemeinde der Adressat sein. Sie wird aufgefordert „aufzuspielen"; man könnte auch übersetzen: „Psalmen unter Musikbegleitung zu singen!" Es ist also die Aufforderung an Israel, JHWH mit „Hofmusik" zu ehren und zu erfreuen. Es ist die Aufforderung, das JHWH-Königs-Fest gebührend zu feiern (V. 8a). Was dies bedeutet, expliziert zunächst V. 9 unter Anspielung auf die aus Jes 6 bekannte Vorstellung von JHWH, der im Tempel (auf/über den Keruben) als der „Heilige" thront: als Richter und Retter! Mit dieser Anspielung stimmt die in V. 6 angesprochene Vorstellung zusammen, daß JHWHs Lade als sein Thronsockel/-schemel den Zionsberg „hinaufzieht" und die Inthronisation quasi-sakramental darstellt.

Am Thron JHWHs schaut unser Psalm in V. 10 nicht nur Israel, sondern zusammen mit ihm und friedlich vereint mit ihm „die Notabeln der Völker" und „die Schilde (d.h. die Mächtigen) der Erde". Der überlieferte hebräische Text ließe sogar die Übersetzung zu, daß die

Repräsentanten der Völker „als Volk des Gottes Abrahams" sich am Zion versammelt haben. Nach beiden Lesarten liegt eine Aufnahme der Abrahamtradition vor, die erstmals in Gen 12,3 formuliert war: Abraham (= Israel) ist von JHWH erwählt und gesegnet, damit in der Dynamik dieser Segensgeschichte „alle Sippen des Erdbodens Segen erlangen." Diese Aufnahme, auf die u.a. auch in Jer 3,14–18; 4,2; Sach 8,13 angespielt wird, konkretisiert und modifiziert die am Zion haftende „Segenstheologie" (vgl. unsere Auslegung von Psalm 126) als theologisch-politische Utopie, die ähnlich in Jes 19,24–25 formuliert ist: „An jenem Tage wird Israel als drittes dem Bund von Ägypten und Assur beitreten, zum Segen für die ganze Erde. Denn JHWH Zebaot wird sie segnen und sagen: ‚Gesegnet ist Ägypten, mein Volk, und Assur, das Werk meiner Hände, und Israel, mein Erbbesitz" (vgl. die Formulierung „Erbbesitz" in unserem Psalm in V. 5). Die traditionellen Ehrentitel Israels „mein Volk" und „Werk meiner Hände" werden hier von JHWH selbst den Erzfeinden Israels zugesprochen. Wenn und wo sie mit Israel verbunden (V. 24) sind, sind die Völker gesegnet. Daß Israel dabei die Rolle des Segensmittlers hat, ist nicht gesagt. Der Segen geht von JHWH direkt aus. Es genügt – das ist freilich ungeheuer viel – daß die Völker friedlich mit Israel am Thron JHWHs versammelt sind.

Wem kommt da nicht die großartige Vision von Jes 2,1–5 in den Sinn? In der Tat: Der Zion als internationale „Friedensschule" für alle Völker, die dadurch „Gottesvolk" werden – wenn dies geschieht, dann geht in Erfüllung, was der Psalm in seiner kultischen Vorwegnahme (im sogenannten Perfectum propheticum) besingt: JHWH übernahm die Königsherrschaft über die ganze Erde und über alle Völker!

Ob die Kirche, die diesen Psalm am Fest „Christi Himmelfahrt" zu Recht so begeistert als Zeugnis ihrer Hoffnung (!) singt, den Vers 10 wenigsten nach Auschwitz zu begreifen beginnt?

Psalm 15

1a *JHWH, wer findet Schutz in deinem Zelt,*
1b *wer findet Wohnung auf deinem heiligen Berg?*

2a *Der in Ganzheit wandelt*
2b *und der Gerechtigkeit wirkt*
2c *und der Wahrhaftigkeit redet in seinem Herzen.*

3a *Nicht hat er Verleumdung auf seiner Zunge,*
3b *nicht tut er seinem Nächsten Böses an*
3c *und Schmach lädt er nicht auf seinen Nachbarn.*
4a *Verächtlich ist in seinen Augen der Verworfene,*
4b *aber die JHWH-Fürchtigen ehrt er.*
4c *Hat er zu seinem Schaden geschworen, er ändert's nicht.*
5a *Sein Geld gibt er nicht gegen Zinsen*
5b *und Bestechung gegen Unschuldige nimmt er nicht an.*

5c *Der solches tut, wankt niemals.*

Einführung

Dieser Psalm versetzt uns in den Tempelbezirk nach Jerusalem, möglicherweise in die spätvorexilische (ausgehendes 7. Jahrhundert), wahrscheinlicher in die frühnachexilische Zeit (beginnendes 5. Jahrhundert). Der Tempelbezirk im engeren Sinn, dessen wichtigstes Gebäude das Tempelhaus mit dem vor seinem Eingang errichteten Brandopferaltar ist, war damals von einer Mauer umgeben, die somit einen Tempelhof bildete, der wie das Tempelhaus selbst ebenfalls rechteckig war. Strenggenommen muß man von zwei Vorhöfen reden (auch die Psalmen reden davon in der Mehrzahl: z. B. Ps 65,5; 84,3.11; 100,4), denn auf der Seite, wo der Brandopferaltar stand (also im Osten), lief noch eine Mauer quer und trennte den Vorhofbereich in zwei Teile. Wer also von Osten (vom Kidrontal) her den eigentlichen Tempelbezirk betrat, durchschritt zuerst die Toranlage der äußeren Umfassungsmauer und gelangte in den äußeren Vorhofbereich. Um zum Brandopferaltar und an den Eingang des eigentlichen Tempelhauses (das freilich nur die Priester betreten durften!) zu gelangen, mußte man noch ein weiteres Tor durchschreiten, das in eben jener Mauer war, die den inneren Vorhof abgrenzte. Diese Toranlage zum inneren Vorhof ist wahrscheinlich „das Tor der Gerechtigkeit", von dem in Ps 118,19f die Rede ist. Es hieß vielleicht so, weil von diesem Tor aus vor der versammelten liturgischen Gemeinde verkündet wurde, worin „die Gerechtigkeit" konkret besteht, die JHWH seiner Gemeinde schenkt und die er in ihrem alltäglichen Zusammenleben fordert. Man kann sich durchaus vorstellen, daß unser Psalm bei dieser Gelegenheit seine Verwendung fand. Der Psalm wäre dann „ein kunstvoll prägnantes Verkündigungsstück mit lehrhaften und paränetischen Zügen, vereinfacht gesagt und ungefähr, eine kurze Predigt" (W. Beyerlin).

Man kann auch an einen etwas anderen „Sitz im Leben" des Psalms denken. Er könnte auch die Textvorlage einer sogenannten priesterlichen „Einzugstora" am Tor zum Tempelareal überhaupt wiedergeben, wie manche Ausleger mit Blick auf 2 Chr 23,19 meinen, wo gesagt wird, der Oberpriester Jojada habe Wächter an die Tore des Tempels gestellt, damit kein „Unreiner" (z.B. mit Aussatz Behafteter) eintrete. Für solche priesterliche „Tempelwächter" gibt es eine breite altorientalische und besonders ägyptische Tradition; ihre Aufgabe war es nicht zuletzt, die Tempelbesucher auf die Liturgie vorzubereiten. Tempeleinlaßbedingungen wurden in Ägypten darüber hinaus auch an die Tempeltore (Pfosten und Rahmen) geschrieben; auch vom herodianischen Tempel wissen wir von Inschriften auf Säulen im Tempelbezirk, die Reinheitsvorschriften teils in griechischer, teils in lateinischer Sprache verkündeten.

Auslegung

Daß am Torhaus zum Tempelareal oder am Eingangstor zum Hofbereich, in dem Altar und Tempelhaus stehen, das von JHWH geforderte Ethos verkündet wird, ist in unserem Psalm in einen bedeutsamen Zusammenhang eingebunden. Der Psalm setzt in V. 1 mit der an JHWH gerichteten Frage ein, welche Voraussetzungen jemand erfüllen müsse, damit sein Tempelbesuch zu einer schützenden, heiligenden, Heimat gebenden Begegnung mit dem Gott Israels werden könne (vgl. ähnlich Ps 24,3–6).

Auf diese Frage ergeht in V. 2–5b eine mehrfach gegliederte Antwort, die als solche vermutlich sukzessiv angereichert wurde: V. 2 gibt eine dreigliedrige, allgemein gehaltene und mit Partizipien gebildete Antwort, geradezu eine Summe beispielhaften Sozialverhaltens. Sie ist durch die fünf ähnlich geformten (verneinte Perfecta zur Bezeichnung eines Zustandes, der durch eine in der Vergangenheit vollzogene Handlung/Entscheidung herbeigeführt wurde) Sätze V. 3.5ab erweitert worden, die Einzelhandlungen herausgreifen, welche die gemeinschaftsgemäße Gerechtigkeit im Zusammenleben des Alltags in besonderer Weise gefährden: Freundschaft und Nachbarschaft werden ja oft Opfer des Umgangs mit Geld und mit der eigenen Zunge; die Nächstenliebe bleibt auf der Strecke, wo es um den eigenen finanziellen Vorteil geht (sei es durch Zinsforderung, sei es durch Schmier- und Bestechungsgelder; beides widerspricht dem JHWH-Ethos bzw. dem Auftrag, „Gottesvolk im gesellschaftlichen Alltag" zu sein; zum Zinsverbot vgl. Ex 22,24; Lev 25,35–38; Dtn 23,20; zum Bestechungsverbot vgl. Ex 23,8; Dtn 16,19); die Zunge ist ein schreckliches Mordinstrument (vgl. Ps 12,5; 57,5), „wenn die Richtigen beisammen sind". Schließlich gibt V. 4 eine weitere Antwort, die in V. 4ab (etwas unsympathisch!) die Welt in „Verworfene" und „JHWH-Fürchtige" trennt. Der Wortlaut von V. 4c ist im Urtext unklar; nach unserer Übersetzung zeigt diese Antwort einen Menschen, der sogar zu seinem Nachteil hält, was er versprochen bzw. geschworen hat. Der Psalm schließt in V. 5c mit einer Verheißung, die wie V. 2 mit Partizip gebildet ist. Das legt die Vermutung nahe, unserem Psalm liege als „Urfassung" die kurze „Tempeleinlaßliturgie" V. 1.2.5c zugrunde, die in ihrer ethischen Tendenz stark an Mi 6,6–8 erinnert.

Wie Mi 6,6–8 legt auch unser Psalm (in all seinen Wachstumsphasen) keinen Akzent auf kultische Reinheitsvorschriften, sondern auf das lebensförderliche und treue Verhalten zum Nächsten und zum Nachbarn. So kann man fragen, ob hier wirklich eine offizielle priesterliche Einzugstora vorliegt, die über Zulassung oder Ausschluß von der Teilnahme an der Liturgie entschied. Stärker als von priesterlicher Tradition ist Ps 15 von der prophetisch-weisheitlichen Tradition bestimmt, der wir auch in den „Nachbarpsalmen" Ps 12 und 14 begegnen: Schutz und Heimat, Glück und Lebensfülle in der Liturgie findet nur, wer solches im Alltag seinen Nächsten nicht verweigert. Und vor allem: wer mit seiner Zunge und mit seinem Geld so umgeht, wie es das Ethos der Nächstenliebe fordert.

Der Psalm ist eine prophetisch-kritische Herausforderung für jede Gemeinde, die sich zur gemeinsamen Liturgie versammelt!

Psalm 133

1a *Ein Wallfahrtslied. Von David*

1b *Seht, wie gut und wie wundervoll ist es doch,*
1c *wenn Brüder wirklich gemeinsam leben!*

2a *Wie bestes Öl auf dem Haupt,*
2b *das herabströmt auf den Bart*
2c *– den Bart Aarons, der herabströmt weit über das (übliche) Maß –.*
3a *Wie Tau des Hermon,*
3b *der herabströmt auf die Berge Zions (Ijjons).*

3c *Ja, dorthin hat JHWH den Segen befohlen:*
3d *Leben für immer!*

Einführung

Für Johann Gottfried Herder ist unser Psalm ein Text, „der wie eine liebliche Rose duftet". Wie hoch die altkirchliche Tradition diesen Psalm schätzte, bezeugt Augustinus: „Der Psalm ist kurz, aber wohl bekannt und oft genannt: So süß klingt er an das Ohr, daß selbst, die den Psalter nicht kennen, ihn gerne singen. Er ist süß wie die

Liebe, welche Brüder zusammenführt. Dieser süße Klang, diese auch dem Herzen so liebliche Melodie hat die Ordensstätten geboren. Diesem Rufe folgten die Brüder, welche beisammenzuwohnen begehrten. Der Psalm war die Trompete, die sie zusammenrief. Sie erscholl über den Erdkreis und, die getrennt waren, wurden vereinigt." Uns Heutigen ist der unmittelbare Zugang, so scheint es, verschlossen – selbst wenn der Anfang des Psalms als hebräischer Kanon wieder in vieler Munde ist. H. Gunkel meint sogar in seinem Psalmenkommentar: „Für uns sind eben diese Vergleiche wegen ihrer eigentümlich-orientalischen Färbung nicht leicht zu verstehen, so daß die Geschichte der Erklärung gerade dieses Spruches eine Leidensgeschichte gewesen" ist. Diese „Leidensgeschichte" können wir hier nicht skizzieren. Und vor allem hoffe ich nicht, sie durch diese Auslegung noch zu vermehren. Von der Psalmenbuchredaktion her wird der Psalm als „Wallfahrtslied" gekennzeichnet, d. h. als Lied jenes „Zionpilgerbüchleins", dessen Eigenart wir im nächsten Kapitel bei der Auslegung von Ps 126 kurz skizzieren werden. Was dort allgemein gesagt wird, gilt auch von Ps 133. Ein kleines Lied, das das Ideal des gesellschaftlichen Alltags einfacher oder auch wohlhabender Leute besingt (V. 1 bc.2 ab.3 ab), wurde zum „Zionslied" umgestaltet und erweitert (typisch für diese Zionsredaktion: sie lehnt sich in V. 2c an vorgegebene Formulierungen an, arbeitet mit Prosasprache, führt das Zion-Theologumenon „Segen" ein – und ändert die ursprüngliche Ortsangabe „Berge Ijjons" in V. 3b in „Berge Zions"; dazu vgl. die Auslegung).

Der Aufbau des ursprünglichen Lieds ist sehr einfach: eine Art Weisheitsspruch, der eine Erfahrung preist und so für sie wirbt (V. 1 bc), wird durch die zwei parallel gebauten Vergleiche (V. 2 ab und V. 3 ab) veranschaulicht. Das erweiterte Zionswallfahrtslied transponiert die Erfahrung der alltäglichen Brüderlichkeit durch V. 2c (vgl. die Auslegung) und vor allem durch die betonte (deiktisches ki = ja) theologische Schlußformel in den kultischen Bereich. „Gottesvolk" als gesellschaftlich-politische Realität und als kultische Gemeinde/Gemeinschaft werden so ineinander verschmolzen. Solange beide dabei ihre je eigene Identität behalten und sich gegenseitig befruchten, ist dies gewiß ein authentisches „Kirchenlied" auch für eine christliche Gemeinde.

Auslegung

Der Psalm setzt in V. 1b mit der Aufmerksamkeit heischenden Interjektion „seht" ein und verstärkt die appellative Sprechsituation durch die fortführende Frage „Wie gut und wie wundervoll ist es doch," d.h. vom Wortgebrauch her: „wie lebensförderlich, schön anzuschauen und schön zu erleben ..." ist es doch, wenn ...? Das ist die Redeform der werbenden Weisheit, die überzeugen und einladen will. Wofür aber wirbt unser Psalm? Die Antwort muß doppelt ausfallen. Auf der Ebene der „Erstfassung" wirbt der Psalm um Brüderlichkeit im gesellschaftlichen Zusammenleben. Auf der Ebene der „Zionsredaktion" preist er die Erfahrung brüderlicher Gemeinschaft beim großen Festgottesdienst auf dem Zion.

Nach der hier vorgeschlagenen Deutung wirbt der ursprüngliche Psalm um jenes Ethos der sozial engagierten Brüderlichkeit, das vor allem im Buch Deuteronomium ein unverzichtbares Merkmal des Gottesvolkes (also: eine Nota ecclesiae!) ist. Das ist eine sehr konkrete Bruderethik, die sich in *Taten* der Brüderlichkeit erweisen muß. Sie fordert dazu auf, im Namen der Brüderlichkeit jedem und jederzeit *umsonst* zu helfen, wo einer Hilfe braucht. Wenn er hungert, wenn er Kleidung braucht, wenn er seine Steuerlasten nicht aufbringen kann, wenn er bei einem Prozeß benachteiligt wird, wenn sich sein Vieh verläuft, wenn er nicht genügend Saatgetreide hat, wenn eines seiner Felder von Wildschweinen verwüstet wird – all dies sind Situationen, in denen konkrete Brüderlichkeit gefordert ist. Nicht nur unter leiblichen Brüdern, sondern unter allen, die sich als Glieder des „Gottesvolks" betrachten. Nach der Definition des Deuteronomiums sind *alle* in Israel „Brüder". Auch die Frauen gehören dazu, wie Dtn 15, 12 zeigt. Und auch die persönlichen Feinde bleiben „Brüder", denen „um der Brüderlichkeit willen" geholfen werden muß, wenn sie in Not sind (vgl. Dtn 22, 1–4 mit Ex 23, 4 f). Das ist also keine bloße Brüderlichkeit der Gesinnung oder der Sympathie, sondern eine sozialpolitische Option (vgl. auch Neh 5).

Um ein Leben in und nach dieser Brüderlichkeit wirbt unser Psalm, indem er ihre Wirklichkeit und ihre Wirkweise mit zwei wunderschönen Vergleichen veranschaulicht.

Da ist zunächst das Bild vom herabströmenden Tau. Warum das Herabsteigen des Taus ausdrücklich betont wird, kann ein kurzer Blick auf Hos 6, 4; 13, 3 klären. In einer Antwort auf ein Vertrauenslied des Volkes beginnt JHWH in Hos 6, 4 seine Antwort so:

„Was soll ich mit dir tun, Efraim?
Was soll ich mit dir tun, Juda?
Eure Liebe ist wie eine Wolke am Morgen
und wie der Tau, der bald vergeht."

Und ähnlich wird der Vergleich in dem Gerichtswort Hos 13, 3 verwendet:

„Darum sollen sie werden wie die Wolken am Morgen
und wie der Tau, der bald vergeht,
wie die Spreu, die aus der Tenne stiebt,
und wie Rauch, der aus der Luke zieht."

In beiden Texten ist der Tau, der von der Morgensonne aufgeleckt wird, ein Bild für Unbeständigkeit, Wertlosigkeit, Untergang, schnelles Ende. Dieser Tau, der schnell vergeht, ist das Kontrastbild zu dem Tau, der herabsteigt, befeuchtet und Wachstum und Leben ermöglicht.

Das Bild vom herabsteigenden Tau in unserem Psalm ist auf dem Hintergrund der alttestamentlichen Tradition also nur so zu verstehen: Wenn alle, die Brüder sind, sich wirklich brüderlich verhalten, sind sie wie der lebenspendende Tau: sie ermöglichen und fördern das Leben anderer; sie sind Tau für ihre Umgebung!

Im überlieferten hebräischen Text ist aber nun schwer verständlich, wie der Tau des weit im Norden gelegenen Hermon auf die Berge Zions herabströmen soll. Die zahlreichen Lösungsvorschläge der Exegeten zu diesem Problem sind ein Teil jener Leidensgeschichte des Psalms, von der oben die Rede war. Ohne dies breiter diskutieren zu können, möchte ich eine von A. Jirku und H. Gunkel gegebene „Lösung" übernehmen. Letzterer schreibt in seinem Psalmenkommentar: „Der hochragende Hermon, von Wolken umzogen, mit reichem Tau gesegnet, behält das edle Naß nicht für sich selbst; sondern seine Bäche ergießen es auf die niedriger gelegenen Höhen, die ihm vorgelagert sind. Es ist klar, daß die Berge, die den Hermonstau empfangen, nicht die von Jerusalem sein können; aus dem Zusammenhange geht ja deutlich hervor, daß es sich um Erhebungen handeln muß, die dem Hermon ebenso benachbart sind und unter ihm liegen, wie der Bart unter und neben dem Haupte ... Man hat also ... anzunehmen, daß hier ein anderer Name gestanden hat. Der Dichter hatte hier nordisraelitische Berge genannt, die dann von einem Abschreiber durch einen gewöhnlichen Namen ersetzt worden sind. Das vermißte Wort lautete nach A. Jirkus vortrefflicher Vermutung (brieflich) ʿIjjōn. ʿIjjōn I Reg 15, 20; II 15, 29; II Chron 16, 4 lag südwestlich am Fuß des Hermon; der Name ist noch in merǵ ʿajūn erhalten, einer fruchtbaren, vulkanischen Landschaft." Das Gebiet gehört heute zum Staat Libanon. Ich halte diesen Vorschlag Gunkels auch deshalb für plausibel, weil von meiner Hypothese, der Psalm sei insgesamt im Geiste der „Zionstheologie" bearbeitet worden, auch erklärt werden kann, wie es gezielt zu dieser Textänderung „Berge Ijjons"/„Berge Zions" kam.

Von der gegebenen Deutung des herabströmenden Taus als Bild der belebenden Wirkung der Brüderlichkeit her erschließt sich nun konsequent das Bild vom Öl auf dem Haupt, das in den Bart herabsteigt. Daß das Öl hier Bild für Gesegnetsein sein soll, wie oft gesagt wird, läßt sich nicht einfach damit begründen, daß Priester und Könige mit Öl übergossen werden; der Sinn dieser Salbung ist uns ohnehin immer noch verborgen (Rechtsakt? Kultische Machtübertragung?). Zwei Beobachtungen sprechen sogar dagegen, in unserem Psalm überhaupt an Segen bzw. an den Ritus der Weihe Aarons und der Aaroniden zu denken. Zum einen gebraucht unser Psalm die Formulierung „bestes Öl": das ist nach Ausweis *aller* Belegstellen (2 Kön 20, 13 = Jes 39, 2; Koh 7, 1; vgl. Jer 6, 20) ein besonders kostbares Öl bzw. Parfüm, während das kultisch verwendete Öl entweder ausdrücklich „Salbungsöl" (z. B. Ex 29, 7; 40, 9), „heiliges Öl" bzw. „Öl meiner Heiligkeit" (Ps 89, 21) oder einfach „Öl" genannt wird. Zum anderen ist Öl auf dem Haupt, soweit ich sehe, nirgends Bild für Segen, sondern gehört zum Sprachspiel des Festes und der Freude, was ja auch die außerkultische Verwendung des Öls belegt. Ägyptische Bilder bezeugen die Sitte, bei festlichen Mählern den

Gästen parfümierte Fette und Öle in sogenannten Salbkegeln (z. T. mit Blumen geschmückt!) auf den Kopf zu setzen, die dann im Laufe des Mahles auf den erhitzten Häuptern zerflossen, den Kopf herunterliefen und einen betörenden Wohlgeruch verbreiteten. Auf diese Sitte spielt offenkundig Ps 23,5 an (vgl. unsere Auslegung in Kapitel X). In Ps 45,8; Jes 61,3 wird das Öl ausdrücklich „Öl der Freude, des Jubels" genannt. Im Hohenlied schließlich wird als lyrisches Bild gerade der Wohlgeruch des (parfümierten) Öls gebraucht (vgl. Hld 1,3; 4,10). Vor diesem kulturgeschichtlichen und literarischen Hintergrund sollte nun aber die Deutung von V. 2ab keinen Zweifel lassen: Das brüderliche Zusammenleben wird in seiner Ausstrahlung verglichen mit der wohltätigen, ja berauschenden Wirkung des parfümierten Öls, das zu vorgerückter Stunde während eines Festmahls von den Häuptern der männlichen Festteilnehmer in deren Bärte herabfließt.

Beiden Bildern unseres Psalms, dem vom Öl und vom Tau, ist also gemeinsam, daß sie eine *Wirkung* meinen, die von ihnen ausgeht – und genau aus diesem Sprachspiel fällt der „Bart Aarons" heraus und unterbricht das parallele Doppelbild. Auch dies stützt unsere Hypothese, Ps 133 sei in V. 2c zionitisch erweitert. Was aber ist das Besondere an diesem „Bart Aarons", das die Jerusalemer Priesterschaft so faszinierte und zugleich für die Zionpilger theologischen Symbolwert hatte? Die Antwort ist einfach: „Aaron" meint hier den Träger des hohepriesterlichen Amtes. Und eines der Zeichen seiner hohepriesterlichen Würde war der übermäßig lange Bart. Während der „Durchschnittsisraelit" einen kurzen Kinnbart trug (wie z. B. auch eine bemalte Tonscherbe, die bei Jerusalem gefunden wurde, belegt), trug der Hohepriester den im Perserreich für die hohen Regierungsbeamten typischen Vollbart. Mit diesem Motiv evoziert die zionitische Redaktion – für unseren Geschmack freilich recht gekünstelt – das Amt des Hohenpriesters just in jenem Augenblick, in dem dieser sich mit seinem Gesicht der Kultgemeinde zuwendet und sie am Schluß der Festfeier segnet (vgl. auch den anschließenden Ps 134!). Diese Bearbeitung führt so die in V. 1 anvisierte Brüderlichkeit im gesellschaftlich-politischen Alltag auf eine einzige Situation eng: auf die brüderliche Gemeinschaft im Kult, die sich auf dem Zion um die Gestalt des segnenden (!) aaronitischen Hohenpriesters schart. Wie in Momentaufnahme schiebt sich nun die würdige Gestalt des Hohenpriesters, der die versammelte Gemeinde segnet, in den Vordergrund. Die mit dem Festöl und dem Tau verglichene Wirkung und Ausstrahlung brüderlichen Zusammenlebens sieht diese Bearbeitung nun voll verwirklicht in der Zionsliturgie, die ihren Höhepunkt und Abschluß zugleich in dem festlichen Segen hat, der vom Zion aus Segen, d.h. Lebensschutz, Lebenskraft und Lebensfreude, vermitteln soll (vgl. V. 3cd).

Daß die Bearbeitung sich vom Bild des segnenden Hohenpriesters inspirieren läßt (und nicht, wie meist angenommen, vom Ritus der Salbung bei der aaronitischen Priesterweihe), legen noch zwei Beobachtungen nahe:

1) Immerhin zeigt ein Text wie Sir 50,1–21 (besonders 50,20f), daß die Gestalt des Hohenpriesters als ganze und nicht ein Einzelelement wie sein Bart Thema hymnisch-lyrischer Dichtung ist, wobei der segnende Hohepriester der Höhepunkt des Textes ist; ähnlich gehört auch in Lev 8–9 die Segensnotiz Lev 9,22 zum Abschluß der Erzählung von Aarons Priesterweihe.

2) Die ebenfalls auf die zionitische Erweiterung zurückgehende emphatische Zusammenfassung des Psalms V. 3cd wird man kaum auf den über den Hohenpriester und über seine priesterlichen Brüder durch die Weihe herabsteigenden Segen hin deuten können, sondern im

Sinne der zionitischen Segenstheologie zu verstehen haben, wie sie knapp in Ps 134,3 zusammengefaßt ist: „Es segne dich JHWH von Zion aus." Der Zion ist der Ort, von dem aus Leben, Heil und Freude in das Land, ja in die Welt insgesamt, als deren mythischer Mittelpunkt der Zion gilt, verströmen soll.

Damit der Zion und die Kirche solcher Tau und solches Festöl für die Welt sein können, müssen *beide* im Psalm 133 enthaltenen Dimensionen der Brüderlichkeit in ihnen lebendig sein: die kultische *und* die soziale. Wo eine von ihnen fehlt oder zu kurz kommt, verliert die „Brüderlichkeit" – mag sie noch so lautstark verkündet werden – ihr menschliches Gesicht und ihre Dynamik, in der sie Leben fördert, entfaltet und glücken läßt (V. 3d).

VI. Leben in der Geschichte des Volkes

Das Alte Testament schärft ein Verständnis von Glück und Heil ein, das den Zusammenhang mit sichtbaren, erfahrbaren Veränderungen in der geschichtlichen, gesellschaftlichen und politischen Wirklichkeit zur unverzichtbaren Voraussetzung hat. Die Botschaft vom Kommen des Gottesreichs läßt sich alttestamentlich weder auf den inneren Seelenfrieden noch auf eine nur im Glauben wahrnehmbare Realität reduzieren. Der Pentateuch (die Tora) erzählt davon, daß und wie die Erlösung Israels aus den Sklavenlagern des Pharao ein geschichtliches, politisches Ereignis war. Und Israel wird nicht müde, sein Land und seine Freiheit als jenen Lebensraum zu feiern, den ihm der Gott JHWH als Manifestation seines Gottseins gegeben hat.

Auch im Psalmenbuch meditiert und aktualisiert Israel diese theologische Dimension seiner Geschichte. Das Vergessen der Geschichte führt in die Katastrophe, die Erinnerung an sie aber bedeutet Erlösung – das ist auch die Perspektive, welche die „Geschichtspsalmen" durchzieht, wie wir nun kurz auslegen wollen.

Psalm 114

? *Hallelu-Jah!*

1a *Als auszog Israel aus Ägypten,*
1b *das Haus Jakobs aus wirr redendem Volk,*
2a *da wurde Juda zu seinem Heiligtum,*
2b *Israel sein Königreich.*

3a *Das Meer, es sah und floh,*
3b *der Jordan kehrte sich rückwärts,*
4a *die Berge hüpften wie Widder,*
4b *die Hügel wie junge Lämmer.*

5a *Was geschieht dir, Meer, daß du fliehst,*
5b *dir, Jordan, daß du dich rückwärts kehrst,*
6a *ihr Berge, daß ihr hüpft wie Widder,*
6b *ihr Hügel wie junge Lämmer?*

7a *Vor dem Angesicht (deines) Herrschers erbebe, du Erde,*
7b *vor dem Angesicht des Gottes Jakobs,*
8a *der wandelt Fels in Wasserteich,*
8b *Felsplatte in Wasserquelle!*

Einführung

Im Psalmenbuch gehört der Psalm zum sogenannten großen Hallel der Hymnensammlung Ps 113–118, die durch das ihnen jeweils vorangestellte „Hallelu-Jah" als kleine Sammlung ausgewiesen sind. Diese Sammlung wurde in spätalttestamentlicher Zeit bei der häuslichen Feier des Pesachmahles gesungen. Wenn es bei Mk 14,26; Mt 26,30 heißt: „und nachdem sie den Lobgesang gesungen hatten, gingen sie hinaus zum Ölberg", ist damit wahrscheinlich auf das Singen eben dieses Hallel, also der Psalmen 113–118, angespielt; dieses Hallel wird auch heute noch in der jüdischen Pesachnacht gesungen.

In den griechisch-lateinischen Psalmenübersetzungen wird Ps 114 mit dem folgenden Ps 115 als ein einziger Psalm verstanden. Das dürfte kaum ursprünglich so gewesen sein. Zwar gibt es zwischen beiden Psalmen durchaus einen theologischen Zusammenhang, insofern der in Ps 114 besungene Exodus Israels aus Ägypten zugleich den in Ps 115 entfalteten Weg Israels zur JHWH-Alleinverehrung und Israels Abkehr von den Götzen der Völker bedeutete. Beiden Psalmen ist auch die Grundthese gemeinsam, daß der Exodusgott zugleich der Schöpfer von Himmel und Erde ist. Wahrscheinlich ist durch die redaktionelle Nebeneinanderstellung von Ps 114 und Ps 115 auch ein Bezug zwischen Ps 114, 1 b und Ps 115, 2 intendiert: Die Frage der Völker von Ps 115, 2 „Wo ist denn ihr Gott?" wäre so Konkretion und Explikation der allgemeineren und schwer verständlichen Formulierung von Ps 114, 1 b, wonach Ägypten ein „wirr redendes Volk" gewesen sei. Auch die Betonung „der Erde" als des von JHWH den Menschen übergebenen Lebensraums (Ps 115, 15 f) schließt sich sprachlich an Ps 114, 8 an. Dennoch sind beide Psalmen sowohl formal als auch in ihrer Aussageabsicht derart eigenständige und in sich abgerundete Größen, daß sie nicht als ein ursprünglich zusammengehöriger Psalm verstanden werden können. Für Ps 114 zeigt dies die folgende Beschreibung der Form.

Das Corpus des Psalms läßt sich in vier Abschnitte bzw. Strophen gliedern:

1) V. 1–2 ist ein einziges Satzgefüge mit dem viermal gleichen Subjekt Israel (bzw. Synonyma). Der Abschnitt ist gebildet mit dem Erzähltempus der Vergangenheit.

2) V. 3–4 setzt sich durch vier neue Subjekte ab; die

parataktisch nebeneinander stehenden Verbalsätze gebrauchen ebenfalls Vergangenheitstempus. Strophe 1 + 2 haben demnach gleiche Erzählperspektive.

3) V. 5–6 ist durch die Fragepartikel deutlich abgehoben; die Frage bezieht sich auf ein Geschehen der Gegenwart; sie ist nicht mehr im Erzählstil, sondern in direkter Anrede gestaltet.

4) V. 7–8 ist ebenfalls direkte Anrede; diesmal aber im Imperativ und mit dem neuen Adressaten „Erde".

Die vier Strophen sind chiastisch angeordnet: Die beiden inneren beziehen sich semantisch sehr eng aufeinander. Die beiden äußeren sind durch die Stichworte „Haus Jakobs" und „Gott Jakobs" aufeinanderbezogen.

Die erste Strophe besingt das grundlegende Heilsereignis der Geschichte Israels. Sie nennt Anfang und Ziel des Exodus. Der Exodus war ein Geschehen, das Israel aufs engste mit IHM (der Gottesname wird nicht genannt; erst in V. 7 wird ausdrücklich gesagt, wer mit dem Personalpronomen gemeint ist) in Verbindung gebracht hat. Die zweite Strophe blickt auf den langen Weg des Exodus und kennzeichnet ihn durch mythische Bilder als Offenbarung des Schöpfergottes. Die dritte Strophe wandelt die zweite Strophe in eine staunende Frage um, die das Besondere, Unerwartete und Neuartige dieses Geschehens bewußt machen soll, das darin besteht, daß es in der Gegenwart weiterwirkt. Die vierte Strophe wendet sich mit einer Aufforderung an die ganze Erde. Sie greift einerseits motivlich auf die beiden vorangehenden Strophen zurück, weitet andererseits aber den Horizont eschatologisch aus, vor allem durch das Partizip in V. 8 („der wandelnd ist ...").

Der besondere poetische (und theologische) Reiz des Psalms liegt in der Dynamik, die sich von der ersten zur vierten Strophe hin steigert. Der Psalm beginnt damit, daß er das beobachtbare Ereignis des Exodus vergegenwärtigt. Die erste Strophe zeigt das ausziehende Israel. Von Israel ist dann explizit nicht mehr die Rede. Vor allem nicht mehr in der vierten Strophe, in der das Bild des Gottes Israels übermächtig nahegebracht wird. Die vierte Strophe zeichnet gewissermaßen die Tiefendimension und das Weiterwirken des in der ersten Strophe besungenen Exodus. Das ist die Bewegung des Psalms: Er lenkt den Blick auf das erlöste Israel, um damit der ganzen Erde die belebende, neuschaffende Wirkmächtigkeit des Gottes Israels sichtbar und bewußt zu machen. Daß der Exodus Israels ein Geschehen ist, in dem und durch das JHWH an der Erde insgesamt gehandelt hat, wird sukzessiv in den beiden Mittelstrophen, kunstvoll andeutend, entfaltet. Die zweite Strophe beschreibt nur Phänomene. So wird nur gesagt: „Das Meer, es sah ..." Von der vierten Strophe her ist dann klar, daß das Meer den Schöpfer- und Erlösergott selbst am Wirken sah. Das wird in der Frage der dritten Strophe schon deutlicher. Diese Frage, die als solche keine ausdrückliche Antwort erhält, läßt in ihrer Formulierung anklingen, daß Meer, Jordan, Berg und Hügel durch den Exodus Israels definitiv verändert wurden. Inwiefern dies so ist, klärt dann die abschließende vierte Strophe, jedoch so, daß diese Betroffenheit als eine bleibende Reaktion gefordert wird.

Der Text wird zwar meist als Hymnus bezeichnet, doch fehlen – abgesehen vom Imperativ Hallelu-Jah – alle den Hymnus kennzeichnenden Elemente.

Er läßt sich keinem üblichen Strukturschema unterordnen. Am ehesten könnte man ihn noch als JHWH-Königs-Lied bezeichnen:

V. 1–4: JHWHs Antritt der Königsherrschaft
V. 5–8: Weiterwirken seines Königtums.

Als „lyrischer" Sprecher des Psalms ist die Gemeinde zu denken, die sich der Wirkmächtigkeit des Exodus vergewissert. Dem Psalm liegt unausgesprochen die Position des kultischen „Heute" zugrunde, in dem sich die Erinnerung der Geschichte als befreiendes Gedächtnis erweist.

Sprache und Vorstellungswelt des Psalms weisen in die nachexilische Zeit: 1) Der Psalm greift Vorstellungen und theologische Leitideen aus Jes 40–55 auf. 2) Die in V. 3 vollzogene Parallelisierung von Meerwunder und Jordandurchquerung ist erst in nachexilischer Theologie vollzogen (Jos 3–4). 3) Die Vorstellung vom Exodus als Erweis der Königsherrschaft JHWHs liegt auf der Linie der späten Texte Ex 15,1–18 und Ex 19,6.4) V. 8 inspiriert sich an Dtn 8,15; 32,13.

Auslegung

Die *erste Strophe* (V. 1–2) setzt mit der vergegenwärtigenden Erinnerung des Exodus ein. Er wird mit dem vor allem in der priesterlichen Theologie zum Fachterminus gewordenen Verbum „hinausgehen, ausziehen" (vgl. P^G: Ex 12,41; 16,1; 19,1; dtr: Ex 13,8) in vierfacher Weise gekennzeichnet. Zum einen wird der Exodus damit als ein Verlassen Ägyptens herausgestellt: Israel löst sich aus der bisherigen Lebenswelt, läßt diese hinter sich, macht seiner Ägyptenexistenz ein Ende. Mindestens ebenso bedeutsam ist aber die zweite Konnotation (Nuance) des Verbums, die das Hinausgehen als „entkommen aus Not und Gefahr", als „frei werden" qualifiziert (vgl. Ri 16,20; 1 Sam 14,41; 2 Kön 13,5; Ez 15,7 sowie besonders Ex 21,2–11; Lev 28,28ff; 27,21; Jes 49,9). Sodann schwingt in dem Verbum als dritte Komponente die Idee des Aufbrechens, der Initiative zu einem Unternehmen, zu einem Vorhaben, zu einem Abenteuer (Ri 2,15; 2 Kön 18,7 u.ö.) mit. Der Exodus ist so der Aufbruch zu etwas

Neuem, das erst noch geschehen wird. Noch eine vierte Konnotation ist, nicht zuletzt mit Blick auf die zweite und dritte Strophe des Psalms, hervorzuheben: das Verbum bezeichnet häufiger das Ausziehen zu Kampf und Krieg (vgl. Ex 12,41; Num 1,3.20ff; Dtn 20,1; 23,1). Alle vier Dimensionen (Abkehr, Freiwerden, Aufbruch, Kampf), die in den Erzählungen des Exodusbuches im einzelnen breit entfaltet werden, sind pointiert im hebräischen Wortlaut des Psalms durch die Anfangsstellung des Verbs (im Hebräischen steht Infinitiv: „Durch das Ausziehen Israels ...") hervorgehoben. Der Psalm will demnach besingen, was sich ereignete (V. 2–6), als Israel den (ersten) Exodus seiner Geschichte wagte, und was immer noch wirksam ist (V. 7–8).

V. 1b erläutert zunächst noch, wovon Israel sich durch den Exodus befreite: „es zog aus wirr redendem Volk aus". Das hier verwendete Verbum ist Hapaxlegomenon und deshalb nicht mit Eindeutigkeit zu fassen. Die Formulierung dürfte aber von jenen Texten her zu verstehen sein, in denen die Begegnung mit einem Volk, dessen Sprache man nicht versteht und mit dem man sich also nicht authentisch verständigen kann, als Unheilsituation und als Gericht JHWHs gedeutet wird. Und umgekehrt zeichnet Jes 33,19 die Rettung Jerusalems als Befreiung von dem Volk, dessen Sprache es nicht versteht. „Das trotzige Volk wirst du nicht mehr erblicken, das Volk, dessen Rede dunkel und unverständlich, die Sprache stammelnd, nicht verstehbar." Analog lautet das Gerichtswort Jes 5,15: „Seht, ich lasse über euch herfallen, Haus Israel, ein Volk aus der Ferne – Spruch JHWHs. Ein unüberwindliches Volk ist es, ein uraltes Volk, ein Volk, dessen Sprache du nicht kennst und dessen Rede du nicht verstehst ..." (vgl. ähnlich Dtn 28,49). Die Fremdsprachigkeit ist hier Symptom von Fremdartigkeit, Feindseligkeit und Lebensbedrohung überhaupt. So also hat Israel das übermächtige Ägypten nach unserem Psalm empfunden: als ein Volk, mit dem es keine Kommunikation gab, als eine Zivilisation, die es nicht verstand – und vor allem, als eine Religion, deren Götternamen, Gebete und Lehren ihm unverständlich und wirr vorkamen. „Israel in Ägypten" ist in unserem Psalm demnach zugleich Metapher für Heimat- und Hilflosigkeit, Isolation und Pariaexistenz, kulturelle und religiöse Destabilisierung. Aus dieser Situation bricht Israel aus – und dieser Ausbruch ist der Aufbruch in eine neue, Israels eigentliche Existenz.

Weil und seit Israel aus Ägypten ausgezogen ist, geschah das unerwartete Widerfahrnis, das Israels „ägyptische" Beziehungslosigkeit beendet und ihm eine wundervolle Beziehung gestiftet hat: „es *wurde* zu SEINEM Heiligtum und es *wurde* SEIN Königreich" (V. 2). Das ist eine Aussage nicht nur über Israel, sondern noch mehr über den Gott Israels. Auf dem Weg des Exodus ereignete es sich, daß Israels Existenz kultisch und politisch verwandelt wurde. Israel hat sich diese neue Existenz nicht selbst geschaffen. Aber es hat durch den Exodus die Voraussetzungen und die Bedingungen dafür erbracht. Es wurde zu JHWHs Heiligtum, zum lebendigen Ort seiner Gegenwart. Während die Götter der Völker Bilder, Statuen und Tempel als Offenbarungsmedien haben, offenbart sich der Gott Israels im Exodus seines Volkes. Das befreite Israel ist der lebendige Tempel JHWHs: wenn und wo es sich in Freiheit versammelt, um JHWH als seinen Befreier zu preisen und ihm zu danken, wo es Feste der Freiheit feiert und wo es sich von ihm in Dienst nehmen läßt, um die Freiheit weiterzugeben, da vollzieht es den priesterlichen Dienst, zu dem er es sich erwählt hat.

Israel soll freilich nicht JHWHs Heiligtum für sich selbst sein, sondern für die Völker. In und von seinem

Heiligtum Israel aus fängt JHWH an, die ganze Welt zu verwandeln. Diesen Aspekt konkretisiert der Satz: „Durch den Exodus wurde Israel SEIN Königreich.“ Dieser Satz betont die politische Dimension des Exodus. JHWH hat am Sinai Israel unter sein Königsgesetz gestellt, damit es als die ideale Gesellschaft mit den Grundwerten Leben, Freiheit und Brüderlichkeit lebt. An Israel soll sichtbar werden, daß die Bejahung der Gottesherrschaft die Voraussetzung und die Ermöglichung von humaner und sozialer Gesellschaft ist. Daß JHWH Israels König sein will, bedeutet gewiß, daß JHWH Israel unter seine Fürsorge und seinen Schutz stellt. An Israel als seinem Königsvolk will er zeigen, daß er das Heil schon jetzt in dieser Welt und in dieser Geschichte zu wirken beginnt. Es bedeutet aber noch mehr, daß er sein eigenes Königsein an dieses Volk gebunden hat. Das unterscheidet sein Königtum vom Königtum der Götter der Völker: während deren Götterkönige eben jeweils als Herrscher über ein Götterpantheon regieren, erweist JHWH seine königliche Vollmacht in seiner fürsorgenden Herrschaft über Israel. An Israel sollte sichtbar werden, *daß* und *wie* JHWH König ist.

Als Subjekte des Exodus nennt diese Strophe Israel, Haus Jakobs und Juda (V. 1–2). Diese unterschiedlichen Bezeichnungen sind in den Überlieferungen einerseits mit unterschiedlichen Größen verbunden. „Haus Jakobs“ ist unstrittig auf die Gesamtgröße des JHWH-Volks als aus unterschiedlichen Stämmen bestehende Einheit zu beziehen. „Juda“ und „Israel“ kann einerseits die beiden getrennten Reiche anzielen; dafür könnte besonders die Verbindung von „Juda“ mit der Prärogative „Heiligtum“ sprechen, vor allem wenn – was ich freilich nicht für wahrscheinlich halte – damit das Zentralheiligtum von Jerusalem gemeint wäre. „Juda“ kann andererseits aber auch, vor allem in nachexilischer Zeit, ebenso wie „Israel" nicht eine Teilgröße, sondern die Gesamtgröße „Israel" anzielen. Die Begriffe verlieren, wie der verwandte Text Ex 19,3–5 zeigt, ihre Schärfe und werden austauschbar. Positiv gewendet bedeutet dies: Der Psalm hebt hervor, daß beim Exodus die spätere Trennung noch nicht gegeben war. Nicht (zwei) miteinander rivalisierende Reiche oder Kirchen können JHWHs Heiligtum und Königreich sein. Der Exodus zielte auf EIN Israel (gewiß in sozialer Vielgestaltigkeit!). Das hebt die erste Strophe stilistisch dadurch hervor, daß das zweimal gesetzte Nomen „Israel" eine Rahmung bildet.

Die *zweite Strophe* (V. 3–4) beschreibt die Bühne und die Szenerie des in der ersten Strophe besungenen Geschehens. Daß Israel durch seinen Exodus aus Ägypten zum heiligen Königsvolk JHWHs wurde, war ein Geschehen, das sich in der politischen Geschichte ereignete und die Strukturen dieser Geschichte veränderte. Durch die verwendeten Formulierungen, durch die damit verbundenen Assoziationen mit anderen Traditionen sowie durch die eingesetzten Vergleiche deutet die zweite Strophe *drei Dimensionen* an, in denen der Exodus Israels die Geschichte verändert und bestimmt hat.

Die *erste Dimension* des Geschehens betrifft den Exodus als historisches Ursprungsereignis Israels, also jene Ereigniskette, die in den Büchern Exodus bis Josua erzählt wird: Auszug aus Ägypten, Wüstenwanderung und Landnahme.

Auf den Auszug und die Landnahme spielt zunächst V. 3 an; er nennt „das Meer" und „den Jordan" als die zwei entscheidenden politischen und geographischen Hindernisse, die sich Israels Befreiung in den Weg stellten. „Das Meer" war die Grenze Ägyptens, die Israel überwinden mußte, um Ägypten zu entkommen. Die vielschichtigen Erzählungen vom Meerwunder (vgl. Ex 14–15) haben dies gemeinsam: Am Meer endet für das Israel des Exodus die tödliche Macht Ägyptens; für Ägypten, das sich der Befreiung Israels widersetzt, wird „das Meer" zum Ort der Entmachtung und des Untergangs, für Israel aber zum Tor in die Freiheit. Die zweite Grenze, die sich Israel nach dem kanonischen Schema seiner Ursprungsgeschichte entgegenstellte, war „der Jordan", wieder also eine „Wassergrenze". Aber auch diese „Grenze" öffnete sich für das Exodus-Israel auf wunderbare Weise, wie eine späte Ausgestaltung von Jos 3–4 betont: „JHWH euer Gott hat das Wasser des Jordan vor euren Augen austrocknen lassen, bis ihr hindurchgezogen wart, genauso wie es JHWH euer Gott, mit dem Schilfmeer machte, das er vor unseren Augen austrocknen ließ, bis wir hindurchgezogen waren. Daran sollen alle Völker der Erde erkennen, daß die Hand JHWHs stark ist, und ihr sollt allezeit JHWH, euren Gott, fürchten" (Jos 4,23f). Dieser Text führt ausdrücklich die Parallelsetzung von „Meerwunder" und „Jordanwunder" durch, wie dies auch unser Psalm tut. Die Formulierungen unseres Psalms inspirieren sich allerdings nicht an Ex 14–15 und Jos 3–4, auch wenn der Sache nach beide Wasserhindernisse für das Exodus-Israel dadurch verschwinden, daß Meer und Jordan Israel einen gangbaren, eben trockenen Weg frei geben. Das geschieht dadurch, daß das Meer „flieht", d.h. eilig und angstvoll zurückweicht, und daß der Jordan seinen Lauf rückwärts wendet, also in Gegenrichtung, quellaufwärts fließt und so sein trockenes Flußbett freigibt.

Den Weg der Wüstenwanderung zwischen „Meer" und „Jordan" nimmt V. 4 in den Blick. Nach der kanonischen Pentateuchüberlieferung führte dieser Weg durch die Bergwelt der südlichen Sinaihalbinsel, vor allem zum Sinaiberg als dem Berg der JHWH-Theophanie, und durch die Gebirgslandschaft östlich der Araba und des Toten Meers bis an den Jordan gegenüber von Jericho.

Von diesen Bergen wird nun in V. 4 gesagt, daß sie hüpften und sprangen. Das wird von nicht wenigen Exegeten als Anspielung auf die Gotteserscheinung am bzw. auf dem Berg Sinai gedeutet. In dieser Engführung scheint mir dieses Verständnis nicht möglich zu sein. Denn in Ex 19 ist nicht von einem Beben des Berges, sondern nur von einem Beben des Volkes die Rede; das ist m. E. die ursprüngliche Leseart in Ex 19, 18: „das ganze Volk zitterte gewaltig". Andererseits gehört das Beben der Berge durchaus zur Tradition vom Offenbarwerden des Sinaigottes, wie Ps 68, 8 f; Ri 5, 4 f belegt. Allerdings sagt diese Tradition, daß überall dort, wo der Sinaigott an der Spitze seines Volkes schreitet, die Berge erzittern und beben:

JHWH, als du auszogst vor deinem Volk,
einherschrittest in der Wüste,
da bebte die Erde, die Himmel troffen,
vor JHWH, dem vom Sinai,
vor JHWH, dem Gott Israels (Ps 68, 8 f).

Von daher darf V. 4 nicht zu eng auf die Sinaitradition von Ex 19–34 bezogen werden, sondern muß als metaphorische Beschreibung des ganzen Weges vom „Meer" bis zum „Jordan" gedeutet werden. Am „Springen" und „Hüpfen" der Berge und Hügel ist also ablesbar, daß Israels Weg in die Freiheit von JHWH selbst geführt und gebahnt wird. Auch wenn der Text selbst es noch nicht ausdrücklich sagt, ist an den sichtbaren Phänomenen deutlich: Wo solches geschieht, was in V. 4 genannt wird, ist JHWH selbst im Kommen, wie dann ja die vierte Strophe zusammenfaßt.

Die genaueren Nuancen der Metapher werden von den einzelnen Exegeten unterschiedlich gesehen. Weniger wahrscheinlich erscheint mir der Vorschlag, das Hüpfen als „Tanzen in feiernder Freude" (A. Deissler) zu präzisieren, weil für diesen Vergleich die jungen Lämmer und Widder weniger geeignet sind. Daß die Berge und Hügel wie Widder und Lämmer hüpfen, wird deshalb meist als angstvolles Springen angesichts des sich im Exodus Israels offenbarenden Gottes verstanden; es drücke gewissermaßen den irritierenden Aspekt des Gegenwärtigwerdens der Gottheit aus. Für diese Deutung spricht der Vers 3, wo die „Flucht" des Meeres ebenfalls durch das Erschrecken vor der Macht JHWHs ausgelöst sei. Ebenso ist auf Ps 29,6 zu verweisen, wo mit dem gleichen Verbum und beinahe der gleichen Tiermetapher die Reaktion der Gebirgsmassive des Libanon und des Sirjon auf die Erscheinung des Gewittergottes JHWH (Baal) beschrieben wird:

Er läßt den Libanon hüpfen wie ein Kalb,
und den Sirjon wie einen jungen Wildstier.

Möglicherweise ist Ps 29, 6 zwar in seinem jetzigen Kontext sekundär, aber der Vers fügt sich insgesamt dem Kontext Ps 29,3–9a ein, der die Bewegung eines vom Mittelmeer her über das Libanongebiet aufziehenden Gewitters als mythische Metapher für die Erscheinung JHWHs (Baals) als des königlichen Bringers von Leben für sein Volk (Ps 29,12–13) verwendet. Während in Ps 29,6 das angstvolle Hüpfen von Kalb und jungem Wildstier den vom Meer herkommenden Gewittergott anzeigt, verwendet unser Psalm die Metapher vom Hüpfen der Widder und der jungen Lämmer. Die Wahl der anderen Tiere mag einerseits mit der anderen Region zusammenhängen, die unser Psalm im Blick hat. Andererseits dürfte aber zugleich eine gegenüber Ps 29 andere Nuance des Bildes anvisiert sein. Das Hüpfen dieser jungen Tiere dürfte hier eher meinen: Die Berge springen auf die Seite wie junge Lämmer und Widder, wenn man auf sie zugeht. Wie Meer und Jordan eiligst ihre Wasser zurückziehen, um JHWH und seinem Volk den Weg freizugeben, so springen die Berge und Hügel wie junge Lämmer weg, um ebenen, bequemen und geraden Weg zu ermöglichen. Diese Deutung legt sich auch nahe, wenn wir nun die zweite Dimension des Geschehens betrachten, auf die der Text durch seinen Wortlaut anspielt.

Die *zweite Dimension* ist der Verweischarakter auf den zweiten großen Exodus Israels als Ende der mit dem Zusammenbruch des Staates Juda 587 v. Chr. ausgelösten Katastrophe der Deportation nach Babylon. Daß die Deportierten wieder in das Land der Väter zurückkehren würden, um dort ihren Auftrag als JHWHs Offenbarungsvolk weiter erfüllen zu können – wenn auch unter veränderten äußeren und inneren Bedingungen – das war ja die große Heilsvision, die die sogen. deuterojesajanische Theologie Jes 40–55 in der Zeit des Exils verkündete. Der Exodus des Ursprungs Israels gilt nun als jene große Heilstat, die er um seiner eigenen Identität willen und aus Treue zu seinem abermals versklavten Volk nun erneut wirken müsse. Im ersten Exodus aus Ägypten hat JHWH sozusagen auch diesen zweiten Exodus aus Babylon als Realität für Israel mitgesetzt. Der neue Exodus aus Babylon ist die Aktualisierung des ersten Exodus aus Ägypten. In der Sicht von Jes 40–55 hat die Wüste zwischen Babylon und Jerusalem vor allem zwei Hindernisse: Sie ist unwegsam und wasserlos. Schon Jes 40,3–5 entwirft deshalb die Vision von einem Wegebau, der vor allem die Berge und Hügel einebnet und die Täler anhebt, damit eine ebene, bequeme Straße entsteht (vgl. ähnlich Jes 42,16b; 49,11).

Unser Psalm greift diese Vorstellung auf, gibt ihr aber seine eigene Prägung. Hier braucht JHWH gar nicht eigens einzugreifen, um Berge und Hügel einzuebnen. Sie springen von selbst auf die Seite, um ihm und seinem Volk den Weg frei, eben und bequem zu machen.

Mit der Verschmelzung von erstem und zweitem Exodus stößt unser Psalm aber noch zu einer *dritten Dimension* des Geschehens vor, die für die Aussageabsicht des Psalms sogar die entscheidende Dimension ist. An der Wirklichkeit des ersten und zweiten Exodus wurde nämlich offenbar, daß JHWH als der König Israels der Herr aller Mächte und Gewalten ist, dem sich letztlich keine Macht widersetzen kann, wenn es um die Vollendung der von JHWH mit und durch Israel begonnenen Befreiungsgeschichte geht. Im ersten und zweiten Exodus hat sich nämlich JHWHs mythische Mächtigkeit erwiesen, d.h. eine Mächtigkeit, die das mythische Chaos und dessen historisch-politische Repräsentanten bändigt und letztendlich entmachtet. Der Sieg JHWHs über den Pharao ist nicht eine einmalige, sondern eine das Wesen JHWHs immerfort bestimmende Qualität. Auf diese mythische Dimension des Exodus, die JHWH demnach auch in Zukunft und vor allem in der eschatologischen Zeit offenbaren kann, spielt der Psalm V. 3 an, wenn „das Meer flieht" und „der Jordan sich rückwärts hebt". Das ist nicht allgemeine Kriegsterminologie, sondern gezielte Anspielung auf den altorientalischen Mythos vom Chaoskampf, wonach der Schöpfergott seine Schöpfermacht mit der Tötung bzw. Vertreibung des personifiziert gedachten Chaoswassers erweist und damit den Schöpfungsakt eröffnet. Meist ist dabei auch alttestamentlich davon die Rede, daß JHWH den Urwasserdrachen tötet, erschlägt und spaltet, um dann die Erde als Lebensraum zu gestalten und zu schützen. Als Beispiele aus dem Psalmenbuch können Ps 74,12–13 und Ps 89,6–15 (besonders V. 11) dienen; aus dem Buch Ijob ist auf 26,5–14 und 40f (Nilpferd und Krokodil bzw. Behemoth und Leviathan) zu verweisen. Während in diesen Texten von einem Kampf die Rede ist, ist in Ps 104,7 die Vorstellung dahingehend gesteigert, daß JHWH gar nicht Hand anlegen muß, sondern schreit – und die Chaoswasser fliehen bzw. laufen davon. Genau auf diese Ausprägung des Chaoskampfmythos spielt V. 3 an.

Daß der historische Exodus als Aktualisierung der mythischen Macht JHWHs über das Chaos gedeutet wird, impliziert eine Aussage über JHWHs Transzendenz. So sehr JHWH im Exodushandeln gegenwärtig war, so ist in dieses doch nicht die ganze Fülle seines Gottseins eingegangen. Und dies wiederum eröffnet die Möglichkeit, daß sich diese mythische Mächtigkeit JHWHs erneut und neu erweist. Weil es zu JHWHs mystischer Identität gehört, das Chaos zu bändigen, und weil Israels Geschichte beim Exodus mit der Offenbarung begann, daß JHWH diese seine lebensstiftende Identität gerade an Israel erweist, darf das nachexilische Israel, das diesen Psalm singt, voll Zuversicht darauf setzen, daß JHWH erneut kommen wird, um seine Israel rettende Mächtigkeit zu erweisen.

Das ist die eigentliche Sinnspitze der Mythisierung in Ps 114: Die Deutung des Exodus als Offenbarung der mythischen Mächtigkeit JHWHs für Israel will bewußt machen, daß dieses Ursprungsereignis Israels auch in der Gegenwart und in der Zukunft wirksam ist, ja daß dieses Kommen JHWHs seinem Volk Dimensionen aufschloß, die alles bis dato Dagewesene überbieten und vollenden können. Dieses neue Kommen JHWHs ist eben als „*Jahwes* Zukunft ... nicht auf die Mediokrität des Immer-schon-da-Gewesenen festgeschrieben; vielmehr bricht sie den ontischen Bestand des bekannten Daseins eschatologisch auf" (H. P. Müller). Genau diese Dimensionen des Exodus werden in den beiden folgenden Strophen des Psalms weiter entfaltet.

Die *dritte Strophe* (V. 5–6) führt die mythische Dimension in zweifacher Weise weiter. Einerseits werden Meer und Jordan, Berge und Hügel nun als personifizierte Mächte in direkter Rede angesprochen. Und andererseits ist die Frage im Tempus der Gleichzeitigkeit formuliert. Der Fragende stellt seine Frage sozusagen als unmittelbarer Zeuge des Geschehens: „Was geschieht denn da gerade mit dir, daß du fliehst ...?" Diese Frage, die nicht ironisch gemeint ist, sondern die Außergewöhnlichkeit des beobachteten Geschehens unterstreicht, ist m. E. nun nicht so zu verstehen, daß der Fragende sich vorstellungsmäßig in die Urzeit bzw. in die Zeit des Exodus zurückversetzt. Die Frage blickt vielmehr auf ein dem Fragenden gegenwärtiges Geschehen. Daß Meer und Jordan fliehen und Berge sich wegheben, vollzieht sich für die im Psalm angesprochenen Beter (vgl. die eröffnende Hallelujah-Aufforderung) vor ihren Augen. Das in den beiden ersten Strophen besungene Exodusgeschehen wirkt in der Gegenwart weiter. Und es ist diese gegenwärtige Erfahrung, die nach Grund, Ziel und Sinn des Geschehens fragen läßt.

Die Antwort gibt die *vierte Strophe* (V. 7–8) mit einer Aufforderung, in der die Erde insgesamt im Imperativ der direkten Rede angesprochen wird, wobei die in V. 8 zur Näherbestimmung Gottes verwendeten partizipialen Appositionen zugleich die Zukunftsdimension offen halten. Beide Teile des Parallelismus in V. 7 werden betont mit der Präpositionalangabe „vor dem Angesicht ..." eingeleitet, womit das Erscheinen, das Kommen, das Handeln „des Herrn der Erde", der zugleich „der Gott Jakobs" ist, gemeint ist (vgl. besonders Ps 68,3.9; 96,13; 97,5; 98,9). Das in der dritten Strophe beobachtete Geschehen zeigt das viel umfassendere Geschehen der Theophanie an. Das Beben der Natur, insbesondere das Erschrecken der Wasser und der Berge, ist gemeinorientalisches Bildrepertoire, wenn das Kommen von Göttern, insbesondere in kriegerischem Kontext, aber auch im Zusammenhang eines Gewitters erzählt oder dargestellt wird. Diese Bildwelt wird dann entsprechend auch auf kriegerische Interventionen der Könige übertragen.

Diese gemeinorientalische Überlieferung ist auch alttestamentlich breit und vielfältig belegt, um JHWHs machtvolles Kommen und Wirken zu schildern. Sowohl die Vorstellung als ganze, daß JHWHs Theophanie die Natur erschüttert, insbesondere das Meer und die Berge, als auch Einzelzüge und Einzelbilder begegnen vor allem in der prophetischen Literatur und in den Psalmen, um JHWHs Königsherrschaft und insbesondere die eschatologische und universale Durchsetzung dieser Königsherrschaft zu verkünden. Plastische Beispiele solcher alttestamentlicher Theophanieschilderung sind u. a. Nah 1,2–8, ein Hymnus über die Macht JHWHs, die sich im Gericht über Ninive so erweist, daß darin das eschatologische Endgericht transparent wird, die Psalmenabschnitte Ps 29,3–9; 77,17–19; 97,2–5, die JHWHs Offenbarwerden als König von Kosmos und Geschichte besingen, und die prophetisch-apokalyptischen Visionen Jes 24,18b–23; Ez 38,17–23, in denen die eschatologische Vollendung der Geschichte durch JHWHs kriegerisch-strafendes Gericht angekündigt wird. Dieser Bild- und Vorstellungszusammenhang muß mitgehört werden, wenn unser Psalm in V. 7 die Erde auffordert zu erbeben. Es ist die Aufforderung, sich bereit zu machen für die eschatologische Theophanie, in der sich der „Herrscher der Erde" (vgl. dazu Ps 97,5; Sach 4,14) als der „Gott Jakobs" offenbaren wird: freilich nun gerade nicht, wie V. 8 entfaltet, in einer Kriegs- oder Gerichtstheophanie, sondern als der gute, fürsorgliche König der ganzen Erde.

Das eschatologische Handeln des Gottes Jakobs, vor dem die Erde „erbeben soll", wird in V. 8 mit einer partizipialen Apposition umschrieben. Sachlich inspiriert sich die Näherbestimmung an der Überlieferung vom ersten Exodus, spielt zugleich auf die Bilder des zweiten Exodus an und formuliert dann so, daß die erzählte und die erhoffte Gottesgabe des ersten und des zweiten Exodus nochmals überboten wird. Aus den verschiedenen Erweisen des sein Volk in der Wüste rettenden JHWH wählt der Psalm die wunderbare Gabe des Wassers aus dem Felsen aus (vgl. Ex 17,1–7; Num 20,1–13; Dtn 8,15). Dies liegt einerseits voll im Horizont der Bildwelt von V. 3–6, wo ja die Macht JHWHs an der Reaktion der Wasser des Schilfmeers und des Jordan sowie der Berge und Hügel geschildert wird. Andererseits ist die Wassergabe vor allem in der deuterojesajanischen Vision des zweiten Exodus so gesteigert, daß sie dort geradezu zur Metapher für die Verwandlung der Wüste als eines Ortes des Todes in einen Ort üppigen Lebens wird.

Genau dies ist die Botschaft von V. 8 unseres Psalms: Wenn und wo JHWH seine eschatologische Königsherrschaft erweist, offenbart er sich als Geber von Wasser in der Wüste. Die Wassergabe von damals ist Modell und Metapher. „Aus Felsgestein Wasser hervorspringen zu lassen ist ein Thatbeweis der unbeschränkten Allmacht und der den Tod in Leben umschaffenden Gnade. Möge denn die Erde vor dem Herrn, dem Gotte Jakobs zittern. Vor ihm hat sie gezittert und vor ihm möge sie zittern. Denn der er gewesen, ist er noch immer, und wie er vormals gekommen, kommt er wieder“ (P. Delitzsch).

Blicken wir von V. 8 auf die kanonischen Exoduserzählungen, ist eine wichtige theologische Differenz hervorzuheben. Nicht mehr die Vernichtung des Pharao wird herausgestellt, sondern die wunderbare Wassergabe. Nicht mehr das Gericht, sondern die Güte des Exodusgottes wird als Leitthema über die Geschichte gestellt. Unser Psalm setzt nicht auf die Vision des im Chaoswasser umkommenden Pharao, sondern darauf, daß JHWH sich als Geber von Leben (in der Metapher des Wassers) für die ganze Erde erweist. Er setzt darauf, daß die Dynamik des ersten Exodus sich friedlich Bahn bricht in einer Metamorphose der Erde: vermittelt durch sein königliches Volk als der idealen Kontrastgesellschaft einer neuen, der eschatologischen Zeit.

Psalm 126

1a *Ein Wallfahrtslied*

1b *Wenn JHWH den Zion wiederherstellt*
1c *– wir sind wie Träumende –,*
2a *dann füllt sich unser Mund mit Lachen*
2b *und unsere Zunge mit Jubel,*
2c *dann sagt man unter den Völkern:*
2d *„Groß erweist sich JHWH, so an ihnen zu tun!"*
3a *Groß erweist sich JHWH, so an uns zu tun:*
3b *Wir sind voll der Freude!*

4a *Stelle du, JHWH, uns wieder her,*
4b *so wie die Wadis im Negev!*
5a *Die (jetzt) säen in Tränen,*
5b *in Jubel werden sie ernten.*
6a *Der da hingeht und weint*
6b *(und) dabei die Keimlinge trägt,*
6c *der kommt wieder in Jubel*
6d *(und) trägt dabei seine Garben.*

Einführung

Die Überschrift kennzeichnet den Psalm als „Wallfahrtslied" (so wohl richtiger als andere in der Exegese vertretene Deutungen: „Stufenweglied", „Lied der Erhebung",

„Heimkehrlied“, nämlich der Rückkehrer aus dem Exil). Als solches gehört es im vorliegenden Psalmenbuch zu der kleinen Teilsammlung Ps 120–134, die vermutlich im 4. Jahrhundert v. Chr. von der Jerusalemer Priesterschaft als „Wallfahrtsbüchlein“ für die Zionspilger(gruppen) zusammengestellt wurde. Die „Lieder“ sind in ihrem Grundbestand älter und wurden bei ihrer Aufnahme in den „Zionswallfahrtspsalter“ überarbeitet. Zwei dieser „Wallfahrtslieder“, nämlich Ps 132 und 134, dürften dagegen erst für dieses Büchlein verfaßt worden sein, das umfangmäßig auf eine kleine Papyrusrolle paßte (die 15 Psalmen sind insgesamt nur dreimal so lang wie z. B. Ps 22!) und deshalb auch „finanziell“ erschwinglich war. In ihrer „Urfassung“ spiegeln diese Psalmen besonders eindrucksvoll die Lebenswelt der einfachen Leute wider, insbesondere die der Kleinbauern und Handwerker vom Lande. Die Bilder dieser Psalmen sind prägnant und erfahrungsintensiv, insbesondere jene, die der bäuerlichen Welt entstammen. Da wird menschliches Leiden mit einem Feld verglichen, das durch Pflügen umgebrochen und zerfurcht wird (Ps 129,3). Da wird der Segen des Gottesfürchtigen, der in seinen Kindern und Kindeskindern weiterleben und weiterwirken wird, mit dem plastischen Bild des alternden Ölbaums gezeichnet, dessen Stamm man abhaut, so daß aus ihm und um ihn herum nun junge Wurzelschößlinge herauswachsen (Ps 128,3). Der harte Alltag dieser Leute, der sozialgeschichtlich durch die Abhängigkeit von der Verwaltung (Steuern an die persische bzw. ptolemäische Zentralregierung!), von Großgrundbesitzern und von Kapitalverleihern bedingt ist, kontrastiert mit ihrer Sehnsucht nach Geborgenheit und Schutz durch JHWH, den „Gott der kleinen Leute“. Auch ihre Hoffnungen auf Glück drücken diese „Psalmdichter“ mit Bildern aus, die ihrer Lebenswelt entstammen. Es sind vor allem Bilder einer reichen Ernte oder Bilder der Befreiung aus tödlicher Gefahr (z.B. Ps 124,7: das Netz des Vogelfängers zerreißt und der gefangene Vogel entkommt; Ps 130,6: Anbruch des Morgens, der die Nacht als Zeit der Räuber und Mörder beendet; diese Erfahrung der Gefährlichkeit der Nacht ist besonders in Dörfern oder Kleinstädten ohne Stadtmauern, deren Tore abends geschlossen werden können, gegeben). Auch unser Psalm lebt von der Erfahrung des bäuerlichen Lebens, wie die Auslegung erläutern wird.

Als diese „Alltagslieder" zu einem „Zionspsalter" zusammengestellt wurden, wurden sie im Geiste einer Zionstheologie überarbeitet, die – abweichend von der Zionstheologie der Korachiten (vgl. unsere Auslegung von Psalm 47), die den Zion als machtvollen Mittelpunkt des Kosmos feierte – stark von der theologischen Vorstellung des von Zion ausgehenden Segens für Israel bestimmt war. Eine Zusammenfassung dieser Segenstheologie bietet Ps 134, der Schlußpsalm des „Pilgerbüchleins", der die Wallfahrer in ihren gesellschaftlichen und familiären Alltag mit dem Wunsch „aussendet": „Es segne dich JHWH vom Zion her, er, der Himmel und Erde gemacht hat" (Ps 134,3). Der am Zion als Ort brüderlich-kultischer Gemeinschaft (vgl. unsere Auslegung von Psalm 133) erlangte Segen soll die Wallfahrer begleiten, wenn sie in die pro-fane Welt zurückkehren. Der Segen des Schöpfergottes, der die Welt als „Lebenshaus" geschaffen hat, soll „vom Zion her" seine Fruchtbarkeit gerade „fern von Zion" bewähren und entfalten. Das ist auch die Perspektive unseres Psalms, freilich in besonders pointierter Herausarbeitung.

Unser Psalm sieht den Zion einerseits als einen Ort, der noch nicht bzw. nicht mehr jene Vollgestalt hat, die er von JHWH her und für Israel, ja für die Völkerwelt haben sollte. Deshalb wird die zweite Strophe des Psalms

(V. 4–6) mit einer Bitte eröffnet, die die als notvoll erlittene Gegenwart beenden soll. Andererseits beginnt der Psalm in seiner ersten Strophe (V. 1–3) mit der Gewißheit, daß JHWH den Zion vollendet, ja, diese Strophe schaut bereits die Vollendung in ihrer Auswirkung auf Israel und auf die Völkerwelt. Der Psalm beginnt nicht, wie viele Übersetzungen (auch die „Einheitsübersetzung") meinen, mit einem Blick in die Vergangenheit, sondern mit einem „Zukunftstraum", der der Realität glaubend und hoffend entgegengestellt wird. Und daß dieser „Traum" sich erfüllen wird, ist für den Psalm so gewiß, wie für ihn gewiß ist, daß JHWH JHWH ist, d. h. eben jener Gott, der sich in der Geschichte seines Volkes als Gott des Lebens und der Freiheit, als Gott des Segens und der überreich austeilenden Güte erwiesen hat: zumal am Zion! Die einmal am Zion begonnene Segensgeschichte wird und muß weitergehen – um JHWHs willen, der sich selbst treu bleibt. Das ist die geschichtstheologische Leidenschaft, die unser Psalm den „Zionspilgern" vermitteln will, damals und heute!.

Wie die „Urfassung" unseres Psalms vor seiner Aufnahme in den „Wallfahrtspsalter" aussah, kann hier nicht diskutiert werden. Zwei Möglichkeiten bieten sich an: Entweder war V. 4–6 ein vorgegebenes „Bittlied", das in Zeiten der Not, insbesondere bei Hungersnöten und Mißernten gesungen wurde. Oder (weniger wahrscheinlich) der ursprüngliche Psalm war bereits geschichtstheologisch angelegt, dann könnte ich mir als „Urpsalm" die Versfolge 4.2 (2 d ohne „so an ihnen zu tun").5–6 vorstellen.

Ob unser Psalm in seiner Endgestalt einen bevorzugten Ort bei der Zionswallfahrt hatte, ist schwer zu entscheiden. Die Entscheidung hängt verständlicherweise von der Gesamtdeutung der Wallfahrtsliedersammlung ab. Je nachdem, ob man diese als Liedfolge für die sukzessiven Etappen der Wallfahrt (Aufbruch im Dorf, Stationen unterwegs, Blick auf Jerusalem, Durchschreiten des/der Stadttore(s), Betreten des Tempelbezirks, Teilnahme am großen Gottesdienst mit abschließendem Entlaßsegen) oder ob man sie als lockere „Angebotssammlung“ zur freien Auswahl der Pilger(gruppen) betrachtet, wird auch der „Verwendungsort“ unseres Psalms unterschiedlich gesehen werden müssen.

Auslegung

In seiner *ersten Strophe* (V. 1–3) entwirft der Psalm die Vision einer großen Heilswende für den Zion, die bei den Betern des Psalms eine geradezu überschäumende Festfreude (das Wortfeld „Lachen – Jubel – Freude“ bestimmt die Bewegung dieser Strophe; vgl. auch das zweimalige Vorkommen von „Jubel“ in der zweiten Strophe!) und bei den Völkern ein Bekenntnis zu JHWH als dem Gott, der Großes für SEIN Volk wirkt, auslöst. Das Wortfeld „Jubel“ hat einen dreifachen Haftpunkt in der alttestamentlichen Überlieferung.

1) Mit „Jubel“ wird der Amtsantritt eines neuen Königs gefeiert. Er ist Ausdruck der Huldigung und der Anerkennung seiner Herrschaft. So begegnet das Wortfeld auch, um JHWHs Königsherrschaft zu feiern (vgl. Ps 47,2).

2) Die Zeit der Ernte, in der die Vorräte für das kommende Jahr gesammelt und die neuen Früchte, der neue Wein, das frischgeröstete Korn usw. mit besonderen Festen (vgl. analog das Brauchtum in unserem Kulturkreis) eingebracht bzw. genossen werden, gilt als die schönste Zeit des Jahres, als eine wahre „Fest-Zeit“. Der „Ernte-Jubel“ konnte so zur Metapher überschäumender Gemeinschaftsfreude(!) werden, wie Jes 9,1f belegt, wo die Geburt des messianischen Königs (sein Amtsantritt; vgl.

das eben Gesagte), die der Leidensnacht des Volkes ein Ende setzt, so beschrieben wird:

Das Volk, das im Dunkel lebt,
sieht ein helles Licht;
über denen, die im Land der Finsternis wohnen,
strahlt ein Licht auf.
Du (scil. JHWH) erregst lauten Jubel
und schenkst große Freude.
Man freut sich in deiner Nähe,
wie man sich freut bei der Ernte ...

3) Vor allem in Jes 40–55, aber auch im „Trostbüchlein" Jer 30–31 begegnet das Wortfeld „Jubel" immer wieder bei der Ankündigung jener großen Heilswende, die das Ende des Exils, die Erlösung Israels aus der Gefangenschaft, die Sammlung der Verstreuten, die Wiederherstellung des Zion, die Rückkehr JHWHs selbst zum Zion und die staunende Anerkennung dieses Herrschaftserweises JHWHs durch die Völkerwelt bringen wird.

Alle drei Nuancen schwingen in der ersten Strophe des Psalms mit. Was mit der „Wiederherstellung des Zion" konkret gemeint ist, sagt der Text – so scheint es vordergründig – nicht. Aber er sagt es mit seiner Bildsprache und mit der Anspielung auf die Zionstheologie, die den „Zionspsalter" Ps 120–134 ingesamt prägt: Der Zion soll zum Ort werden, von dem her die Fülle des Segens JHWHs auf Israel und die Völkerwelt hin verströmt, weil JHWH den Zion zum Sitz seiner Gottesherrschaft erwählt und in Besitz genommen hat. Das wird zum einen durch die zweimal gebrauchte Wendung „groß erweist sich JHWH" angezeigt. Die Aussage „JHWH ist groß" gehört zu den Formeln der Zionstradition (vgl.z.B. Ps 47,3; 48,2; 96,4; 86,10) und betont JHWHs Einzigartigkeit gegenüber anderen Göttern (vgl. besonders Ps 95,3; 96,4) und seine universale Weltherrschaft, auch über die Völker (vgl.Ps 47; 86,9f; 99,2). Zum anderen aber spricht die Erntemetaphorik, die in der ersten Strophe nur angedeutet, in der zweiten Strophe aber voll entfaltet wird, dem Zion die Bestimmung zu, Quelle des Segens zu werden, so wie dies Ps 132,13–16 zusammenfaßt:

Ja, JHWH hat den Zion erwählt,
ihn als seinen Wohnsitz begehrt:
„Das soll für immer der Ort meiner Ruhe sein,
hier throne ich, weil ich ihn begehrt.
Ich segne, segne ihre Speise,
ich mache seine Armen satt mit Brot,
und seine Priester kleide ich in Heil
und seine Frommen sollen jauchzend jubeln!"

Die Zuversicht, daß der Zion *so* zum Ort und Quell des Segens wird, bestimmt die erste Strophe – freilich „nur" im Traum. Noch sieht die Realität anders aus, noch ist die Fülle nur im Fragment da. Aber sie ist schon *so* da, daß die Zionpilger von ihr her leben. Die „Wiederherstellung", jene eschatologische Vollendung des Zion, die in den vielen Heilsentwürfen der Prophetenbuchredaktionen als Völkerwallfahrt, Völkerhuldigung und Völkerbekehrung am Zion (vgl. exemplarisch: Jes 2,1–5) „geschaut" und erhofft wird, ist vorerst nur für „Träumende" da, wie V. 1c formuliert.

Das ist eine durch und durch altorientalische und alttestamentliche Vorstellung, die wir uns nicht durch falsche Assoziationen („Träume sind Schäume") verstellen dürfen. Der Traum gilt in der alten Welt als Medium der Offenbarung und insofern als eine von den Göttern ermöglichte (Vorweg-)Schau der Zukunft. Das ist im übrigen eine Sicht des Traumes, die uns durch die moderne Psychologie wieder näher gebracht wurde, wonach Träume oft mehr die Realität „schauen", als dies in der

Hektik oder Oberflächlichkeit des Alltags möglich ist. Das breite Spektrum des alttestamentlich bezeugten Umgangs mit „gottgegebenen“ Träumen kann hier nicht aufgefächert werden. Nur einige Hinweise sind möglich. Für Gideon ist der Traum eines Midianiters, der ein midianitisches Zelt zusammenstürzen sieht, unzweifelhafter Beweis dafür, daß die Niederlage der Midianiter bei JHWH fest beschlossene Sache ist, deren Verwirklichung schon im Vollzuge ist (vgl.Ri 7,9–15). Und wenn es in der eschatologischen Prophetie des Joelbuches heißt: „Danach werde ich meinen Geist ausgießen über alle Menschen. Eure Söhne und Töchter werden Propheten sein, eure Alten werden Träume haben, und eure jungen Männer haben Visionen“ (Joel 3,1), dann unterstreicht die Parallelisierung Prophetie, Träume und Visionen nachdrücklich, daß Traum in alttestamentlicher Sprechweise eine gottgeschenkte Vorwegerfahrung der Zukunft ist. Vor allem in der Apokalyptik „lebt“ dieses Medium von Wirklichkeitswahrnehmung. Besonders eindrucksvoll ist schließlich, wie eine Redaktion des Jeremiabuchs durch die gezielt eingesetzte Notiz Jer 31,26 die gesamte Heilsprophetie des „Trostbüchleins“ Jer 30–31 als „gottgegebenen Traum“ kennzeichnet – eben als Traum, der *so* Hoffnung auf die Zukunft gibt, daß er die Gegenwart nicht nur ertragen, sondern verändern hilft.

Um solche Veränderung bittet die *zweite Strophe.* Gewiß ist diese Bitte noch nicht die Veränderung selbst, aber sie ist der Widerstand gegen alle Versuchung, den status quo als unabdingbare, „ewige“ Realität zu akzeptieren. Nur wer Träume hat und sich um ihre Verwirklichung von Gott her einsetzt, wie dies V. 4 tut, bereitet der Gottesherrschaft den Weg. Denn V. 4 bittet nicht um die Wiederherstellung des Zion, sondern um die „Wiederherstellung“ der Ziongemeinde , der Zionpilger:

„Stelle *uns* wieder her!" Das ist nicht nur die Bitte um glückliches Leben in Wohlstand, Freiheit und Frieden, sondern um ein exemplarisches Leben als Gemeinde JHWHs, d. h. es ist Bitte um jene Erneuerung und Vollendung, die das bereits mehrfach genannte „Trostbüchlein" Jer 30–31 als „neuen Bund" bezeichnet. Es ist die Bitte um jene „Totenerweckung" Israels, die Ez 37, 1–14 schaut. Wer darum bittet, muß bereit sein, ja ist bereit, sich selbst zu ändern und sich ändern zu lassen – urplötzlich und mit jener Macht, mit der die Wadis im Negev so mit Wasser gefüllt werden, daß sie diese Steppe in ein blühendes, frucht- und getreidetragendes Paradies verwandeln. Die Bitte zielt, besonders verstehbar nach den leidvollen Erfahrungen Israels mit der politischen Macht des eigenen Staates *und* der Besatzungsmächte, nicht auf äußeren Glanz und politische Macht, sondern zuallererst darauf, daß die betende Gemeinde ganz und heil werden möge in dem, was ihre Berufung ist: Ort des Lebens und darin anziehender Brennpunkt der sie umgebenden Völker zu sein. Die Gemeinde schreit um diese Gabe innerer Verwandlung und spektakulärer Umkehr, weil sie um ihre eigene Schwäche und ihre begrenzten Möglichkeiten weiß. Aber sie weiß zugleich: Von ihrem Gott her kann sie neu werden – wie die Wadis im Negev.

Wer die ausgetrockneten, zerfurchten und staubigen Wadis auf der Linie Beerseba-Arad und südlich davon in der glühenden Sommerhitze durchwandert und dieselbe Gegend nach einem regenreichen Winter üppig blühend, mit hohem saftig grünem Gras bestanden und Getreidefeldern durchsetzt wieder antrifft, oder wer die Plantagen und die Felder sieht, die die israelischen Kibbuzim heute im Negev angelegt haben, der wird das Bild, das der Psalm gebraucht, emotional ermessen: Es ist wie eine urplötzliche und faszinierende Verwandlung

(„Wiederherstellung") der Wüste in ein Paradies. Schon ein einmaliger kräftiger Regen kann genügen, um bei Einsatz der schon in alttestamentlicher Zeit im Negev entwickelten Sturzwasserlandwirtschaft (Terrassen und Kanäle!) aus den trockenen Wadis gute Anbaugebiete für eine ganze Ernte zu machen. Möglicherweise schwingt in dem Bild auch noch ein anderer Ton mit. Für kurze Zeit verwandeln sich einige Wadis nach starken Regengüssen in reißende Sturzbäche, die alles mitschwemmen, was ihnen im Wege ist; selbst asphaltierte Straßen samt metertiefem Unterbau werden auch heute weggespült wie ein Holzbalken! Vor diesem Bildhintergrund hat die Bitte der Ziongemeinde „Stelle uns wieder her!" eine Radikalität und eine Leidenschaft, die uns Heutige erschrecken kann, weil wir mit solchen Schocktherapien Gottes nicht gerne rechnen. Unser Tempo ist eher auf das Auf-der-Stelle-Treten der Wohlanständigkeit und der Kontinuität: „Stelle uns wieder her, aber nicht schon gleich jetzt oder morgen, nein schön langsam, damit es nicht schmerzt ...!"

Auf die Bitte (V. 4) folgt in einem Bild aus der bäuerlichen Lebenswelt die Kontrastierung von Gegenwart und Zukunft. *Jetzt* ist die Zeit, in der „mit Tränen" gesät und unter „Weinen" die kleinen Keimlinge (der hebräische Wortlaut ist hier schwer verständlich; die meisten Übersetzungen lesen: „Saatbeutel") gepflanzt werden – aber *einmal* kommt die Zeit, nein sie bricht schon an, da man „mit Jubel" die überreiche Ernte feiert und wo man übergroße Garben einfährt, wie in der messianischen Heilszeit. Alle Spekulationen über ein rituelles Weinen bei der Aussaat oder über die verborgenen religionsgeschichtlichen Wurzeln dieser Vorstellung im Osirismythos/Osirisritual erübrigen sich, wenn dieser Kontrast Gegenwart – Zukunft begriffen wird. Aussaat „unter Tränen" ist eine Realmetapher für die gegenwärtige Not, in der der Zion noch nicht seine Bestimmung voll erfüllt. Es ist eine Kontrastmetapher zum Bild des Erntejubels. Unser Psalm steht hier übrigens wieder in einer reichen alttestamentlichen Traditionsgeschichte. Der Kontrast „Mißernte" – „Erntejubel" prägt beispielsweise die theologische Grundstruktur des Joelbuches, wobei die „Heilswende" in Joel 2,21 mit eben der Formulierung „Groß erweist sich JHWH" gekennzeichnet wird, die unser Psalm verwendet. Besonders plastisch ist der Kontrast im Haggaibuch geschildert:

Ihr habt viel gesät,
aber wenig eingebracht.
Ihr eßt,
aber es ist kein Sattwerden.
Ihr trinkt,
aber es ist kein Durstlöschen ...
Gewiß, noch ist die Saat in der Korngrube,
noch tragen der Weinstock, der Feigenbaum und der Granatapfelbaum und der Ölbaum nicht.
Aber vom heutigen Tage an werde ich segnen (1,6; 2,19).

Auch das bereits mehrfach genannte „Trostbüchlein" Jer 30–31 zeichnet die „Heilswende" (Jer 31,23 gebraucht die in Ps 126,1b.4a stehende Formel von der „Wiederherstellung"; vgl. auch u.a. Dtn 30,3; Am 9,14; Zef 3,20 sowie Ps 14,7; 53,7; 85,2) im Bild der üppigen Ernte und des Erntejubels (vgl. besonders Jer 31,23–25!). Ja, man könnte die zweite Strophe unseres Psalms geradezu als Bitte um die Erfüllung jener Heilsvision sehen, mit der eine nachexilische (Zions-)Redaktion das Amosbuch abschließt.

Dann stelle ich mein Volk Israel wieder her.
Sie bauen die verwüsteten Städte wieder auf und wohnen darin;
sie pflanzen Weinberge und trinken den Wein,
sie legen Gärten an und essen die Früchte.

Und ich pflanze sie ein in ihrem Land,
und nie mehr werden sie ausgerissen
aus ihrem Land, das ich ihnen gegeben habe,
spricht JHWH dein Gott (Am 9,14f).

Ist es verwunderlich, daß dieser Psalm von dem Dichter Max Brod als „das Volkslied der Juden" bezeichnet wurde und daß er in der Hausliturgie der jüdischen Familie und Gemeinschaft, vor allem bei der Feier des Pessach und am Sabbat, einen besonderen Platz einnimmt?

Und welcher Christ muß nicht an die Gottesreichgleichnisse Jesu denken, wenn er diesen Psalm betet und singt?

Mit diesem Psalm haben alle, die ihn beten, Anteil am Leben jener Segensgeschichte, die JHWH mit Abraham begonnen hat: „Sei ein Segen und in dir sollen Segen erlangen alle Sippen des Erdbodens!" (Gen 12,3).

VII. Von der Verantwortung des Staates

In Israels Umwelt gehörte das Königtum in die Mitte von Geschichte und Religion. Zumindest in den Großreichen Ägyptens und Mesopotamiens galt das Amt des Königs als das wichtigste Instrument, durch das die Götter in ihrer Schöpfung „erschienen" und wirkten. *Vor* allen menschlichen Königen haben Götter auf Erden als Könige geherrscht. Ihre „Erben" sind die historischen Könige, denen die Götter Anteil an ihrer Göttlichkeit geben. Ihre wichtigste Aufgabe ist es, die „Rolle" der Götter zu spielen. Deshalb heißen sie auch „Gott" oder „Gottessohn", ja sogar „vollkommener Gott". Natürlich wußten die Ägypter, Assyrer und Babylonier, Hethiter und Perser um die allzumenschlichen Seiten ihrer Könige, aber ein königloser Staat war für sie undenkbar. Bis in das Privatleben des einzelnen hinein und bis hin zur Fruchtbarkeit der Felder und der Tiere hingen Glück und Heil von diesem Amt ab. Aufgabe des Königs war es, das ihm zugewiesene Territorium als „Lebensreich der Schöpfung" gegen äußere Feinde zu verteidigen, die von den Göttern gesetzte Rechtsordnung zu verkünden und durchzusetzen (Schutz des Schwachen vor dem Starken und Bestrafung der Rechtsbrecher) sowie den Kult der Götter zu ermöglichen und zu leiten (Tempelbau, Opfer usw.).

Kein Wunder, daß das Königtum selbst mit zahlreichen Festen und Riten verbunden war. Die Inthronisation des Königs und ihre Jahrestage, die Hochzeit, die Geburt des Thronfolgers, der Auszug in eine Schlacht oder zu einer Expedition waren Ereignisse, die kultisch-rituell begangen und für das Heil des Staates „geöffnet" werden mußten. Auch der Ablauf des landwirtschaftlichen Jahres war an Riten gebunden, bei denen sich der König als Heilsmittler bewähren mußte. In Mythen und Hymnen, aber auch in Darstellungen auf Tempelfassaden und in Gräbern, auf Steinmonumenten und Gebrauchsgegenständen des Königshofs wurde die Lehre vom göttlichen Ursprung und von der Unverzichtbarkeit des Königtums festgehalten und propagiert.

Israel hatte zur Institution des Königtums eine zwiespältige Haltung. In Israel gab es von Anfang an eine lebendige Opposition gegen die Könige. Dies hing mit den teilweise schlechten Erfahrungen zusammen, die Israel mit seinen Königen machte. Diese sind in 1 Sam 8,11–17 als eine (fiktive) Rede, mit der Samuel Israel vor der Einführung des Königtums warnt, zusammengefaßt: Für seine eigene Hofhaltung und für seine militärische Macht beutet der König das Volk aus. Die Propheten gehen in ihrer Kritik noch tiefer: Justizterror, Machtmißbrauch, Kriegsbesessenheit, Verführung des Volkes zu Kulten fremder Götter. Solche Erfahrungen haben aber alle Völker mit ihren Königen und Machthabern gemacht. Sie waren nicht die eigentlichen Wurzeln der Opposition. Die Vorbehalte, ja die Ablehnung hatte in Israel eine historische und eine theologisch-politische Wurzel.

Von seinen Anfängen her war Israel als eine anti-königliche Stämmegesellschaft in das Licht der Geschichte getreten. Nicht nur war das Glaubensbekenntnis zu JHWH als dem Gott des Exodus zugleich eine Absage an die Machtansprüche eines Staates à la Pharao. Auch die Kleinbauern und Halbnomaden, die sich von den kanaanäischen Stadtkönigtümern lossagten und sich dem neu entstehenden Stämmebund anschlossen, brachten ihre grundsätzliche Aversion gegen die Königsideologie der kanaanäischen Städte mit. Als die Stämmegesellschaft im ausgehenden 11. Jahrhundert sich dann doch zur Einführung des Königtums gezwungen sah (äußerer Druck: Philisterabwehr; innerer Druck: übergreifende Autorität zur Lösung innerer Konfikte), lebte die Opposition im politischen Untergrund weiter, artikulierte sich aber immer wieder so deutlich, daß Stimmen ihres Widerspruchs in die biblische Literatur eingingen. Am eindrucksvollsten unter ihnen ist die sogenannte Jotamfabel Ri 9,7–15. Die theologische Quintessenz dieses Widerspruches wird in 1 Sam 8,7 sogar JHWH selbst in den Mund gelegt, als er Samuel, der sich über den Schrei des Volkes nach einen König beklagt, antwortet: „Sie haben nicht dich, sondern mich verworfen, daß ich nicht mehr König über sie sei".

Aber es gab auch historische und theologische Argumente für das Königtum in Israel (vgl. 2 Sam 7). Vor allem die Hoftheologie versuchte eine Synthese zwischen den aus der Umwelt übernommenen Königsvorstellungen und der eigenen JHWH-Überlieferung. Ein Feld, auf dem diese Synthese auch das Volk erreichen konnte, waren die Feste, die mit dem öffentlichen Auftreten und Wirken der Könige zusammenhingen. Die Psalmen, die wir in diesem Kapitel meditieren, sind solche königsfreundlichen Dokumente. Als liturgische Texte, die im „Rituale" des Jerusalemer Tempelkults beheimatet waren, sind sie insofern eine historische Kostbarkeit, als sie aus der vorexilischen Zeit stammen, was wir nicht von vielen überlieferten Psalmen sagen können.

Die Hoffnungen, die sich in Israel mit dem historischen Königtum verbanden, lebten in der nachexilischen Zeit in erneuerter Gestalt als Sehnsucht nach einem „neuen" messianischen König(tum) wieder auf (vgl. die Auslegung von Psalm 2, oben Kapitel III). Anders als das vorexilische Königtum wird das messianische Königtum nicht mehr auf Gewalt und Krieg setzen, um die eigene Macht zu mehren, sondern die Könige der messianischen Zeit werden „mit Worten (der Überzeugung) Frieden stiften unter den Völkern" (vgl. Sach 9,9f).

Für uns, die wir im Zeitalter der Demokratien leben, klingen die alttestamentlichen Texte über JHWH als König und über die Könige Israels als Heilsmittler für ihr Volk nicht nur archaisch, sondern fremd und unverständlich. Diese Texte gewinnen aber an Aktualität, wenn wir bei dem Wort „König" unseren Begriff „Staat" assoziieren. Das ist angesichts der Zeitdifferenz gewiß nicht unproblematisch, aber deswegen doch legitim, weil wir mit „Staat" genau jenes politische Bezugsfeld bezeichnen, das in der Zeit der Bibel die Worte „König", „Königreich" angaben. Wo es im alten Orient oder in Ägypten einen „Staat" gab, war dies ein Reich, an dessen Spitze ein König stand. Und wenn Israel in der nachexilischen Zeit, in der es als Provinz eines von Fremdkönigen (Perser, Ptolemäer, Seleukiden, Römer) regierten Staates existierte, auf Unabhängigkeit und Freiheit hoffte, dann hoffte es in der Regel darauf, daß es unter einem „neuen" (d.h. gegenüber dem vorexilischen Königtum erneuerten) Königtum zu einer neuen Staatlichkeit finden würde, die ohne Kriege, ohne Ausbeutung und ohne Machtmißbrauch ein für allemal Frieden, Gerechtigkeit und Wohlstand garantieren könnte.

Von diesem Verstehensansatz her gewinnen die Psalmen, die wir im folgenden auslegen, höchste politische Aktualität, denn sie reden von der Verantwortung, die unsere Regierenden und unsere Administration heute für die von ihnen regierten Völker haben.

Psalm 20

2a *Es erhöre dich JHWH am Tage der Bedrängnis,*
2b *es schütze dich der Name des Gottes Jakobs.*
3a *Er sende dir Hilfe vom Heiligtum her*
3b *und vom Zion her stütze er dich.*
4a *Er gedenke all deiner Opfergaben*
4b *und dein Brandopfer erkläre er für fett.*
5a *Er gebe dir gemäß deinem Herzen*
5b *und all dein Planen erfülle er.*
6a *(So) wollen wir jauchzen über dich als Retter*
6b *und im Namen unseres Gottes Banner erheben!*
6c *Es erfülle JHWH all deine Bitten!*

7a *Nun habe ich erkannt:*
7b *JHWH rettet seinen Gesalbten,*
7c *er erhört ihn von seinem heiligen Himmel her*
7d *mit rettenden Machttaten seiner Rechten.*

8a *Diese (setzen) auf Wagen und jene auf Rosse,*
8b *wir aber rufen an den Namen unseres Gottes!*
9a *Sie stürzen hin und bleiben liegen,*
9b *wir aber stehen und bleiben aufrecht!*
10a *JHWH rette du den König*
10b *und erhöre uns am Tage, da wir rufen!*

Einführung

Von der Sprechsituation her gliedert sich der Psalm in die drei Abschnitte V. 2–6 (Sprecher: wir; angeredet ist ein Du: vom Zusammenhang her „der König“, der schließlich in V. 10a genannt wird; JHWH ist als handelndes Subjekt in der 3. Person vorausgesetzt: „er ...“), V. 7 (Sprecher: ich; vom König ist nun in der 3. Person die Rede, ebenso von JHWH) und V. 8–10 (Sprecher: wir; Adressat: JHWH ist als „du" angeredet). Dieser Aufbau zeigt einen liturgischen Ablauf an, der sich auch aus 2 Chr 20 erhärten läßt (vgl. auch 1 Sam 13,9–12; 1 Kön 8,44f; 2 Chr 14,10).

Angesichts akuter Bedrohung (vgl.V. 2a.10b) durch eine heranrückende feindliche Armee haben sich der König, seine führenden Militärs und Vertreter des Volkes am Tempelplatz zu einem Bittgottesdienst versammelt. Nach der eingangs von der liturgischen Gemeinde vorgetragenen Fürbitte für den König (V. 2–6) folgt das Heilsorakel eines Kultpropheten (V. 7), wobei die üblicherweise zu erwartende Redeform im Ich JHWHs (vgl. Ps 12,6) nicht gegeben ist. Auf die Verkündigung der Rettungszusage antwortet die liturgische Versammlung mit dem „Credo" (V. 8–9) und einer abschließenden Bitte (V. 10), die einerseits auf das Orakel zurückgreift (vgl. V. 10a mit V. 7c) und andererseits die am Anfang genannte Situationsangabe wiederholt (vgl. V. 10b mit V. 2a).

Auslegung

Daß man, wie viele Ausleger meinen, aus V. 4 folgern kann, die Fürbitte V. 2–6 sei von der Versammlung bzw. von einem Tempelchor gesungen worden, während der König selbst als oberster Priester die Opferzeremonie leitete, scheint mir wenig wahrscheinlich; der Vers redet wohl allgemein von den Opfern, die der König in der Erfüllung seines Amtes für JHWH täglich darbringen ließ. Nur spekulieren kann man auch, wie der Kultprophet zu seiner in V. 7 so plötzlich sich einstellenden Erkenntnis gelangte. Manche Exegeten denken an die Einholung eines Gotteszeichens durch Orakelkunst (z. B. Opferschau,

Loswerfen), andere an ein besonderes Charisma bzw. an den Geist JHWHs, der über den Propheten hereinbricht (vgl. 2 Chr 20,14). Wie immer dieses „Nun habe ich erkannt“ zustandekam, noch wichtiger ist die theologische Aussage, daß „JHWH seinen Gesalbten rettet“. Hier wird das königliche Amt in doppelter Weise gedeutet. Einerseits steht der König als „der Gesalbte“ (hebräisch *maschíach* = griechisch *christos*) unter dem besonderen Schutz JHWHs; er ist ein Instrument, durch das JHWH die Geschichte seines Volkes wesentlich gestalten will. Andererseits kann der König Israels nur zum Retter seines Volkes werden, wenn er zuallererst selbst JHWHs rettende Hilfe erfährt.

Das ist Rückgriff auf genuine JHWH-Theologie (Not–Rettung), die auch in V. 2–7 und V. 8–10 bestimmend ist. Ansatz des Gebets ist die Notsituation, in der es um die Existenz Israels geht. Dabei ruft der Psalm die Israel gegebenen Rettungsmöglichkeiten in Erinnerung: König, Heiligtum, Kult, die Gemeinschaft – und vor allem das Festhalten an JHWH. Gerade letzteres soll, wie V. 8f bekennt, zu einer Relativierung der militärischen Macht (vgl. ähnlich Ps 33,16f; 44,6–9; 147,10f) führen und noch mehr zur Bereitschaft, das im Namen JHWH ausgesprochene Programm der solidarischen Freiheit zu leben.

Um die Rettung der Freiheit geht es letztlich in diesem Psalm. Dabei kommt dem König eine wichtige Aufgabe zu. Daß er sich dabei von JHWH inspirieren und stützen läßt, daß er sich dabei als messianische Gestalt erweist, darum betet dieser Psalm. Das muß festgehalten werden, damit der Psalm keine „Kriegsliturgie“ wird. Das war in alttestamentlicher Zeit schon problematisch; heute wäre es verbrecherisch.

Psalm 21

2a *JHWH, in deiner Kraft freut sich der König*
2b *und über deine Rettung – wie jubelt er laut!*

3a *Den Wunsch seines Herzens hast du ihm gegeben*
3b *und das Begehren seiner Lippen ihm nicht verweigert.*
4a *Ja, du kamst ihm entgegen mit Segnungen von Glück,*
4b *du setztest auf sein Haupt eine Krone von Feingold.*
5a *Leben erbat er von dir, du hast es ihm gegeben,*
5b *Länge der Tage für ewig und immer.*
6a *Groß war seine Herrlichkeit durch deine Rettung,*
6b *Hoheit und Pracht legtest du auf ihn.*
7a *Ja, du setztest ihn ein als Segen für immer,*
7b *du erquicktest ihn mit Freude vor deinem Angesicht.*

8a *Ja, der König, der auf JHWH vertraut*
8b *und auf die Güte des Höchsten, wankt niemals.*

9a *Erreichen soll deine Hand alle deine Feinde,*
9b *deine Rechte soll erreichen deine Hasser!*
10a *Du sollst sie packen wie ein feuriger Ofen,*
10b *[wenn dein Angesicht, JHWH, erscheint, in seinem Zorn]*
10c *er verschlinge sie und es fresse sie das Feuer!*
11a *Ihre Frucht sollst du von der Erde vernichten*
11b *und ihren Samen aus den Menschenkindern!*
12a *Wenn sie Böses auf dich wenden wollen,*
12b *Ränke schmieden, nichts sollen sie ausrichten!*
13a *Ja, du sollst sie an der Schulter packen,*
13b *mit deinen Stricken sollst du sie festbinden an ihren Gesichtern!*

14a *Erhebe dich, JHWH, in deiner Kraft,*
14b *wir wollen singen und aufspielen deinen Machttaten.*

Einführung

Zumindest die Sammler der Psalmen haben Ps 20 und 21 als eine übergreifende Einheit begriffen und sie wie Bitte und Dank hintereinandergestellt. Möglicherweise standen sie auch im „Rituale" des Jerusalemer Tempels schon nebeneinander. Immerhin gibt es zwischen beiden Psalmen wichtige Stichwortbezüge. Daß der König zum Retter seines Volkes nur werden kann, wenn JHWH selbst mit seinem Rettungshandeln (20,6.7.10; 21,2.7) und mit seiner Machttat (20,7; 21,14) eingreift, ist die theologische Grundaussage beider Psalmen. Beiden gemeinsam ist auch das Königsprivileg, JHWH die Bitten für eine glückliche Regierungszeit und für langes Leben vorzutragen (20,5.6; 21,3.5), und daß JHWH dies dem König „gibt" (20,5; 21,3.5; zu diesem Privileg vgl. besonders 1 Kön 3).

Allerdings sind die Bezüge nicht so eng, daß man Ps 21 nun als Text einer Dankliturgie nach gewonnenem Krieg deuten müßte. Zwar könnte man die zweite Hälfte als einen pathetischen Blick in die Zukunft verstehen, in der der König sich auch weiterhin (wie in der vorangegangenen Schlacht) als Sieger über die Feinde erweisen solle, doch fehlen vor allem in der ersten Hälfte des Psalms Anspielungen auf eine kriegerische Auseinandersetzung. Deshalb dürfte der Psalm eher ein Formular sein, das bei den Krönungsfeierlichkeiten (vgl. V. 4) bzw. beim Jahrestag der Krönung verwendet wurde. Allerdings ist dies kein Hymnus auf den König, sondern ein

Lobpreis JHWHs: Was der König vollbringt, als Segensmittler für sein Volk (V. 3–7) oder in der Abwehr der Feinde (V. 9–13), vermag er nur, weil und wenn JHWH mit ihm ist.

Der Psalm ist kunstvoll komponiert. Die drei Parallelismen V. 2.8.14, in denen der Gottesname JHWH steht, bilden die „Säulen" der Struktur (Anfang, Mitte, Schluß). Zwischen sie sind je fünf Parallelismen (V. 10 b ist Zufügung: der Abschnitt wird nun auf JHWH bezogen; das Motiv stellt eine Klammer zu Ps 18 her) eingefügt, die den König als den von JHWH Gesegneten (V. 3–7: angeredet ist JHWH) und als Vernichter der Feinde (V. 9–13: angeredet ist der König) zeichnen. Diese Dialektik von Segen und Fluch als Aufgabe des Königs steht unter der durch V. 2.8.14 angegebenen theologischen Bewegung: Sie stellt sich nur ein (V. 2), wenn der König sich JHWH unterstellt (V. 8) und wenn er von der fürbittenden Zustimmung seines Volkes (V. 14: „wir ...") getragen ist.

Auslegung

Die Vernichtungsbilder in V. 9–13, die uns recht drastisch aufstoßen, gehören zur Königsideologie der Welt, in der Israels Könige lebten und samt ihrem Volk überleben wollten. Die Formulierungen ließen sich bis ins einzelne durch Bilder und Texte aus der Umwelt belegen (zu V. 9 und 13 vgl. unsere Auslegung von Psalm 2). Um sie nicht vorschnell auf die Seite zu schieben, muß die hinter V. 9–13 stehende Realität bedacht werden: Es ist die Hoffnung, daß das kleine, politisch machtlose Israel nicht von den Weltmächten aufgefressen wird; deshalb setzt es darauf, daß die Feinde am König als einem Instrument der rettenden Mächtigkeit und Gerechtigkeit (!) JHWHs ihre Grenze erfahren. Daß dies in einer emotionalen, bilderreichen Sprache formuliert wird, ist Hofstil und Poesie zugleich.

Wir werden den theologischen Akzent gewiß stärker auf die Segensbilder V. 3–7 setzen. Was hier vom König gesagt ist, zeichnet ihn als Abbild JHWHs inmitten seines Volkes (vgl. V. 6 mit Ps 96,6; 104,1). Daß sich solche festlichen Töne freilich im politischen Alltag bewähren müssen, hält der „Königspsalm" Ps 101 fest, der geradezu als Antwort des Königs auf Ps 20 und 21 gelesen werden muß.

Psalm 101

1a *Güte und Recht will ich besingen,*
1b *dir JHWH will ich aufspielen.*
2a *Ich möchte weise werden auf dem Weg der Vollkommenheit.*
2b *Wann kommst du zu mir?*

2c *Ich will gehen in Vollkommenheit meines Herzens*
2d *inmitten meines Hauses.*
3a *Nicht will ich nehmen vor meine Augen*
3b *eine Sache des Unheils.*
3c *Verkehrtes Tun hasse ich,*
3d *es soll nicht an mir kleben.*
4a *Ein verdrehendes Herz sei mir fern,*
4b *Böses will ich nicht kennen.*

5a *Wer seinen Nächsten heimlich verleumdet,*
5b *den vernichte ich.*
5c *Wer stolze Augen und ein hochmütiges Herz hat,*
5d *den ertrage ich nicht.*
6a *Meine Augen suchen die Treuen im Lande,*
6b *daß sie mit mir wohnen.*

6c *Wer auf dem Weg der Vollkommenheit geht,*
6d *der soll mein Diener sein.*
7a *Nicht soll wohnen inmitten meines Hauses,*
7b *wer Betrug verübt.*
7c *Wer Lügen redet, soll nicht stehen*
7d *vor meinen Augen.*

8a *Morgen für Morgen will ich vernichten*
8b *alle Gottlosen im Lande,*
8c *um auszurotten aus der Stadt JHWHs*
8d *alle Übeltäter.*

Einführung

„Inthronisationsgelübde", „Regentenspiegel", „Thronrede", „Thronbesteigungs-Proklamation" – so oder ähnlich hat man diesen Psalm genannt. Allerdings eignet sich unser Psalm aus zwei Gründen nicht als „Thronrede": 1) Der Psalm ist ein an JHWH gerichtetes Gebet (vgl. V. 1 b.2 b). 2) Die Programmatik zielt nicht nur auf den Rechtsbereich, sondern auch auf die Moral. So wird man den Psalm eher als öffentliches Bittgebet des Königs um eine gute Amtsführung aus Anlaß der Regierungsübernahme verstehen, analog der Erzählung 1 Kön 3, in der JHWH dem Salomo bei Regierungsantritt erscheint und ihm die Gabe der „salomonischen Urteile" gewährt, damit dieser sein Volk in Recht und Gerechtigkeit führen könne. Daß JHWH zu ihm kommt und ihn den Weg der Weisheit und der Vollkommenheit lehrt, darum bittet der König in diesem Psalm.

Der Text läßt sich in vier Abschnitte gliedern.

V. 1 a–2 b ist die Gebetseröffnung. Sie vereinigt Lobpreis und Bitte und nennt in V. 2 a das Thema des Gebetes. V. 2 c–4 b formuliert das persönliche und politische

Ethos, dem sich der König verpflichtet weiß. V. 5a–7d lenkt den Blick auf den Regierungsapparat am Hof und auf die Beamten im Lande; dieser Abschnitt ist auffallend breit, offensichtlich haben sich hier besonders viele Negativerfahrungen angesammelt – und der „Regierungswechsel" wird vom König mit der Absicht vollzogen, Sumpf und Filz zu beseitigen. Der vierte Abschnitt V. 8 faßt die Aufgabe des Königs zusammen, die Unmoral und das Verbrechertum konsequent und kontinuierlich zu bekämpfen.

Auslegung

Die Gebetseröffnung (V. 1a–2b) nennt programmatisch Fundament und Zielsetzung des von JHWH gegebenen Königtums: Praxis von Güte (Einsatz für die Schwachen) und Recht (Durchsetzung der Ordnungen des Zusammenlebens) sowie Gehorsam gegenüber der Tora (vgl. V. 2a mit Ps 119,1). Nicht machtpolitische Ambitionen sollen den König bewegen; er soll vielmehr das Abbild JHWHs und darin zuallererst ein „Musterisraelit" sein (vgl. Mi 6,8; Hos 12,7). Dazu erbittet er in V. 2b die Hilfe seines Gottes.

Das Ethos, dem er sich in V. 2c–4b unterwirft, soll Vorbild für den Königshof sein: „Vollkommenheit des Herzens" (nach 1 Kön 9,4 die Idealtugend des guten Königs) meint die Lauterkeit und Geradheit der Gesinnung, die das Recht „Recht" und das Unrecht „Unrecht" nennt und entsprechend handelt; wer anders handelt, hat „ein verdrehendes Herz" (V. 4a vgl. Mi 3,9) und liebt „krumme" Wege (vgl. Spr 10,9). Das Böse (V. 4b) soll weder im Planen (V. 3ab) noch im Tun (V. 3cd) Platz haben.

Damit ein solches Ethos zur konkreten Politik wird,

muß es auch den Regierungsapparat auszeichnen. Die Auswahl der Minister, Provinzgouverneure, Garnisonschefs, Justizbeamten, Offiziere, Tempelangestellten, Krongutverwalter, Leiter der staatlichen Arbeitsdienste, Abgabenbehörden usw. war deshalb eine entscheidende Weichenstellung. Der Abschnitt V. 5 b–7 d formuliert in seiner Mitte (V. 6) die positiven Voraussetzungen („Treue" und „Vollkommenheit": Königstugenden!) und in den beiden Randteilen V. 5 und V. 7 die Krebsübel jeder Verwaltung, die der König rigoros bekämpfen will: Verleumdung, Intrigen, Arroganz, Karrieresucht, Amtsanmaßung, Verachtung der einfachen Leute sowie Korruption, Selbstbereicherung, Lüge, Meineide, Vertragsbruch. Abschreckende Beispiele für die Perversion des Apparates finden sich bei den Propheten (vgl. Jes 1,23; 5,8.20.23; 10,1–2; 22,15–19; Mi 3,9–11), aber auch in den Königsbüchern (vgl. 1 Kön 21).

V. 8 spielt auf die Praxis an, daß der königliche Gerichtshof allmorgendlich tagte (vgl. 2 Sam 15,2–6), um Beschwerden gegen die Verwaltung, Konflikte im Zusammenhang mit Abgaben und Dienstleistungsregelungen (z. B. Einsatz bei „Königsprojekten" wie Mauer-, Straßen- und Palastbauten) zu klären, vor allem aber, um Problemfälle, die von der lokalen Justiz nicht geklärt wurden, nach „Königsrecht" zu entscheiden, d. h. „in Güte und nach Gottesrecht": So spricht JHWH: Haltet jeden Morgen gerechtes Gericht: Rettet den Ausgebeuteten aus der Hand des Ausbeuters!" (Jer 21,12).

VIII. Option für die Armen

Die Hoffnung auf „den neuen Himmel und die neue Erde" gehört zur Mitte der biblischen Botschaft (vgl. Jes 65,17; 66,22). Doch will diese Botschaft weder vertrösten noch beruhigen durch die Verheißung eines ausgleichenden „Jenseits". Und schon gar nicht will sie aufrufen, „alles beim alten" zu belassen, weil man letztlich doch nichts machen könne. Im Gegenteil: Diese Hoffnung ruft dazu auf, sich selbst, als Gottesvolk und als einzelnes Mitglied des Gottesvolks, von den Gesetzen „des neuen Himmels und der neuen Erde" schon jetzt bestimmen zu lassen – auf daß die Verheißungen sich erfüllen mögen! „Mögen auch die Völker noch handeln und wandeln im Namen ihrer Götter, so wollen und müssen wir jetzt schon handeln und wandeln im Namen JHWHs, unseres Gottes, immer und ewig" (Mi 4,5). Das muß die Devise in Israel sein. Es soll als Volk JHWHs leben: nach innen und nach außen. Im Verzicht auf Gewalt und Haß. In konkreter Brüderlichkeit. In Verwirklichung von Gerechtigkeit gerade für die Menschengruppen, die bei den „Völkern der Welt" als Abschaum und Störenfriede, als „Arbeitstiere" und nützliches „Menschenmaterial" oder als Opfer ihrer eigenen Unfähigkeit und Faulheit betrachtet wurden bzw. werden. Daß Israel „Gottesvolk" ist, soll an seinem Verhalten gegenüber den Tagelöhnern und den Kleinbauern, aber auch den Pechvögeln des gesellschaftlichen Alltags sichtbar werden. Die ohnedies „Schwachen" sollen nicht noch weiter ausgepreßt werden, selbst wenn dies nach dem Buchstaben des Gesetzes sogar „gerecht" wäre. Einem armen Kleinbauern, der nach einer (von ihm ja keineswegs verschuldeten) Mißernte seinen hohen Pachtzins nicht bezahlen kann, die Kinder wegzunehmen, um billige Arbeitskräfte zu haben oder sie gar an die persischen Beamten als Haussklaven gegen gutes Geld zu verkaufen, das mochte zwar juristisch einwandfrei erscheinen, aber es widersprach dem Programm des „neuen Himmels und der neuen Erde", das JHWH exemplarisch mit Israel verwirklichen wollte. Mehr noch: Es widersprach JHWH selbst, sozusagen seinem Wesen, das er beim Exodus geoffenbart hatte, wonach er der ist, der um die Not der Armen und Ausgebeuteten weiß und eingreift, um ihnen Leben in Würde und in Freiheit zu geben. Auch die Propheten Israels, von Amos bis Jesus von Nazareth, verkünden JHWHs Option für die Armen und kämpfen deshalb dafür, daß die Armen und Ausgebeuteten „*mit*-leben" können.

Die Menschenrechte sind „im neuen Himmel und auf der neuen Erde" für *alle* da, weil sie Gottesrecht jenes Gottes sind, der der Gott *aller* ist (vgl. die Konkretion „des neuen Himmels und der neuen Erde" in Jes 66,2!).

Das ist auch die Leidenschaft, die aus jenen Psalmen spricht, die JHWH als den Gott der Entrechteten und Wehrlosen anrufen. Sie fordern SEINE rettende Parteinahme für die Schwachen und sind so zugleich Aufforderung an die Mächtigen, im Namen JHWHs zu handeln. Das kann konkret sehr vieles meinen: auf einen Rechtsanspruch verzichten, von Gewalt und Bedrohung ablassen, sich an einer Umverteilung von Grundbesitz und Geld beteiligen, eine „neue Gesellschaft" mitbauen, um die Ursachen von Armut und Ausbeutung zu beseitigen ... Daß in den Psalmen so oft von der Not der „Armen" und „Kleinen" und so viel von der Brutalität von „Frevlern" und „Verbrechern" die Rede ist, darf nicht, wie dies oft geschieht, als Zeugnis der „Armenfrömmigkeit" verharmlost werden. Hier sind reale gesellschaftliche Verhältnisse gemeint, die es – gewiß jahwewidrig! – in Israel gab, so wie es sie heute in christlichen Ländern, in Europa nicht weniger als in Lateinamerika, gibt. Die „Armen" sind nicht nur der arme Lazarus, der um ein Stück Brot bettelnd von Tür zu Tür geht, das ihm die Reichen und Mächtigen sogar geben, sogar im Namen JHWHs. Die „Armen" der Psalmen sind nicht nur jene Armen, die es „immer gibt". Es sind jene Gruppen, Schichten, ja Klassen, die vom System arm gemacht werden, d. h. die „Marginalisierten", die vom Profit des wirtschaftlichen und von den Privilegien des gesellschaftlichen Systems bewußt ausgeschlossen werden, damit die Mächtigen ihre Macht und die Reichen ihren Reichtum behalten, ja noch steigern können. Zur Zeit des Amos im 8. Jahrhundert (vgl. Am 8,4–7) und zur Zeit des Nehemia im 5. Jahrhundert (vgl. Neh 5), aber auch zur Zeit des Kohelet im 3. Jahrhundert (vgl. Koh 4,1; 5,7) waren dies die Kleinbauern, die Tagelöhner und besonders die „Schuldsklaven", d. h. Leute, die ihre Kinder, ihre Äcker oder sich selbst verpfänden und verkaufen mußten, um so eine Schuld zu begleichen oder um in Hungersnöten Getreide fürs Überleben zu bekommen. Sie waren „Arme", weil sie vom System arm gemacht und gezielt arm gehalten wurden. Und daneben gab es die Gruppe der „Elenden", die unter das Existenzminimum absank, weil die althergebrachten sozialen Netze nicht mehr griffen *und* weil die Gesellschaft verlernt hatte, sie in ihrer Würde als Glieder des „Gottesvolks" zu achten. Zu dieser Gruppe gehörten die „Waisen und Witwen", die „Schutzbürger" (politische Flüchtlinge aus den Nachbarstaaten), die Alten (das Dekaloggebot der „Elternehrung" zielte zuallererst darauf, alte hilf- und „nutzlos" gewordene Eltern menschenwürdig zu versorgen) und die Kranken, die es in der alten Welt mit ihrer medizinischen Begrenztheit scharenweise gab. Daß die Blinden, die Lahmen, die Aussätzigen und die Gebrechlichen in den Heilsutopien der Prophetenbücher, aber auch noch bei den Wundern Jesu eine so zentrale Rolle einnehmen, hängt damit zusammen, daß die Kranken damals nicht ein familiäres „Einzelproblem" waren, sondern eine Gruppe, ja „Klasse" bildeten, deren Lebenswürde eine gesellschaftliche Herausforderung ersten Ranges darstellte.

Wie die Propheten und die ihren Geist atmenden Psalmen belegen, hat die Gesellschaft damals (und heute?) in ihrem Auftrag, die Armut strukturell zu überwinden, weitgehend versagt. Gerade die Sozialkritik der Propheten und die mit ihr verbundene Ankündigung des Gerichts machen deutlich, daß die Propheten eine bloße Kurskorrektur oder eine individuelle Hilfsbereitschaft für nicht mehr ausreichend hielten. Eine „Lebenswende" für die wirtschaftlichen und sozialen Opfer der herrschenden gesellschaftlichen Verhältnisse konnte es nur geben, wenn Israel zum Ethos der sozialen Brüderlichkeit, das der Exodusgott forderte, zurückkehrte. Deshalb setzten die Propheten und die prophetischen Psalmen auf die im Exodus offenbar gewordene Option JHWHs für die Armen.

Die Exodusgeschichten erläutern eindrucksvoll, was diese Option bedeutete. Wo Verhältnisse wie im pharaonischen Ägypten herrschen, sind weder durch Verhandlungen (vgl. Ex 5) noch durch Klassenkampf (vgl. Ex 1,11–14), ja nicht einmal durch spektakuläre Wunder (vgl. Ex 7–11) die von JHWH gewollten Menschenrechte zu erreichen, sondern nur durch einen gesamtgesellschaftlichen Neuanfang. Deshalb führt JHWH Israel aus Ägypten heraus, damit es die neue Gesellschaft – unter seiner Herrschaft – errichten und ausbauen kann.

Um diesen Auftrag geht es auch in den „prophetischen Psalmen", die JHWH als den Gott der Armen beschwören. Anders als die „Königspsalmen", die wir im vorangehenden Kapitel betrachtet haben, haben diese Psalmen den Glauben an den Staat und seinen administrativen Apparat verloren. Gegen ihn und gegen die „Klasse" der Reichen rufen diese Psalmen den Gott der Armen zu Hilfe – als Rächer und Retter. Von IHM erhoffen sie, daß er die Mächtigen und die Ausbeuter zur gesellschaftlichen Umkehr bewege, eben zur Rückkehr zum „alten" Ethos der praktizierten Brüderlichkeit.

Psalm 12

2a *Wirke Heil, JHWH, denn zu Ende ist's mit dem Frommen,*
2b *denn verschwunden sind die Treuen unter den Menschen,*
3a *Trug reden sie, einer mit dem anderen,*
3b *mit glatter Lippe, mit zweierlei Herzen reden sie.*
4a *Ausrotten soll JHWH alle glatten Lippen,*
4b *die großrednerische Zunge,*
5a *sie, die da sagen: „Mit unserer Zunge setzen wir uns durch,*
5b *unsere Lippen sind mit uns, wer ist da Herr über uns?"*

6a *„Wegen der Vergewaltigung der Unterdrückten, wegen des Stöhnens der Armen,*
6b *stehe ich jetzt auf", spricht JHWH,*
6c *„ich setze den ins Heil, gegen den man schnaubt!"*

7a *Worte JHWHs sind lautere Worte,*
7b *geläutertes Silber, (geschmolzen im Ofen), siebenmal gereinigt.*

8a *Du, JHWH, wirst ihn beschützen,*
8b *du wirst ihn bewahren vor diesem Geschlecht da für immer,*
9a *(mögen auch) ringsherum Gottlose wandeln,*
9b *(mag auch) Gemeinheit obenan stehen bei den Menschen.*

Einführung

Gespenstisch und chaotisch ist die Welt, die dieser Psalm beklagt und aus der er Rettung nur noch von JHWH erhofft. Auf eine zweimal ansetzende Bitte, die nach Beendigung dieses Zustandes ruft (V. 2–5), ergeht eine Antwort in direkter Gottesrede (V. 6), die das den Psalm eröffnende Stichwort „Heil" aufgreift. Die im Gottesspruch gegebene Heilszusage wird dann in V. 7–9 vertrauensvoll angenommen: das Wort JHWHs verdient und ermöglicht Vertrauen, mögen Gewalt und Gemeinheit der Gesellschaft noch so groß sein. Das von JHWH zugesagte Heil wird Wirklichkeit werden. Es fällt auf, daß weder in der Situationsschilderung V. 2–5 noch in der Vertrauensäußerung V. 7–9 ein leidendes Ich oder Wir sichtbar wird. Auch das Gotteswort V. 6 hat keinen direkten Adressaten. Das gibt dem Psalm einen allgemeinen, lehrhaften Charakter. Andererseits ist die sprachliche und theologische Verwandtschaft des Psalms mit der prophetischen Gesellschaftskritik nicht zu übersehen. Auch die Form des Gottesspruchs ist typisch prophetische Redeweise. Da die Propheten Israels nicht nur Übermittler von Gottesworten waren, sondern sich auch als Fürsprecher und Anwalt der Armen vor JHWH verstanden, legt es sich nahe, unseren Psalm von der prophetischen Fürbitte her zu verstehen. Dabei könnte man an eine sogenannte prophetische Klageliturgie denken, wie sie in Hab 1 greifbar wird. Wegen der Schärfe des Protestes, der in V. 2–5 die totale Verderbnis des gesellschaftlichen Lebens anprangert, ist mir ein solcher Text aber kaum in einer offiziellen Liturgie vorstellbar. Höchstens als provozierender Text eines Außenseiters, der die Gottesdienstteilnehmer schockieren will – so wie Amos das in Bet-El tat, als er sich neben die Priester stellte und den Willkommensgruß, den diese den ankommenden Wallfahrern entboten, durch seine parodierenden Zwischenrufe störte (vgl. Am 4, 4 f). So ähnlich stelle ich mir den ursprünglichen (und gedachten) prophetischen Sprecher dieses Psalms vor: Er protestiert mit seinem Hilfeschrei gegen die zutiefst korrupte Gesellschaft. Er kündet das rettend-richtende Eingreifen JHWHs an, dem es nun endgültig zu viel ist, was da an Rechtsbeugung und Menschenvernichtung geschieht. Und er besteht darauf, daß das Gotteswort in Erfüllung gehen wird, auch wenn die Gesellschaft dies für bloßes Gerede hält. Durch die Aufnahme in das Psalmenbuch wurde der prophetische Protestpsalm zum stellvertretenden Fürbittgebet im Namen der Unterdrückten und zur selbstkritischen Anklage gegen die Unterdrücker und ihre Mechanismen, die im Zeitalter der bürgerlichen Religion solche „Gesellschaftsanalysen“ im Namen Gottes am liebsten aus der Liturgie verdrängen möchten.

Auslegung

Die Klage des Psalms (V. 2–5) erinnert an Mi 7, 1–7. Weit und breit gibt es keinen „Frommen“ (*ḥasid)* mehr. Menschen, die *ḥäsäd* praktizieren, d. h. selbstlos helfen und lieben, aus brüderlicher Solidarität anderen umsonst einen Teil ihrer Lebenskraft und ihres Besitzes schenken, sind ausgestorben. Vor allem fehlen mit dem Verschwinden der „Frommen" jene Menschen, welche die durch JHWH selbst gestiftete *ḥäsäd*-Beziehung verwirklichen. Aber auch die zweite große Eigenschaft JHWHs, die sich im Handeln seines Volkes widerspiegeln soll, ist unter den Menschen verlorengegangen: seine Treue (*'ämät*). Auf niemandes Wort kann man sich mehr verlassen. Sie reden miteinander, als wären sie ein Herz und eine Seele und denken und planen Schlechtes. Sie schmeicheln und verleumden „mit glatter Lippe". Und vor allem: In Rechtsverfahren und bei Verträgen setzen sie sich rücksichtslos durch. Sie versprechen alles und halten nichts. Sie inszenieren Prozesse, die sie durch Falschaussagen und Meineid für sich entscheiden. Wer ihnen im Wege ist, den räumen sie auf die Seite, weil sie die Macht und die „richtigen Beziehungen" haben. Und weil ihnen scheinbar alles gelingt, halten sie sich für das Maß aller Dinge: „Wer ist Herr über uns?"

Wo solches geschieht, stehen Wahrheit und Treue des Exodusgottes auf dem Spiel. Wo Menschenrechte verletzt werden, wird SEIN Recht verletzt. Weil er beim Exodus seine Parteinahme für die Schwachen, Unterdrückten und Armen geoffenbart hat, kann er diese Perversion menschlichen Zusammenlebens nicht hinnehmen. Nicht erst im Jenseits, sondern schon jetzt – so sagt V. 6 – erhebt er sich, um den Armen ihr Recht zu verschaffen. ER ergreift die Initiative und lädt ein, bei der geschichtlichen Verwirklichung dieser Initiative mitzuhelfen.

Nicht die Worte der „Gottlosen" (vgl. dazu unsere Auslegung von Ps 11), sondern die Worte JHWHs von seiner aktiven Solidarität mit den Unterdrückten und kleinen Leuten sind das A und O der Geschichte. Auf sie darf bauen, „gegen wen man schnaubt" (V. 6). Im Schmutz und im Geprahle der Mächtigen dieser Erde sind sie das kostbare Silber, das den Entrechteten Kraft und Hoffnung gibt. Daß es keine „bloßen" Worte bleiben, hängt auch davon ab, ob sich Beter dieses Psalms finden, die Gottes Sache zu ihrer Sache machen. Dann wird der Psalm erst eigentlich zum prophetischen Psalm.

Psalm 14

1a *Es sagt der Tor in seinem Herzen:*
1b *„Gott ist nicht da!"*

1c *Verderbt, abscheulich handeln sie,*
1d *einer, der Gutes täte, ist nicht da.*
2a *JHWH schaut vom Himmel herab*
2b *über die Menschen hin,*
2c *um zu sehen, ob ein Verständiger da sei,*
2d *einer, der nach Gott fragt.*

3a *Sind denn alle abtrünnig, insgesamt verkommen?*
3b *Ist denn nicht einer da, der Gutes täte,*
3c *ist denn nicht einmal ein einziger da?*
4a *Haben denn keine Erkenntnis die Übeltäter,*
4b *die ihr Brot essen, dadurch daß sie mein Volk fressen,*
4c *JHWH aber nicht anrufen?*

5a *Plötzlich trifft sie grausamer Schrecken,*
5b *denn Gott ist mit den Gerechten.*
6a *Am Anschlag wider den Armen werdet ihr zuschanden,*
6b *denn JHWH ist seine Zuflucht.*

7a *Ach, daß doch aus Zion Rettung für Israel käme!*
7b *Wenn JHWH sein Volk wiederherstellt,*
7c *wird jubeln Jakob, wird sich freuen Israel.*

Einführung

Dieser Psalm war offensichtlich in Israel sehr beliebt. Er ist als Psalm 53 noch ein zweites Mal überliefert. Die Textunterschiede zwischen Ps 14 und Ps 53 lassen sich so erklären, daß Ps 53 eine nochmals überarbeitete Fassung des Psalms darstellt. Aber auch der Text von Ps 14 dürfte nicht die Urfassung des Psalms sein. Deutlich abgesetzt von der (prophetischen) Zusage in V. 6, daß JHWH als der „Gott" der Armen die Rotte der Ausbeuter und Gewalttätigen vernichten werde, ist die Bitte in V. 7, die den Psalm zu einem Volksklagelied macht. In V. 1–6 überlagern sich Sprache und Theologie der weisheitlichen bzw. der prophetischen Überlieferung. Weisheitlich ist die Überzeugung, daß „der Tor", der sich in seinem Leben „keinen Pfennig" um Gott schert und deshalb rücksichtlos macht, was er will, und es dabei offensichtlich zu Reichtum, Ansehen und Glück bringt, schließlich doch scheitert und „ein böses Ende nimmt". Das ist die altüberlieferte Weisheitsmaxime vom „Tun-Ergehen-Zusammenhang".

Typisch prophetisch ist dagegen, daß JHWH in seiner Parteinahme für die Armen als „sein Volk" eingreifen wird. Auch die Schärfe der Anklage in V. 4, in der der Sprecher im Namen JHWHs Partei für „sein Volk" ergreift, kommt aus prophetischer Solidarität, wie sie vor allem bei Micha bezeugt wird (vgl. besonders Mi 3,3). So ist anzunehmen, daß die „Urfassung" des Psalms eine weisheitliche Lehre darüber war, daß Gott es, allem versucherischen Anschein zum Trotz, doch mit der „Generation der Gerechten" hält. Diese „Urfassung" wurde zum „prophetischen Protestpsalm" (vgl. dazu unsere Auslegung von Psalm 12) erweitert, der die Reichen und Mächtigen nicht nur als faktische Atheisten (V. 1) brandmarkt, sondern als Verbrecher an der „Familie"

JHWHs (V. 4). Was immer diese Leute sonst an Schlechtem oder Gutem tun, ihr Angriff gegen die Armen macht das Maß voll und fordert das Gericht JHWHs heraus! Nicht nur die göttliche Weltordnung ist betroffen, sondern das Leben JHWHs selbst ist bedroht!

Auslegung

V. 1–2 gibt eine nüchterne Analyse: Wer in seinem Herzen sagt bzw. denkt: „Gott ist nicht da!" (er geht mich nichts an; er kümmert sich doch nicht um diese Kleinigkeiten; er ist mir noch nie begegnet; selbst ist der Mann ...), ist ein „Tor", der „Torheit" redet *und* tut. Eine Skizze dieser selbstherrlichen, brutalen Menschenart gibt Jes 32,6–7: wer so verächtlich von Gott denkt, handelt verächtlich am Menschen. Der „Tor" ist gewalttätig, vor allem gegen Schwache und gegen Frauen (vgl. Gen 34,7; Dtn 22,21; Ri 19,23f; 2 Sam 13,12f), er ist unsensibel gegenüber Notleidenden (Jes 32,5f; Spr 17,7), er kümmert sich weder um Recht noch um Sitte. Was den Sprecher des Psalms aber besonders belastet, ist, daß der „Tor" keine Ausnahme, sondern die Regel im Leben ist. Sogar JHWH, der seinen Blick über die Menschen streifen läßt, muß das entsetzt feststellen!

V. 3–4 steigert sich zur verzweifelt fragenden Anklage, die ein vernichtendes Urteil über die gesellschaftlichen Zustände ist. Die, die das Leben genießen, tun dies auf Kosten der anderen. Es ist eine „menschenfresserische" Gesellschaft – und sie ist es, weil sie nicht begreift, was der ihr doch gegebene Gottesname JHWH für ihr gesellschaftliches Leben bedeuten müßte. Daß JHWH als Geber von Leben und Freiheit sich durch gegenseitige Lebensgabe erweisen will, das ist doch die Erkenntnis, auf die es letztlich ankommt. Der Mord an den Armen ist ein Angriff auf JHWH selbst!

V. 5–6 gibt die visionär geschaute Antwort Gottes auf die Klage von V. 3–4. Diese Antwort will den Armen Hoffnung und den Gerechten Stärke geben. Das Glück der „Toren" wird zerspringen. Die Pläne der „Menschenfresser" werden scheitern. In dieser nun in direkter Anrede formulierten Gerichtsankündigung erreicht der prophetische Protest seinen Höhepunkt.

V. 7 lenkt den (vermutlich noch vorexilischen!) prophetischen Protest zur Bitte um Wiederherstellung und Erneuerung Israels hin. Hier spricht sich die Sehnsucht der nachexilischen Gemeinde aus, die sich als „kleine Herde" von den Weltmächten, die sich als „Toren" aufspielen, bedroht fühlt. Aber auch in ihrer eigenen Mitte gibt es viele „Toren", denen Gott nichts bedeutet und die deshalb machen, was sie wollen. „Darum leben sie ganz ihrem ‚Ich'. So wenig wie das ‚Du' Gottes ist ihnen das ‚Du' des Nächsten heilig" (A. Deissler). Weil dies so ist, ist Israels Existenz zutiefst bedroht. V. 7 bittet aber nicht um Vernichtung dieser „Toren", sondern um die Gabe der Erneuerung. Die erneuerte Gemeinde des Zion ist die wirksamste Gegenkraft gegen die „Torheit" des Unglaubens.

Psalm 11

1a *An JHWH habe ich mich geborgen!*

1b *Wie könnt ihr zu mir sagen:*
1c *„Flieg euren Berg hinauf – Vogel!*
2a *Denn, siehe die Gottlosen da:*
2b *sie spannen den Bogen,*
2c *sie machen fest ihren Pfeil auf der Sehne*
2d *um im Dunkel zu schießen auf die mit lauterem Sinn.*
3a *Denn: wenn die Fundamente geschleift werden,*
3b *was kann da der Gerechte noch wirken?"*

4a *JHWH, in seinem heiligen Tempel ist er,*
4b *JHWH, im Himmel ist sein Thron,*
4c *seine Augen schauen umher,*
4d *seine Wimpern prüfen die einzelnen Menschen.*
5a *JHWH, den Gerechten prüft er und den Gottlosen,*
5b *und wer Gewalt liebt, den haßt er.*
6a *Er läßt auf die Gottlosen regnen feurige Kohlen und Schwefel*
6b *und Glutwind ist der Anteil ihres Bechers.*
7a *Denn gerecht ist JHWH,*
7b *gerechte Taten liebt er.*

7c *Die mit lauterem (Sinn) schauen sein Angesicht.*

Einführung

„Vertrauenspsalm" nennt die Exegese viel- und nichtssagend zugleich diesen Text. Ob er lebendiges Vertrauen bezeugt oder ob er Vertrauen, das brüchig geworden ist, zurückgewinnen will, ist damit noch nicht gesagt. Im Leben liegt beides meist eng beieinander. Die Situation, die sich im Text widerspiegelt, ist die schleichende oder offene Versuchung zur Resignation und zum Fatalismus: Die Verhältnisse sind eben so ..., der einzelne kann da doch nichts machen ..., Ideale sind gut und schön, aber die Wirklichkeit ist ganz anders ..., wer überleben will, muß an sich selbst denken: Rette sich, wer kann – und nach mir (dir) die Sintflut!

Nach Meinung vieler Ausleger ist der Beter des Psalms ein von Feinden verfolgter Frommer, der im Tempel Asyl sucht und dort dem wohlmeinenden Rat von Freunden sein Vertrauensbekenntnis entgegensetzt, auch mit dem Ziel, deren Kleinglauben zu entlarven und ihnen mit seiner Haltung ein Beispiel zu geben. Diese Position setzt voraus, daß der Psalm in einer konkreten Einzelsituation entstanden ist, was angesichts der allgemeinen Notschilderung von V. 2–3 und der grundsätzlichen Reflexion über JHWH als Gott des Rechts in V. 4–7 b wenig wahrscheinlich ist. Unser Psalm ist als Formular und „Gebrauchstext" entstanden, dessen „Sitz im Leben" nicht der Tempel, sondern der harte gesellschaftliche Alltag ist, in dem es nur zu oft um die Bewährung des Gottesglaubens geht.

Der Psalm, der als ganzer vom „lyrischen Ich" des Beters gesprochen ist, besteht aus zwei Hauptteilen. In V. 1 b–3 weist der Beter in Frageform den versucherischen Rat von Freunden (vielleicht ist dies zugleich eine literarische Fiktion: auch er selbst denkt in einem Winkel seines Herzens so!) zurück. Den theologischen Grund dafür entfalten V. 4–7 b. Beide Hauptteile sind durch einen Stichwortbezug aufeinander bezogen, der zugleich die Hauptaussage enthält. Auf die Frage von V. 3 b „Was kann da der (einzelne) Gerechte noch wirken" antwortet V. 7 a b: „Denn gerecht ist JHWH, gerechte Taten liebt er." Wer wirklich glaubt, daß Gottes

Gerechtigkeit der Sinn der Geschichte ist und daß ER sich durchsetzt und nicht die Barbarei der Gottlosen, der kann folgern, daß es nicht sinnlos ist, sich der Barbarei zu widersetzen. Um diese beiden Hauptteile legt sich ein kurzer Rahmen, der die Grundaussage des Psalms festhält: Zuflucht vor der Rotte der Gewalttätigen bietet JHWH (V. 1 a); wer lauter ist und die krummen Wege verabscheut, der darf JHWHs froh machendes Angesicht sehen – jetzt und immerdar (V. 7 c).

Auslegung

Der erste Hauptteil (V. 1 b–3) schildert metaphorisch die Brutalität des Lebens. Da ist die große Masse „der Gottlosen, der Frevler". Das ist die übliche Chiffre für Mörder (vgl. Ex 2, 13; Num 35, 31), Ausbeuter (Jes 3, 11), Rechtsverdreher (Hab 1, 4), Leute vom Zuschnitt des Pharao, der Israel versklavt und umbringt (Ex 9, 27). Es sind Leute, die auf andere Jagd machen, sie für vogelfrei erklären, im Dunkel auflauern – aus Habgier, Lust an der Gewalt oder im rätselhaften Bann des Bösen. Die Fundamente des Zusammenlebens werden „geschleift": sie kümmern sich weder um Recht noch um Moral und schon gar nicht um Gott. Wenn und weil die Lage so ist, ist der versucherische Rat an den, der sich JHWH und seiner Gerechtigkeit verpflichtet weiß, verständlich: Guter Freund, das ist nicht die Stunde der Frommen, zieh dich zurück in das Ghetto deiner Innerlichkeit: „Vöglein, flieg in die schützenden Berge" (vgl. Ps 55, 7; 124, 7; Ri 6, 2; 1 Sam 24; 1 Makk 2, 28; Mt 24, 16).

Im zweiten Hauptteil (V. 4–7 b) setzt der Beter der „realistischen" Gesellschaftsanalyse seiner Freunde die Vision entgegen, daß es außer der Mörderbande des Bösen auch noch, ja viel mehr IHN gibt, der die Gewalt haßt und der selbst „der Gerechte im Himmel" ist und dessen Abbild der einzelne Gerechte auf Erden ist und sein soll. ER, „der Gerechte im Himmel", widersetzt sich dem Bösen, wie der Beter mit Anspielung auf das Gericht der Sintflut (vgl. V. 5b mit Gen 6,9), auf die Vernichtung von Sodom und Gomorra (vgl. V. 6a mit Gen 19) und auf die prophetische Gerichtstheologie (vgl. V. 6b mit Hos 13,15; Jer 4,11) beschwört. Weil und wo ER wirkt, kann der einzelne Zaddik doch etwas wirken.

Das ist die „Lehre wider die Resignation", die der Psalm vermitteln will: Daß ER, der im Himmel ist, zugleich auf Erden da ist, „ist für dich der Grund, daß du eben nicht euren Berg hinaufflatterst. Denn, was sich durchsetzt in dieser Welt, das ist eben nicht der chamas, die Barbarei, sondern SEINE Wahrhaftigkeit" (T. Veerkamp).

IX. Des Herrn ist die Erde und die auf ihr leben

Wem gehört die Erde? Die Antwort scheint uns Heutigen einfach: Sie ist öffentliches und privates Eigentum. Sie gehört den Staaten und den Kommunen, den Bauern und der Industrie, den Militärs und den Kleingärtnern ... Sie gehört denen, die auf ihr leben. Und vielfach gehört sie Leuten und Institutionen, denen sie eigentlich nicht gehört.

Wem gehört die Erde? Da gibt es Gruppen und einzelne, die die Erde als Lebenshaus pflegen und schützen. Da gibt es andere, die sie gedanken- oder rücksichtslos plündern und zerstören. Da gibt es Menschen, die nicht zu Unrecht befürchten, daß die Menschheit dieser Erde den großen Kollaps bringen wird. Und da gibt es Menschen, die sich für die bedrohte Erde einsetzen: damit sie jenes Lebenshaus bleiben kann, als das sie der gute Schöpfergott will und liebt.

Wem gehört die Erde? Die Menschen der Bibel geben darauf mit Ps 24,1 die Antwort: „JHWH gehört die Erde!" Sie gehört weder dem Baal noch dem Pharao, weder den Priestern noch dem Volk, weder der Administration noch den Großgrundbesitzern. Mit dem Bekenntnis, daß JHWH die Erde gehört, unterstreicht Israel, daß JHWH sie den Menschen nur mit bestimmten Auflagen und Aufgaben übergeben hat. Deren wichtigste ist zugleich das Geheimnis der Erde: Von JHWH her soll sie Ort des Lebens für möglichst viele Lebewesen, Mensch *und* Tier, sein. Nach der Sicht der alttestamentlichen Tradition, die sich auch in den Psalmen immer wieder ausspricht, muß die Erde nicht erst durch die Menschen zum Biotop gemacht werden. Insofern sie „die Erde des Herrn" ist, ist sie schon ein Lebenshaus. Und es kommt zuallererst darauf an, das in ihr und auf ihr gegenwärtige „Lebenspotential" und die sie prägende „Lebensordnung" wahrzunehmen und anzunehmen.

Die Psalmen lassen keinen Zweifel daran: Der Schöpfergott JHWH liebt SEINE Erde. Und er hat sie in Liebe dem Menschen übergeben, in der Hoffnung, daß auch dieser sie liebt und so auf ihr lebt, daß sie JHWHs liebenswürdige Schöpfung bleibt!

Psalm 19

2a *Die Himmel erzählen die Herrlichkeit Gottes,*
2b *und das Wirken seiner Hände verkündet das Firmament.*
3a *Tag sprudelt dem Tag Rede weiter,*
3b *und Nacht kündet der Nacht Wissen,*
4a *Nicht ist es Rede und nicht sind es Worte,*
4b *ihr Klang ist nicht zu hören.*
5a *Über die ganze Erde hin ist ausgegangen ihr Klang*
5b *und bis an das Ende des Erdkreises ihr Gesprochenes.*
5c *Dem Sonnenball hat er an ihnen ein Zelt angewiesen,*
6a *und der kommt heraus wie ein Bräutigam aus seiner Kammer,*
6b *er jauchzt wie ein Held, zu laufen die Bahn,*
7a *vom Ende der Himmel ist sein Herauskommen,*
7b *und sein Wendepunkt liegt an ihren Enden,*
7c *und nichts bleibt seiner Glut verborgen.*

8a *Die Weisung JHWHs ist vollkommen –*
8b *die Lebenskraft erneuernd.*
8c *Das Zeugnis JHWHs ist bewährt –*
8d *den Toren weise machend.*
9a *Die Befehle JHWHs sind lauter –*
9b *das Herz erfreuend.*
9c *Das Gebot JHWHs ist hell –*
9d *die Augen erleuchtend.*
10a *Das Wort JHWHs ist rein –*
10b *bestehend für immer.*
10c *Die Rechtssatzungen JHWHs sind Wahrheit –*
10d *gerecht sind sie allesamt.*
11a *Begehrenswerter sind sie als Gold*
11b *und als Feingold in Menge,*
11c *und süßer schmeckend sind sie als Honig*
11d *und als Honigwabenseim.*

12a *Auch dein Knecht läßt sich durch sie warnen,*
12b *sie zu bewahren, bringt großen Lohn.*
13a *Versehen – wer kann sie erkennen?*
13b *Von verborgenen Sünden sprich mich frei!*
14a *Auch vor Gottvergessenen schütze deinen Knecht,*
14b *nicht sollen sie herrschen über mich.*
14c *Dann bin ich vollkommen,*
14d *und ich bin frei von großen Vergehen.*

15a *Es seien zum Wohlgefallen die Worte meines Mundes,*
15b *und das Sinnen meines Herzens gelange vor dein Angesicht:*
15c *JHWH, mein Fels und mein Erlöser.*

Einführung

Eine tiefsinnige Meditation über die Existenz von Menschen, die sich als „Knechte" (bzw. „Mägde") JHWHs begreifen, bietet dieser Psalm. Er ist durchgängig von weisheitlicher Sprache bestimmt, die – ebenso wie seine Thematik – in die spätalttestamentliche Zeit verweist. Ob der Psalm eine ursprüngliche Einheit darstellt oder ob hier nicht eigentlich zwei Psalmen, ein „Schöpfungs- bzw. Naturpsalm" (V. 2–7) und ein „Torapsalm" (Gesetzespsalm: V. 8–15), nebeneinandergestellt sind, oder ob hier ein kürzerer Psalm, der die Tora als Sonne des Lebens feierte (V. 2–11), durch mehrere Nachträge (ähnlich wie z. B. Ps 104) zu einem Gebet bzw. zu einer Opfergabe für JHWH erweitert wurde (was mir am wahrscheinlichsten erscheint), kann hier nicht weiter erörtert werden.

Der Psalm, der in V. 15 mit einer „Weiheformel" schließt, hat drei „Hauptteile" (V. 2–7.8–11.12–14). Diese werden jeweils mit dem entscheidenden „Themawort" eingeleitet, um das es dann jeweils geht (V. 2: Herrlichkeit = herrscherliches Wirken Gottes in seiner Schöpfung; V. 8: Tora = Weisung des Gottes Israels; V. 12: „dein Knecht" = Leben unter der Weisung des herrscherlichen Gottes JHWH). Der Abschnitt V. 2–7 entfaltet die (Königs-)Herrlichkeit des Schöpfergottes, der seiner Schöpfung eine universale Lebensordnung eingestiftet hat. Diese Ordnung, die sich im Rhythmus von Tag und Nacht und im Sonnenlauf offenbart, ist ein die Menschen anredendes und beglückendes Geschehen, in dem Gott selbst auf sie zugeht – wie der Abschnitt V. 8–11 erläutert. Die Tora, die JHWH seinem Volk gegeben hat, wird durch den Zusammenhang von V. 2–7 und V. 8–11 in zweifacher Weise gekennzeichnet. Zum einen wird unterstrichen, daß die vielen und vielfältigen

Worte der Tora nicht von der Schöpfung wegführen, sondern dazu helfen und drängen wollen, schöpfungsgemäß zu leben: „es gibt kein Heil an der Schöpfung vorbei" (N. Lohfink)! Und zum anderen wird deutlich, daß die Tora eine Grundordnung der Schöpfung selbst ist: Es gibt kein Heil an der Tora vorbei!

Im Abschnitt V. 12–14 bekennt der Beter seine Bereitschaft, sich den Lebensordnungen der Tora als dem Lebensprinzip der Schöpfung insgesamt zu unterstellen. Er bekennt, daß er sich dabei als „simul iustus et peccator" (als zugleich Gerechter und Sünder) erlebt. Er erfährt, daß das Leben in und nach diesen Ordnungen in der Tat „großen Lohn", d.h. Lebensglück für die anderen und für sich, bringt. Aber er weiß zugleich, daß die eigene Schwäche (V. 13) und die Verstricktheit in eine böse, ursündliche Gottvergessenheit der menschlichen Gesellschaft den Weg im Lebenshorizont der Tora immer wieder verstellt, ja an den Rand des Abgrundes führt – wäre der Geber der Tora eben nicht, wie V. 2–11 entfaltet haben, ein „Liebhaber des Lebens" (Weish 11,26), der als der vergebende Gott Amnestie gewährt (V. 13–14).

Auslegung

Im Abschnitt V. 2–7 geht es nicht, wie oft gesagt wird, um den Lobpreis, den Himmel und Sonne ihrem Schöpfergott singen (vgl. dazu Ps 148,1–5). Es geht vielmehr um ein „Wissen", das sie weitergeben, und um ein Zeugnis, das sie fortwährend ablegen – sozusagen vor und für sich selbst, insbesondere aber für die Menschen, die unter den Himmeln und „unter der Sonne" (Lieblingsausdruck des Kohelet) leben. Den Inhalt ihrer Botschaft könnte man mit Ps 148,6 formulieren: „Er (Gott) gab ihnen (dem Firmament und der Sonne) ein Gesetz, das sie nicht übertreten." Es ist die Ordnung der Lebenszeiten, die schöpfungskonstitutiv ist, wie Gen 8,22 zusammenfaßt: „Solange die Erde besteht, sollen nicht aufhören Aussaat und Ernte, Kälte und Hitze, Sommer und Winter, Tag und Nacht." Mit dieser grundlegenden Ordnung ist gemäß Jer 31,35 f die Existenz Israels zutiefst verwoben: „Nur wenn jemals diese Ordnungen vor meinen Augen ins Wanken gerieten – Spruch JHWHs –, dann hörten auch Israels Nachkommen auf, für alle Zeiten vor meinen Augen ein Volk zu sein." Unser Psalm nun sieht in den durch den täglichen Lauf des „Sonnenballs" gesetzten und für den ganzen Erdkreis unaufhaltsam wirkenden (V. 5 ab) Zeitordnungen eine Offenbarung der „Herrlichkeit Gottes". An der Sonne wird offenbar, daß und wie der Schöpfergott in seiner Schöpfung und insbesondere für die Menschen „unter der Sonne" wirkmächtig da ist (V. 2 b).

Wie der Schöpfergott seine herrscherliche Mächtigkeit über die ganze Erde hin erweist, wird in V. 5 c–7 c im Rückgriff auf die auch in der Umwelt Israels breit belegte Vorstellungs- und Bildüberlieferung von der Sonne als Quelle des Lebens bzw. vom Sonnengott als Gott der Gerechtigkeit, der Recht und Gesetz gibt und über ihre Befolgung wacht, erläutert. Natürlich ist der Sonnenball für Israel keine Gottheit mehr, sondern hat den Anweisungen des Schöpfergottes zu folgen, sowohl was sein Verschwinden in der Nacht (V. 5 c.7 b) betrifft als auch was sein Wirken am Tage (V. 6.7 c) angeht. Der Psalm ist von drei Dingen besonders beeindruckt: 1) von der strahlenden Schönheit und jugendlichen Frische, mit der die Sonne jeden Tag neu über der Erde und für sie aufgeht, wie ein junger, glücklicher Bräutigam, der seiner Braut entgegenzieht, um ihr seine Liebe zu schenken; 2) von ihrer heldengleichen Mächtigkeit, mit der sie das Dunkel vertreibt und der Finsternis als der Zeit von Angst und Chaos ein Ende setzt; 3) von der Reichweite ihrer Strahlen, die überall hin dringen und alles – das Gute und das Böse – zum Vorschein bringen.

Daß die so geschaute Sonne zum Bild für den Leben gebenden und erhaltenden Schöpfergott wurde, leuchtet unmittelbar ein. Und daß der Sonnengott in Mesopotamien und in Ägypten als Geber und Schützer von Recht und Gerechtigkeit (als Gesetzgeber, Richter, Retter, Rächer) verehrt wurde, ist ebenfalls einsichtig. So ist es nur konsequent, wenn Israel die ihm von seinem Gott JHWH für alle Bereiche des Lebens gegebenen Weisungen mit der Gabe der Sonne in Verbindung brachte, ja die Tora als seine eigentliche Sonne betrachtete. Alles, was in V. 2–7 über die Sonne gesagt ist, gilt – so ist der Psalm zu verstehen – von der Tora. Sie ist Israels liebender und belebender Bräutigam, siegreicher Kämpfer gegen das Böse und alles aufdeckender Richter. Der Abschnitt V. 8–11 führt diese Erfahrung Israels mit der Tora so aus, daß in sechs Sätzen zunächst immer ein Wesenszug der Tora (vollkommen, bewährt, lauter, hell, rein, wahr) und anschließend eine Wirkung genannt wird. Ein abschließender Parallelismus (7. Element der Reihe: Steigerung und Zusammenfassung!) hebt hervor: die Tora ist kostbarer als alles, worauf die Sehnsucht eines altorientalischen Menschen geht (Gold ist der Reichtum der Könige; Honig ist die Speise der Götter und das Dessert eines Festmahls; vgl. auch den Traum vom Land, „in dem Milch und Honig fließt").

Unter dieser Sonne der Tora JHWHs und im Vertrauen auf seine vergebende Güte im Falle von Toraverletzungen aus menschlicher Schwäche oder Begrenztheit kann das Leben der JHWH-Knechte und -Mägde wie eine vollkommene Opfergabe (V. 14c) werden.

Die abschließende „Widmung" V. 15 ist eine Art „Weiheformel". Sie greift Formulierungen aus der Opfertheologie auf („Wohlgefallen"; „vor dein Angesicht gelangen") und deutet das Rezitieren des Psalms als eine dankende und bittende Opfergabe, die der Beter/die Beterin seinem/ihrem Gott darbringt, der sich als „Fels" (inmitten des schöpfungswidrigen Chaos) und als „Erlöser" (inmitten der versklavenden Geschichtsmächte) erwiesen hat und als solcher weiterhin erweisen wird.

Psalm 33

1a *Jubelt ihr Gerechten über JHWH,*
1b *den Lauteren ziemt Preisung,*
2a *danket JHWH auf der Tragleier,*
2b *auf der zehnsaitigen Standleier spielt ihm auf,*
3a *singt ihm ein neues Lied,*
3b *macht schöne Musik mit Jubelklang!*

4a *Denn lauter ist JHWHs Wort,*
4b *und alles, was er macht, geschieht in Treue,*
5a *er liebt Gerechtigkeit und Recht,*
5b *von der Güte JHWHs ist angefüllt die Erde.*

6a *Durch JHWHs Wort sind die Himmel gemacht*
6b *und durch den Hauch seines Mundes ihr ganzes Heer.*
7a *Er faßt wie mit einem Wall die Wasser des Meeres,*
7b *er füllt in Vorratskammern die Urfluten.*
8a *Es fürchtet sich vor JHWH die ganze Erde,*
8b *vor ihm erzittern alle, die wohnen auf dem Erdkreis.*
9a *Denn er ist es, der spricht, und es geschieht;*
9b *er ist es, der befiehlt, und es steht da.*
10a *JHWH zerbricht den Plan der Nationen,*
10b *er macht zunichte die Gedanken der Völker,*

11a *der Plan JHWHs (dagegen) steht da auf ewig,*
11b *die Gedanken seines Herzens von Geschlecht zu Geschlecht.*
12a *Selig die Nation, deren Gott (dieser) JHWH ist,*
12b *das Volk, das er sich als Erbteil auswählte.*

13a *Vom Himmel blickt JHWH hernieder,*
13b *er sieht auf alle Menschenkinder,*
14a *vom Ort seines Wohnens schaut er aus*
14b *auf alle, die wohnen auf der Erde,*
15a *er, der ihr Herz gebildet hat allzumal,*
15b *der wahrnimmt alles, was sie machen.*
16a *Nicht wird der König gerettet durch die Größe seiner Macht,*
16b *ein Held wird nicht befreit durch die Größe seiner Kraft.*
17a *Trug ist das Roß für die Rettung*
17b *und durch die Größe seiner Macht befreit es niemand.*
18a *Siehe, JHWHs Auge ist auf denen, die ihn fürchten,*
18b *auf denen, die sich ausstrecken nach seiner Güte,*
19a *daß er ihr Leben aus dem Tod befreie*
19b *und daß er sie lebendig mache im Hunger.*

20a *Unser Leben hofft auf JHWH,*
20b *unsere Hilfe und unser Rundschild ist ER.*
21a *Ja, über ihn freut sich unser Herz,*
21b *ja, in seinem heiligen Namen bergen wir uns.*
22a *Es sei deine Güte, JHWH, über uns,*
22b *denn wir strecken uns aus nach dir!*

Einführung

In Aufbau und Absicht ist dies das Musterbeispiel eines Hymnus. Er wird in V. 1–3 eröffnet mit einer (imperativischen) Aufforderung zum Lobpreis JHWHs. Das Thema des Hymnus, d. h. Anlaß und Inhalt des Gotteslobs, wird, eingeleitet mit „denn" (man könnte auch übersetzen: „ja, fürwahr, gewiß"), in V. 4–5 angegeben. Das Thema wird anschließend zweifach entfaltet. V. 6–12 preist JHWH als Schöpfer des Kosmos und Herrn der Geschichte, der sich Israel in Liebe als Erbteil ausgewählt hat. V. 13–19 preist JHWH als den König und Schöpfer aller Menschenkinder, der sich rettend denen zuwendet, die nicht auf eigene Macht setzen, sondern sich nach SEINER Güte ausstrecken. Beide Abschnitte stellen sprachlich dar, was sie vermitteln wollen: Sie setzen jeweils mit dem Motiv von JHWH als dem, der den Himmel schafft bzw. im Himmel thront an, und beschreiben dann eine Bewegung herab zur Erde, auf Israel bzw. auf die vom Tod bedrohten Menschen zu. V. 12 und V. 18f, die auch durch ihre Form (Seligpreisung; Aufmerksamkeitsruf „siehe", Finalsätze!) als Höhepunkte herausgehoben sind, fassen zusammen, was dieser Hymnus in den Betern auslösen will, nämlich das unerschütterliche Vertrauen darauf, daß JHWH der seinem Volk in Güte zugewandte Gott ist und bleibt. Mit dem abschließenden „Abgesang" V. 20–22 bezeugt die Gemeinde im „Wir"-Stil, daß sie das Thema des Lobpreises zur Basis ihres Lebens machen will.

Die Gattung des Hymnus hat ihren „Sitz im Leben" im offiziellen Kult. Seine Themen sind deshalb nicht die Lebenssituationen des einzelnen, denen wir im Klage- und Dankpsalm des einzelnen (vgl. z. B. Ps 13; 30) begegnet sind, sondern JHWH als der Herr des Kosmos, als Gott der Geschichte, als Gott eines Volkes. Im Hymnus bekennt die versammelte Festgemeinde deshalb die Grunderfahrung Israels: daß JHWH seine Göttlichkeit dadurch erweisen will, daß er inmitten eines Volkes da sein will. Der Hymnus besingt deshalb streng genommen nicht eine Einzeltat JHWHs (auch nicht in dem kurzen Hymnus Ex 15,21: „Singet JHWH, denn hoch erhoben ist ER: Roß und Reiter warf er ins Meer!"), sondern IHN selbst, in seinem Wirken und Sein, IHN, wie er sich als gegenwärtig erfahren läßt. Der Hymnus ist ein Hineintauchen in diese Lebenswirklichkeit, der Israel seine Existenz verdankt. Deshalb ist der Hymnus immer das Gebet oder das Lied einer Gemeinschaft.

Man kann sich die „Aufführung" unseres Hymnus so vorstellen: V. 1–3 wird von einem Vorsänger/Liturgen gesungen, der die Gemeinde zum Gotteslob auffordert. Das Thema V. 4–5 wird vom Volk oder von einem Chor angegeben und dann in V. 6–12.13–19 von zwei Solisten (im Kantilenestil und mit Leierbegleitung!) entfaltet. V. 20–22 wird wieder vom Volk gesungen. (Diese „Rollenaufteilung" wäre auch für einen heutigen Wortgottesdienst sinnvoll!)

Der Psalm, dessen 22 Parallelismen die 22 Buchstaben des hebräischen Alphabets nachahmen, stammt aus nachexilischer Zeit. Es ist theologisch besonders von Gen 1 und Jes 40–55 inspiriert. In einer Epoche, in der Israel von der Angst der Gottesverlassenheit gequält wird, will der Psalm mit dem Lobpreis der Treue und der Güte JHWHs Israel hineinziehen in die Gegenwart seines rettenden Gottes.

Auslegung

Die Aufforderung zum Hymnus (V. 1–3) ist eine sich in fünf Imperativen steigernde Einladung an die versammelte Festgemeinde, JHWH ein mit Leiern begleitetes Loblied zu singen. Es soll ein „neues Lied" sein. Damit werden in Ps 96,1; 98,1 Hymnen gekennzeichnet, die die endzeitliche und endgültige Vollendung der Gottesherrschaft preisen. Dieser Aspekt ist in unserem Hymnus nicht hervorgehoben. Das „neue" Lied zielt hier eher auf die nach der im Exil gemachten Erfahrung der Gottverlassenheit von JHWH seinem Volk erneut zugesagte Verheißung des „neuen" Bundes (vgl. Jer 31,31–34). Das „neue" Lied ist die Anerkennung und die Antwort des Volkes, daß JHWH in seiner Treue und Güte (V. 4–5) die Erwählung Israels „erneuert" hat. Das „neue" Lied feiert die Erneuerung der Beziehung JHWH-Israel, und zwar „mit Jubelklang", d.h. mit jenem Fortissimo von Jubelrufen und Musikinstrumenten, mit dem der Sieg gegen die Feinde erkämpft und gefeiert (vgl. Jos 6,5.20; 1 Sam 4,5f), dem Königtum JHWHs gehuldigt (vgl. Num 23,21; Ps 47,6) und ein großes Fest in Israel herausgehoben (vgl. 2 Chr 15,14; Esr 3,12f) wurde. Der „erneuerten" Gemeinde „ziemt" der Lobpreis (V. 1b), insofern sie der Widerschein der Gerechtigkeit und der Lauterkeit ist, die JHWHs Wirken bestimmen; das deutet der Psalm durch die Stichwortbezüge zwischen V. 1 und V. 4–5 an.

Als Thema des Hymnus wird in V. 4–5 JHWHs Wirken in seinem Schöpferwort und in seinem Geschichtshandeln genannt – allerdings unter den qualitativen Aspekten von Lauterkeit und Treue. Er hat seiner Schöpfung eine Lebensordnung eingestiftet, über die er wacht, weil er sie liebt. Und mehr noch: Er verströmt seine Güte über die Erde. Die Aussage von V. 5b ist eine grandiose Neuinterpretation von Jes 6,3. Nicht mehr Allmacht und Größe JHWHs erfüllen die Erde, sondern die Güte des mächtigen Schöpfergottes ist das Lebensprinzip, dem vor allem Israel auch nach der Katastrophe von 587 v. Chr. seine „neue" Existenz verdankt.

Was dies für Israel als Gottesvolk bedeutet angesichts der weltpolitischen Erschütterung, der es im Exil und in den kleinen Anfängen seiner nachexilischen Existenz als unbedeutende Unterprovinz im persischen Weltreich ausgesetzt war und ist, wird in einer ersten Reflexion in V. 6–12 entfaltet. Israels Existenz ist in jenes uranfängliche Wortgeschehen, auf das die Trias Himmel – Meer – Erde zurückgeht, hineinverwoben. Der ganze Kosmos und die Geschichte der Völker gehören und gehorchen JHWH. „Wie eine disziplinierte Armee, die durch ein einziges Befehlswort oder ein Trompetensignal in Trab gesetzt wird ..., so – empfindet man – gehorcht die Welt dem Wort des unsichtbaren Gottes" (O. Keel). Darauf kann Israel setzen, gerade im Angesicht drohender Katastrophen (vgl. die Zusagen des Schöpfergottes nach der Sintflut: Gen 8,20–22; 9,8–15). Weil der Schöpfergott willens und mächtig ist, die einmal von ihm gesetzte Lebensordnung, „seinen Plan und seine Gedanken" (V. 11), gegenüber allen zuwiderlaufenden Aktionen der Völkerwelt (V. 10) zu verwirklichen, ist Israel in der Tat selig zu preisen, weil JHWH es sich aus allen Völkern erwählt hat: „als sein Erbteil", d. h. als Gebiet seiner Königsherrschaft, an dem er hängt und das sein Krongut, ja Kronjuwel ist (vgl. Ex 19,6).

Daß und wie der Schöpfergott JHWH Israel als sein Erbteil liebt, wird in V. 13–19 hymnisch geschildert. Wieder setzt das Bild im Himmel an, wo JHWH als König des Kosmos von seinem Thronsitz aus alles und alle überblickt. Nichts bleibt ihm, dem Schöpfergott, verborgen. Weil er alles geschaffen hat und alles erhält, kennt er alle Ecken und Fasern des Lebens (vgl. Ps 94,9–11;

139,13–16). Das Auge JHWHs bleibt aber nun nicht an den Mächtigen und Reichen dieser Erde hängen. Ihn faszinieren nicht die Könige und ihre Königsattribute. Sein Wohlgefallen finden nicht die, die auf militärische Macht setzen und diese vergötzen (vgl. ähnlich Ps 20,8 f; 44,7 f; 147,10), sondern jene, die zwar machtpolitisch irrelevant, aber lebensmächtig sind, weil sie sich ausstrekken nach der wahren Quelle des Lebens: JHWH. Wer JHWH „ansieht" und wen er „ansieht", der gewinnt „das Anssehen", auf das es in tödlicher Bedrohung ankommt (V. 19). Das ist in der Tat ein „neues" Lied vom Exodusgott, der Roß und Reiter ins Meer wirft (Ex 15,21), um die Schwachen und Ausgebeuteten vor diesen Todesmächten zu retten, weil er sich für Israel als sein Erbteil entschieden hat.

Im „Abgesang" (V. 20–22) schwingt sich die Festversammlung existentiell in die im Hymnus besungene Wirklichkeit ein. Sie stellt sich unter den Schutz dieses mächtig-gütigen Gottes – in Freude und in Gelassenheit, aber auch im Widerstand gegen die Resignation und den Zweifel, die durch ihre politische Not ausgelöst sind.

Psalm 8

2a *JHWH, unser Herrscher,*
2b *wie gewaltig ist dein Name auf der ganzen Erde,*
2c *welcher deinen himmlischen Glanz widerspiegelt.*

3a *Aus dem Munde von Kindern und Säuglingen*
3b *hast du eine Festung errichtet*
3c *um deiner Widersacher willen,*
3d *um zum Aufhören zu zwingen Feinde und Rachgierige.*

4a *Sooft ich schaue deinen Himmel, Werke deiner Finger,*
4b *Mond und Sterne, die du an ihrem Platz festgemacht hast –*
5a *was ist es um das Menschlein, daß du seiner gedenkst,*
5b *und um den Adamsohn, daß du (so) für ihn sorgst,*
6a *und daß du ihn wenig geringer machst als ein Gottwesen*
6b *und daß du ihn mit Herrlichkeit und mit Pracht krönst?*

7a *Du setztest ihn als König ein über die Werke deiner Hände,*
7b *alles legtest du unter seine Füße:*
8a *die Schafe und die Rinder insgesamt*
8b *und sogar die wilden Tiere des unbewohnten Landes,*
9a *die Vögel des Himmels und die Fische des Meeres,*
9b *die Wanderer auf den Wegen der Meere.*

10a *JHWH, unser Herrscher,*
10b *wie gewaltig ist dein Name auf der ganzen Erde.*

Einführung

Für diesen Psalm bricht die Frage nach dem Wesen des Menschen nicht in der Krise oder Sinnlosigkeit auf. Es ist nicht ein Fragen, das Halt und Hilfe sucht inmitten einer haltlos gewordenen Gesellschaft. Die Frage ist vielmehr der staunend-dankbare Ausruf eines Einzelnen (Psalmcorpus), der von der Gesamtgemeinde (V. 2.10) übernommen wird, angesichts der Erfahrung, daß das

Geheimnis des Menschen im Geheimnis Gottes gründet. Das Nachdenken des Menschen über sich selbst geschieht deshalb in diesem Psalm nicht in der Form philosophischer Reflexion, sondern in der Gestalt des JHWH anredenden Hymnus. Wenn der biblische Mensch über sich selbst redet, muß er zuallererst und zutiefst über das reden, was Gott an ihm gewirkt hat und immerfort wirkt.

Leider ist der hebräische Text in V. 2–3, worauf auch die Einheitsübersetzung in einer Fußnote hinweist, verderbt überliefert. Das hat eine Flut von Hypothesen ausgelöst, die hier nicht im einzelnen vorgestellt werden können. Die Schwierigkeit des überlieferten Textes besteht darin, daß in einem Relativsatz ein Imperativ steht („... auf der ganzen Erde, welcher/welche gib doch deinen Glanz ..."), was auch im Hebräischen nicht möglich ist.

Um einen sinnvollen Text zu erhalten, muß hier etwas geändert werden. Die Vorschläge lassen sich auf zwei Grundtypen zurückführen. Die eine Gruppe ändert sowohl die Relativpartikel „welcher" als auch den Imperativ „gib doch". Das ergibt dann z. B. die Übersetzung: „... auf der Erde. Singen will ich deiner sich über den Himmel erstreckenden Majestät mit dem Munde der Säuglinge und Kinder" (N. Füglister). Die andere Gruppe liest nur den Imperativ anders. Zu dieser Gruppe gehört auch unsere oben wiedergegebene Übersetzung. Die Einheitsübersetzung „... auf der Erde; über den Himmel breitest du deine Hoheit aus" ist ebenfalls zu diesem Typ zu zählen, allerdings macht sie es sich noch leichter, indem sie die Relativpartikel einfach übergeht.

Der Psalm liegt nun in zweifach bearbeiteter Gestalt vor. Der ursprüngliche Psalm bestand aus V. 2ab.4–10. Sein Corpus ist bestimmt von einem Frage-Antwort-Schema. Die eigentliche Frage setzt in V. 5 mit der Fragepartikel „was" ein. V. 4 gibt in einem temporalen Vordersatz den Auslöser dieser Frage an. Dieser Vordersatz ist streng genommen ein elliptischer Satz (also ein unvollständiger Satz), der vollständig ungefähr lauten müßte: „Sooft ich schaue ..., kommt mir die Frage: Was ist es ..." Ich habe diese elliptische Gestalt von V. 4 in der Übersetzung durch den Gedankenstrich angedeutet. Schwerer zu entscheiden ist, wie weit die Frage reicht und wo die Antwort beginnt. Meist wird angenommen, daß die Antwort mit V. 6 einsetzt. So z. B. die „Einheitsübersetzung" und die „Bibel in heutigem Deutsch". In dieser Sicht ergibt sich eine kunstvoll gestaltete Form. Die in V. 6–9 gegebene Antwort auf die in V. 4–5 gestellte Frage ist dann doppelt so lang. Die Frage besteht aus einer vierzeiligen Strophe, die Antwort aus zwei je vierzeiligen Strophen, wobei die erste Antwortstrophe durch vier aufeinanderfolgende Verbalsätze, die zweite Antwortstrophe durch eine mehrgliedrige Nominalreihe gebildet wird.

Gegenüber dieser Sicht möchte ich einen anderen Aufbau des Psalms herausstellen, der zumindest dem überlieferten masoretischen Text mehr entspricht. Während nämlich V. 6a mit Narrativ eingeleitet und V. 6b syndetisch mit „und" fortgeführt wird, setzt V. 7a asyndetisch (unverbunden) ein; ebenso wird V. 7b asyndetisch neben V. 7a gestellt. Auf der Ebene der Syntax ist also V. 6 nach vorne zu ziehen, während zwischen V. 6 und V. 7 eine Zäsur anzunehmen ist. Daß V. 6 als Fortführung der Frage V. 5 zu lesen ist, wird durch Ps 144,3 nahegelegt, wo unzweifelhaft die Was-Frage mit Narrativ entfaltet ist.

Dieses Verständnis von V. 6, das unserer Übersetzung zugrundeliegt, ergibt nun aber die Gliederung des Psalms in die zwei Teile: V. 4–6 (Frage) und V. 7–9 (Antwort). Diese Zweiteilung wird auch durch ein semantisches

Struktursignal unterstrichen. Beide Abschnitte werden eingeführt mit dem Begriff „Werke deiner Finger"/„Werke deiner Hände".

Das Corpus ist gerahmt durch einen wortgleichen Refrain, der eine Inclusio bildet (V. 2ab und V. 10ab).

Als „geistige Heimat" des „Erstpsalms" kommen priesterlich-weisheitliche Kreise in Frage, vermutlich der frühen nachexilischen Zeit. Darauf weist die theologische Nähe des Psalms zur priesterschriftlichen Schöpfungserzählung Gen 1 und die Aufnahme von Ps 8 im Buch Ijob (vgl. Ijob 7,17f). Als weisheitliches Meditationsgebet, das im theologischen Unterricht und in der „Hausliturgie" beheimatet sein konnte, von seinem Refrain her aber auch den Bogen auf die Gesamtgemeinde hin auszieht, zielt der Psalm nicht auf Belehrung, sondern auf dankende Vergewisserung.

Der Grundtext wurde, wie die Auslegung erläutern wird, zweimal erweitert. Zunächst wurde durch V. 3 die Situation der leidenden und verfolgten Gemeinde in den Psalm eingefügt: das Gotteslob (V. 2ab) der von den Gottesfeinden verfolgten und verspotteten „Kinder und Säuglinge" (=Israel) ist ein Machterweis JHWHs „auf der ganzen Erde". Und schließlich wurde durch V. 2c die frühjüdische Theologie von der Herrlichkeit des Gottesnamens eingetragen.

Auslegung

Im Mittelpunkt des Psalms steht die Frage nach dem Geheimnis des Menschseins. Sie bricht hier in einem Menschen auf, der um seine Vergänglichkeit („Menschlein") und um sein fortwährendes Schuldigwerden („Adamsohn") weiß. Sie bricht aber vor allem angesichts einer polaren Gotteserfahrung auf, die in V. 4–5 angesprochen ist. Der erste Pol ist die Größe und Herrlichkeit des Schöpfergottes, der sich in der Pracht, in der Festigkeit und in der Weite des Himmelsgewölbes und dessen nächtlichem Lichterglanz kundtut. Nicht in einem gefährlichen Götterkampf (vgl. altorientalische Vorstellungen), sondern geradezu spielerisch hat JHWH mit seinen Fingern den Himmel als Ordnungsmacht geschaffen und dem Mond und den Sternen ihren Platz und ihre Aufgabe darauf angewiesen. Als lyrisches Bild spielt das Motiv „Mond und Sterne am nächtlichen Himmel" auch auf die gemeinaltorientalische Vorstellung vom Himmel als königlichem Mantel bzw. Schmuck einer Himmelsgottheit (vgl. Ps 104, 1 f) an. Angesichts des Bewußtwerdens der unvorstellbaren Weite des „Himmels", die sich auch für uns moderne Zeitgenossen nur plakativ mit Vokabeln wie Millionen von Lichtjahren, Milliarden von Sternen allein in unserem Milchstraßensystem andeuten läßt, relativiert sich das individuelle und kollektive Ich zu einer unbedeutenden quantité négligeable: „die Völker zusammen sind vor Gott wie ein Nichts ... Sie sind wie ein Tropfen am Eimer. Sie gelten soviel wie ein Stäubchen auf der Waage, ganze Inseln wiegen nicht mehr als ein Sandkorn" (Jes 40, 17.15). Der Mensch als unbedeutende, störende Requisite im „Welttheater" Gottes – das ist freilich nur der eine Pol von Selbsterfahrung, die Ps 8 artikuliert. Der andere Pol steht ebenso dicht und fest daneben: daß der majestätische Gott um jeden einzelnen Menschen weiß, jedem einzelnen seine besondere Zuwendung und die Würde der Gottähnlichkeit schenkt.

Die Antwort, die der Psalm in V. 7–9 auf die staunende Frage gibt, bringt das Geheimnis des Menschseins auf den Punkt: Daß Gott den Menschen fürsorglich hält und als kostbaren Schatz (V. 6!) liebt, hängt mit der Aufgabe zusammen, die der Schöpfergott den Menschen zutraut und anvertraut. Dies wird mit einem Bild entfaltet, das auf den ersten Blick leicht verständlich zu sein scheint. Der Mensch ist danach der König (oder wie wir gern sagen: die Krone) der Schöpfung. Doch genau besehen sagt das Bild, daß der Mensch zum König über die Tiere eingesetzt ist. Der Horizont der dem Menschen als Herrschaftsbereich übergebenen Tierwelt wird in der Nominalreihe von V. 8–9 kunstvoll entfaltet. Er wird, vom Standort des Sprechers aus gesehen, in konzentrischen Kreisen immer weiter und ferner. Den unmittelbaren Lebens- und Wohnbereich vertreten die Schafe und Rinder, die durch den Zusatz „insgesamt" auf die Lebenswelt des Hirten und des Bauern hinweisen. Durch „sogar" abgesetzt und als Steigerung ausgewiesen folgen die „wilden Tiere" des unbewohnten Landes, die die Lebens- und Wohnbereiche bedrohen; dann kommen, entsprechend dem dreigeteilten Weltbild Erde – Himmel – Meer, „die Vögel unter dem Himmel" (also über der Erdscheibe/den Menschen), „die Fische im Meer" (also: im Wasser, das die Erdscheibe an den Rändern umspült) und schließlich „der Wanderer bzw. die Wanderer (Partizip!) auf den Wegen der Meere", d.h. die großen furchterregenden See- und Meeresungeheuer, die im Mythos die chaotischen Mächte des Bösen und des Todes (vgl. besonders Leviathan und Behemoth in Ijob 40,15–41,26, Tannin und Rahab in Jes 51,9 sowie das Meeresungeheuer in Jona 2,1–11) repräsentieren.

Der Mensch als Hirte und Bändiger der Tiere – das soll die gottgleichmachende Würde des Menschen sein, die Gottes Zuwendung begründet? Unser Zweifel und unser Unverstehen lassen sich beheben, wenn wir in der Bild- und Sprachwelt des Alten Orients und Ägyptens, aber auch des Alten Testaments (vgl. besonders Gen 1,26–28; Ijob 40,15–41,26; Jer 27,6; 28,14) sehen, daß die Fürsorge der Schöpfergottheiten und ihre Mächtigkeit, die

Feinde der Lebensordnung abzuwehren, ja zu töten so dargestellt und erzählt wird, wie sie als die „guten Hirten" ihre Geschöpfe weiden und schützen und wie sie als Helden die wilden Tiere und den Chaosdrachen bekämpfen und besiegen. Und das Amt der Könige wird als Teilhabe am göttlichen Weltkönigtum mit ebendiesen Bildern festgelegt. Von diesem Hintergrund her ist die Antwort unseres Psalms zu verstehen: Das Geheimnis des Menschen gründet darin, daß der biblische Schöpfergott allen (!) Menschen die Fähigkeit und die Aufgabe zutraut, wie Gott und wie ein guter König die Erde als Lebensraum zu schützen und als Ort heilvollen Zusammenlebens zu gestalten. Dem Mond und den Sternen hat Gott ihren festen Platz gegeben, dem Menschen aber eine Aufgabe. Um es mit der rabbinischen Tradition zu sagen: „Alle Dinge hat Gott fertig geschaffen. Den Mensch aber schuf er auf Hoffnung hin."

Vers 3, der sich vom Psalmcorpus V. 4–9 sowohl durch das Fehlen eines Parallelismus als auch durch die militärisch-politische Bildwelt abhebt, ist eine Erweiterung, die sich eng an den Anfangsrefrain anschließt: Daß und wie gewaltig der Name JHWH auf der ganzen Erde ist, erweist sich, so wird nun erläutert, an dem Bollwerk, das JHWH „aus dem Munde von Kindern und Säuglingen errichtet hat". Es ist ein Bollwerk, das einerseits „die Kinder und Säuglinge" schützt und andererseits „die Widersacher Gottes" scheitern läßt. Der Vers ist nicht leicht verständlich, was teilweise mit den Problemen der hebräischen Textüberlieferung zusammenhängt. Auch unsere hier vorgelegte Erklärung ist nur ein Versuch, der neben anderen möglichen Deutungen steht.

Unsere Deutung geht davon aus, daß hier metaphorische Redeweise vorliegt. Die „Kinder und Säuglinge" sind keine schreienden oder betenden Kleinkinder („Kindermund tut Gottes Allmacht kund"), auch nicht die Babies im Kreißsaal, deren erster Urschrei das Geheimnis des Leben gebenden Schöpfergottes verkündet. Das Oppositionspaar „Kinder" – „Feinde" legt vielmehr nahe, in den „Kindern und Säuglingen" eine Metapher für das leidende, verspottete und bedrängte Gottesvolk zu sehen. Die textliche Begründung für diesen Vorschlag liefern vor allem die Klagelieder. In ihnen wird Zion-Jerusalem als eine Mutter gezeichnet (vgl. dazu auch Jes 49, 20–23; 54, 1–6.13; 66, 8–11; Ps 81), die um ihre ermordeten und verschleppten Kinder trauert und klagt (Klgl 1, 16). Wenn es heißt, daß die Kinder der Mutter Zion deportiert werden, daß die Kinder Zions verstört sind (Klgl 1, 15 f) oder daß die Söhne der Mutter Zion wie wertloses Geschirr verachtet und behandelt werden (Klgl 4, 2), dann drückt die Metapher Kind das Ausgeliefertsein, die Wehrlosigkeit und die umfassende Leidenssituation des zum Spielball der politischen Mächte, die als „rachgierige Feinde" auftreten und erfahren werden (vgl. Klgl 1, 15 f; 2, 16–19; 3,60), gewordenen Gottesvolks aus.

Das Staunens- und Rühmenswerte dieser Situation sieht V. 3 aber nun darin, daß JHWH selbst dem bedrängten Israel einen festen Zufluchtsturm geschaffen hat: durch den Namen JHWH, den er selbst ihnen in dieser Situation als Hilfe- und Vertrauensschrei in den Mund gelegt hat. Aus V. 3 spricht die Erfahrung, die Spr 18, 10 so formuliert: „Ein fester Turm ist der Name JHWH, dorthin eilt der Gerechte und ist geborgen". Der Name JHWH ist nach Ps 20, 8 ein Schild, der den von den Feinden umtobten König schützt und rettet: „Die einen sind stark durch die Streitwagen, die anderen durch Kriegsrosse, wir aber sind stark durch den Namen unseres Gottes JHWH" (vgl. ähnlich Ps 118, 10–14). Wo der Name JHWH angerufen wird, da müssen die Feinde zurückweichen (Ps 56, 10).

Im Sinne unseres Psalmes ist aber festzuhalten: Der

Gottesname ist hier auf den Lippen der klagenden und verzweifelten Kinder der bedrängten Mutter Zion. Das ist die veränderte Dimension der exilischen und nachexilischen JHWH-Erfahrung: Anders als zur Zeit Davids und der realpolitischen Machtentfaltung des vorexilischen Königtums, als JHWH für Erfolg, Wohlstand und Israels Gloria einzustehen schien, zeigt sich nun, daß – um mit Martin Buber zu reden – der Name dieses Gottes eben nicht zuallererst „Erfolg" ist, sondern Solidarität mit denen, die verlassen und vereinsamt sind. Daß die Leidenden und Verstoßenen in JHWH ihren Bundesgenossen anrufen, daß sie zu ihm schreien, ihn anklagen oder sich von ihm halten lassen wollen wie Ijob – das ist der paradoxe Erweis, wie mächtig und gewaltig der Name „JHWH" auf Erden sein kann. Daß die Leidenden ihre Identität in JHWH festhalten, einklagen und finden, ist das Bollwerk, das ihnen nicht einmal der Tod nehmen kann. Das Gebet, die Klage oder gar der Lobpreis der Leidenden ist ein JHWH-Erweis, der Zeugnis davon gibt, daß JHWH das Menschlein und den Adamssohn halten und tragen will. Weil es in der Hölle des Leids immer wieder „Kinder und Säuglinge" gibt, die den Namen ihres Gottes auf ihre Lippen nehmen, dürfen auch Nicht-Leidende es wagen, angesichts von Leid, Schuld und Tod zu diesem Gott zu beten: „JHWH, wie gewaltig ist dein Name auf der ganzen Erde!"

Die Glossierung in V. 2 c ist ausgelöst durch die veränderte Theologie des Gottesnamens im Frühjudentum. Der Gottesname wurde nun zu einer Hypostase JHWHs mit eigener geheimnisvoller göttlicher Wesenheit. Die frühjüdische Theologie betonte einerseits außerordentlich stark die Transzendenz und Verborgenheit Gottes, wodurch sie andererseits gezwungen wurde, eine Reihe von Mittlerinstanzen einzuführen, wenn es überhaupt noch getreu der genuin alttestamentlichen Tradition an einem Handeln JHWHs an der Welt, in der Geschichte und im Kult festhalten wollte. Solche Mittlerinstanzen waren Personifizierungen verschiedener Aspekte des Handelns JHWHs, die immer stärker eine gewisse Selbständigkeit erhielten und schließlich zu einer Art Hypostase oder zu selbständigen Gestalten wurden. Dieser Entwicklung entstammen nicht nur die verschiedenen Engel (sozusagen mit jeweils unterschiedlichen Ressorts), sondern auch die Hypostasen „Weisheit" (als Schöpfungsmittlerin oder gar als Schöpferin selbst) und der „Gottesname", dem zunehmend eigenständige Wirkmächtigkeit zugeschrieben wurde.

Das ist der theologische Horizont, in dem unsere Glosse V. 2c zu sehen ist. Sie bekennt den Glauben und die Hoffnung, daß der Gottesname in sich selbst, als Hypostase, unabhängig davon und vorgängig dazu, daß er angerufen wird, göttliche Wirkmacht in sich birgt. Nun gilt: „Gewaltig ist dieser Name auf Erden", weil er die wirkmächtige Mittlerinstanz des himmlischen Gottes ist.

Diese Glosse könnte auch den Einstiegspunkt dafür bieten, unseren Psalm christologisch zu interpretieren und zu beten (vgl. Mt 21,15f; 1 Kor 15,27; Eph 1,22; Hebr 2,6–9).

X. Gottesmystik

„Gott ist der Schatten des Menschen" – diese Hauptthese des Chassidismus kommentierte Baal-Schem, der Gründer der Bewegung, folgendermaßen (nach E. Wiesel): „Genauso, wie der Schatten den Gesten und Bewegungen des Körpers folgt, folgt Gott den Regungen der Seele. Wenn der Mensch barmherzig ist, wird Gott es auch sein. Das Geheimnis des Menschen heißt Gott, und Gottes Geheimnis hat keinen anderen Namen als den vom Menschen dafür erfundenen: Liebe. Wer liebt, liebt Gott. ... Und was ist denn die Liebe, wenn nicht ein schöpferischer Akt, bei dem zwei Wesen verschmelzen in einem tausendmal zerrissenen, tausendmal vernarbten Bewußtsein? Das Geheimnis der Liebe liegt im Einssein, das Mysterium Gottes ebenfalls ... Gott steht nicht im Gegensatz zum Menschlichen; und der Mensch, obwohl verwundbar und kurzlebig, kann die Unsterblichkeit erlangen im vergänglichen Augenblick."

Das Psalmenbuch birgt besonders kostbare Zeugnisse solcher Gottesmystik, die vom Einswerden Gottes und des Menschen künden – und zu ihm bereiten wollen. In bewegenden Bildern spricht sich darin die biblische Grunderfahrung aus: JHWH ist das Licht, in dem der Mensch sich selbst und seine Welt erst eigentlich zu sehen beginnt. JHWH ist das lebendige Wasser, das dem menschlichen Leben Fruchtbarkeit und Schönheit bringt. JHWH ist der Fels, auf dem der Mensch im Chaos seiner Ängste und Gefahren einen rettenden Ort findet. JHWH ist der Atem, der belebt und begeistert. JHWH ist im Menschenleben da – wo und wenn man ihn nur dasein läßt.

Die Psalmen konfrontieren uns zweifelnde Zeitgenossen mit dem Wissen um eine Gottesgegenwart im Menschen, die weder durch spektakuläre Ereignisse der Geschichte noch durch Menschen als „Boten" Gottes vermittelt ist. Es gibt, so bezeugen sie, eine Gottesunmittelbarkeit, die in jenem Geheimnis wurzelt, das Ps 139,5 mit dem Bild von der Mutter zusammenfaßt, die ihre Arme um ihr Kind legt, um diesem Geborgenheit und Schutz, Vertrauen und Liebe zu geben – nicht um es kleinzuhalten, sondern um es zu stärken für die Lebenswege, die es gehen muß!

Psalm 16

1 *Schütze mich, Gott, denn ich habe mich geborgen in dir!*
2a *Ich habe gesagt: „JHWH, mein Herr bist du.*
2b *Mein Glück bist du allein."*

3a *Den Heiligen, die im Lande da sind,*
3b *und den Schrecklichen, an denen aller Gefallen ist:*
4a *– mehren sollen sich die Schmerzen derer, die einem anderen Gott nachlaufen –*
4b *nicht will ich ausgießen ihre Trankopfer aus Blut,*
4c *und nicht will ich nehmen ihre Namen auf meine Lippen!*

5a *JHWH, du meines Anteils und meines Bechers Gabe,*
5b *du bist für immer mein Los.*
6a *Die Meßstricke fielen mir auf beglückendes Land,*
6b *ja mein Erbteil entzückt mich.*

7a *Ich will preisen JHWH, der mich beraten hat,*
7b *ja, in den Nächten mahnte er mein Inneres.*
8a *Ich habe JHWH zu meinem ständigen Gegenüber gemacht:*
8b *wenn er mir zur Rechten ist, wanke ich nicht.*

9a *Darob freute sich mein Herz und jubelte meine Seele,*
9b *ja, mein Leib kann wohnen in Sicherheit,*
10a *denn nicht überläßt du mich der Scheol,*
10b *nicht gibst du deinen Getreuen hin, daß er die Grube schaut.*

11a *Du läßt mich erkennen den Weg des Lebens,*
11b *Sättigung mit Freuden ist bei deinem Angesicht,*
11c *Beglückung ist in deiner Rechten immerdar.*

Einführung

Zwei Eigenheiten faszinieren an diesem Psalm besonders. Er ist zum einen prall gefüllt mit Wörtern, die ein glückliches Leben hier auf dieser Erde bezeichnen. Da ist die Rede von geradezu paradiesischem Grundbesitz (V. 6), von strotzender Gesundheit (V. 9), vom Sattsein und von Freude in Überfülle (V. 5.11); da genießt einer das Leben so in vollen Zügen, daß der Tod keine bedrohende Realität ist (V. 10). Doch all dies, was den Psalmbeter beglückt, ist nicht „von dieser Welt": sein Land, sein Essen und Trinken, seine Gesundheit und sein Erfolg – JHWH heißt und ist dies alles!

Und zum anderen überrascht an dem Psalm, daß dieses geradezu mystische „JHWH mein ‚ein und alles'!" eine mühsam erkämpfte und gefährdete Gewißheit ist. Schon die Bitte V. 1, mit der der Psalm einsetzt, läßt die Bedrohung anklingen, unter der der „Lebensweg" steht, der allein durch JHWHs Weggemeinschaft zu einem „Weg des Lebens", d.h. zu einem mit Leben gefüllten und nicht von den Mächten des Todes (Zerbrechen an Krankheit, Versagen und Schuld; Verfolgung und Verleumdung durch „Feinde"; Unglück, soziale Benachteiligung, Verachtung usw.) vorzeitig und unzeitig zerstörten Weg, werden kann. Aber auch aus V. 3–4 spricht die Auseinandersetzung mit anderen, von der Mehrheit bevorzugten Wegen, das Glück zu suchen. Hinter diesen Versen, die eine Erweiterung des ursprünglichen Psalms sein dürften (manche Ausleger wollen aus diesen Versen herauslesen, daß der Beter des Psalms ein „Konvertit" sei), wird die versucherische Macht deutlich, die die Fremdreligionen der Völker auch in der nachexilischen Epoche, besonders im Zeitalter des Hellenismus, auf breite Bevölkerungskreise ausgeübt haben. Schließlich zeigen auch die Verse 7–8, daß der Beter zu seinem mystischen Ja zu JHWH erst in inneren Kämpfen gelangt ist. Ob man diese Verse, wie bisweilen vorgeschlagen wird, auf schwere Krankheit, akute Todesgefahr oder massive Existenzkrise hin so deuten darf, daß hier JHWH als „Lehrer im Leiden" aufscheint, ist wegen der auch sonst belegten Vorstellung, daß die nächtliche Stille und Ruhe Zeit für Gotteserfahrung ist (vgl. Ps 63,7), eher auszuschließen.

Der Psalm ist (ähnlich auch Ps 49; 73) so sehr von der belebenden Erfahrung der Gottesgegenwart durchdrungen, daß er zu Formulierungen vorstößt, die JHWH als Quelle des Lebens auch über den Tod des einzelnen hinaus aufscheinen lassen. Zwar bittet der Psalm zunächst „nur" darum, von der Macht des Todes nicht „vorzeitig" bzw. „unzeitig" zerstört zu werden. Aber er erbittet dies als Schutz JHWHs: Wo ER ist, ist der Tod keine Macht, die das Leben vernichten kann. Wer in der Gottesgemeinschaft lebt, lebt „in Sicherheit". Mit diesem Bekenntnis ist das Tor zur unzerstörbaren Lebensgemeinschaft mit Gott, d.h. zu einem „ewigen“ Leben, aufgestoßen!

Die griechische Bibelübersetzung (Septuaginta) hat den Psalm eindeutig als Dokument der Hoffnung auf die Auferstehung sogar des Leibes verstanden und entsprechend übersetzt. An zwei Stellen des griechischen Textes ist dies besonders abzulesen: „mein Fleisch (d. h. der vergängliche Teil des Menschen) wird in Hoffnung (nämlich auf die Auferstehung) ruhen“ (V. 9a); „nicht läßt du deinen Frommen schauen die Verwesung/Vernichtung“ (V. 10b).

In diesem Verständnis der griechischen Bibel wurde Ps 16 in der Apostelgeschichte zum theologischen Argument für die Auferweckung Jesu. Sowohl Petrus (Apg 2,25–28.31) als auch Paulus (Apg 13,35) verkünden die Auferweckung Jesu als eine Tat Gottes, die genau jener Lebensmächtigkeit Gottes entspricht, die Ps 16 bezeugt.

Der Aufbau des Psalms ist am ehesten an der Parallelismusstruktur abzulesen. Sie bestimmt den ganzen Psalm, mit Ausnahme von V. 1.4a.11a. Während V. 4a als späte Randglosse verstanden werden kann (sie unterbricht den Satzzusammenhang V. 3 und V. 4bc), sind die „Einzelzeiler“ V. 1 und V. 11a geradezu thematische Säulen des Psalms. Sie leiten die begründete Anfangsbitte (V. 1–2) und die zusammenfassende Vertrauensäußerung (V. 11a–c) ein und markieren so eine jeweils dreizeilige Anfangs- und Schlußstrophe.

Der verbleibende Textbestand läßt sich auf Grund von Beobachtungen zum Satzbau (V. 3–4 und V. 9–10 sind jeweils eine einzige Satzperiode; V. 7 bringt mit dem Kohortativ „ich will ...“ einen Neueinsatz; V. 7–8 heben sich von V. 5–6 und V. 9–10 dadurch ab, daß JHWH nicht in der Du-Form angeredet, sondern daß von ihm in der dritten Person gesprochen wird), zur Thematik (V. 3–4 geht es über das Verhältnis des Beters zu Göttern/Götzen; V. 5–10 über das Verhältnis des Beters zu JHWH) und vor allem zur jeweils prägenden Bildwelt (V. 5–6: Landverteilung; V. 7–8: JHWH als Berater und Anwalt; V. 9–10: Erfahrung von Lebensfreude und Lebensfülle) in weitere vier Strophen von je vier Zeilen gliedern. Die Strophe V. 3–4 dürfte eine spätere Erweiterung darstellen (sie unterbricht den engen Zusammenhang zwischen V. 2 und V. 5–6; die hier zur Sprache kommende kultische Dimension fehlt im übrigen Psalm).

Der ursprüngliche Psalm weist damit folgende innere Struktur auf: Auf die vertrauensvolle Bitte um Schutz (V. 1–2) folgt die Schilderung einer zweifachen Gotteserfahrung, nämlich der von JHWH als Lebensraum (V. 5–6) und als Lebensnorm (V. 7–8). Daß aus solcher Gotteserfahrung Kraft und Zuversicht für alle Situationen des Lebens, ja für das Leben insgesamt erwachsen, bezeugt V. 9–10. Die letzte, dreizeilige Strophe formuliert die Quintessenz: In der Gottesgemeinschaft gelingt das, was wir erfülltes Leben nennen.

Die drei vierzeiligen Strophen markieren die grundlegende Struktur der Existenz des biblischen Menschen: 1) JHWH gibt das Leben als SEINE Gabe; es fällt dem Menschen einfach zu. Das Leben ist Gnade. 2) Der Mensch hat die Chance und die Aufgabe, das Leben zu gestalten. Dabei läßt JHWH den Menschen nicht allein, sondern bietet ihm seine Weisung und seine Kraft an. Leben bedeutet: Leben nach dem Gesetz. 3) Dies hinwiederum weckt im Menschen jene Zuversicht und jenen Lebensmut, die Voraussetzung dafür sind, daß der Mensch – trotz bzw. angesichts vielfältiger Todesbedrohung – die Gestaltung seines Lebens aktiv in die Hand nimmt. Leben bedeutet Vollzug von Hoffnung.

Dieser Dreiklang von Leben als Gnade, Leben nach dem Gesetz und Leben aus Hoffnung ruht auf den beiden Grundakkorden, die die beiden dreizeiligen Strophen am Anfang (V. 1–2) und am Ende (V. 11 a–c) anschlagen: JHWH bietet sich als Quelle des Glücks und als Weg des Lebens an.

Der Psalm setzt mit einer Bitte ein. Dann folgen bis zum Schluß Bekenntnisse des Vertrauens. Er wird deshalb übereinstimmend als „individuelles Vertrauenslied“, als „Vertrauenspsalm“ gekennzeichnet. Er erhält von den Kommentatoren höchste theologische Noten.

So lesen wir bei H. Gunkel: „Ein schöner Vertrauenspsalm ... aus kindlich frohem, in Gott vergnügtem Herzen ... Der Sänger, der Jahwe als sein einziges Gut betrachtet, wird mit irdischen Schätzen nicht gesegnet gewesen sein und fühlt sich trotzdem in seinem Glauben reich und glücklich. So ist der Psalm ein reiner Ausdruck einer edleren, geistigeren Religion, als sie sonst meistens in den Psalmen laut wird; eine ähnliche Stimmung in Ps 4 und tiefer in Ps 73.“

Oder bei H. Schmidt: „In außerordentlich feiner und tiefer Beobachtung wird ... die Eigenart des Gotteserlebens der israelitischen Religion herausgehoben: Sie ist die Religion des heiligen ‚Du sollst‘, des sittlichen Gebots. Das aber empfindet der Betende nicht etwa mit allem Schauder vor der Angst des quälenden Gewissens, sondern als ein wunderbares Glück ... mehrere Wendungen im Eingang und am Schluß ... erinnern an Klagegebete ... Aber unser Gedicht ist von diesen Kultusgebeten doch verschieden: Wir hören hier nichts von der zeternden Angst, von dem lauten Geschrei, das jenen eigen ist. Im Gegenteil: Hier ist alles Ruhe, leuchtende Freude, tiefe Gewißheit. Man wird also sagen müssen, daß wir hier ein Gebet haben, das nicht an irgendeinen heiligen Ort oder an ein heiliges Handeln gebunden, sondern das ein ganz persönliches und inneres Gebet ist.“

Beide Urteile über den Psalm sehen ihn m. E. zu pietistisch und zu idyllisch. Sie übersehen, daß der Psalm auch eine politische Dimension hat. Und sie vergessen, daß Vertrauenspsalmen ihren Sitz im Leben – bis heute – meist in der Stunde der Anfechtung und der Auseinandersetzung haben: eben in der Ambivalenz des Alltags, in dem die Hoffnung immer durch Zweifel und die Zuversicht durch Schwachheit und das Vertrauen durch Ängste gefährdet sind. Das ist die Stunde der Vertrauenspsalmen: sie verklären nicht die Zuversicht, sondern sie kämpfen um sie.

Was wir bisher beschrieben haben, spricht nun dafür, daß der Text – anders als Ps 13 – nicht als Gebetsformular, sondern als biographisches Gebetsdokument zu kennzeichnen ist. Welchen Kreisen gehört sein Verfasser an? Ist dieser Psalm in seiner Gottesmystik als Gebet eines Durchschnittsisraeliten vorstellbar? Kann man so nur reden und leben, wenn man dem Streß und den Sorgen des Alltags enthoben ist, z.B. als Angehöriger der Tempelpriesterschaft oder als Mitglied levitischer Kreise, die sehr real und buchstäblich „von JHWH" (d.h. von den Abgaben der Gemeinde und der Tempelbesucher) leben? Ist der Psalm als Gebetsformular in der Leviten- und Priesterausbildung am Jerusalemer Tempel entstanden? Ist er das Zeugnis einer mystisch-charismatischen Bewegung, die man nicht auf bestimmte soziale oder levitische Kreise beschränken darf? Mir scheint letzteres am ehesten der Fall zu sein. Eine Bindung des Psalms an Tempelkreise, wie immer wieder gesagt wird, scheint mir wegen der im Psalm verwendeten Bilder wenig wahrscheinlich. Eher atmet der Psalm die Atmosphäre der weisheitlichen Überlieferung.

Dafür spricht vor allem V. 11a: „Du läßt mich erkennen den Weg des Lebens", d.h. nicht einen Weg, der einmal und dereinst nach diesem Leben *zum* ewigen Leben führt, sondern einen Weg, der *in* der Lebenswelt verläuft und nicht plötzlich in die Unterwelt, in den Tod abdriftet. Die nächste Parallele zu dem in V. 11a verwendeten Begriff „Weg des Lebens" bietet die Sentenz Spr 15,24, die in wörtlicher Übersetzung lautet: „Der ‚Weg des Lebens' (nach oben) ist für den Einsichtigen da, damit er abbiegt von der Scheol (drunten)." Diese Sentenz macht, wie auch die vergleichbaren Texte Spr 2,18f; 5,5f; 15,10 deutlich, „daß der ‚Weg des Lebens' so etwas wie eine Lebenslehre sein konnte, ein ‚Viatikum', das den Einsichtigen befähigt, den Weg zur Unterwelt zu meiden" (K. Seybold). „Weg des Lebens" ist ein Fachterminus der weisheitlichen „Lebenslehre", der weisheitlichen Pädagogik. Allerdings erwartet unser Psalm das ethisch-pädagogische Konzept nicht von der Weisheitsschule, sondern von JHWH. Der Psalm gehört also in jene weisheitliche Strömung der nachexilischen Epoche, welche die Lebensweisheit als Gottesgabe, als Belehrung durch JHWH – eben als Tora sucht und erbittet.

Auslegung

Die *erste Strophe* (V. 1–2) setzt mit der einzigen Bitte (V. 1) ein, die der Psalm enthält. Sie zielt nicht auf einzelne Lebensgüter, sondern auf jene grundlegende Du-Ich-Beziehung, deren Lebensförderlichkeit und Glück der ganze Psalm in immer neuen Bildern besingt. Es ist die Bitte, JHWH möge den Beter in jener mystischen Gemeinschaft erhalten, die dieser als schützende Geborgenheit gesucht und erfahren hat. Der Beter hat die Kraft jenes Du-Glaubens erfahren, der nicht auf einzelnen Glaubensinhalten, sondern in einem Vertrauen gründet, dessen dialektische Gestalt V. 2 entfaltet. Er hat sich einerseits in Gottesgehorsam JHWH unterworfen. Er hat sich zum Knecht der Gottesherrschaft gemacht. Genau dies hat er andererseits als Glück und als Lebenserfüllung erfahren. Wer sich diesem Gott als Du aussetzt, wird darin zum Ich. Wer JHWH dient, erfährt darin Befreiung.

Die *zweite Strophe* des ursprünglichen Psalms (V. 5–6) bietet ein Ensemble von Vorgängen und Vorstellungen, die aus der Praxis der jährlichen Landzuweisung in agrarischen Stammegesellschaften stammen, wo das zu bebauende Land nicht den einzelnen, sondern dem Stamm bzw. der Sippe gehört. Dabei gab es unterschiedliche Losverfahren, „die Teile", d.h. die Parzellen, aufzuteilen: Unser Psalm spielt in V. 5a auf ein Becherordal an. In V. 5b ist ein anderes, nicht näher erläutertes Losverfahren anvisiert. Daß Landverteilung im Losverfahren vorgenommen wurde, ist auch das grundlegende Modell, nach dem in Jos 13–21 die Zuweisung des Gelobten Landes an die einzelnen Stämme erzählt und gedeutet wird. In Jos 18 ist dabei offensichtlich eine Praxis vorausgesetzt, in der das Land schriftlich aufgenommen und dann über die einzelnen Urkunden das Los geworfen wird. Das könnte in V. 5b gemeint sein. Zuerst wird also das Land durch Los zugewiesen (V. 5), und danach setzt, was in V. 6 anvisiert ist, der Vorgang der entsprechenden Landvermessung ein, und zwar durch das Auswerfen der Meßstricke. Diese Prozedur ist ikonographisch aus Ägypten belegt. Der Vorgang der Landverlosung ist angesichts der recht unterschiedlichen Bodenqualität im Judäischen Bergland gewiß ein von allen Beteiligten mit Spannung verfolgter Vorgang. Wer da eine Ackerbreite mit wenig Steinen, womöglich gar mit einer Quelle in der Nähe erhält, der kann in der Tat sagen: „Mein Erbteil entzückt mich!" Ich habe diesmal einen Volltreffer gelandet.

Diesen Volltreffer, so bekennt der Beter in V. 5–6, hat er mit JHWH gezogen. In dieser Strophe bekennt er ein

Doppeltes. Zum einen ist JHWH ihm buchstäblich „zugeteilt“ worden, d. h. JHWH hat sich ihm mitgeteilt. Nicht er hat JHWH erwählt, sondern JHWH hat sich ihm geschenkt. Und zum anderen variieren die Bilder, was JHWH für den Beter ist und wirkt: Lebensgrundlage (mein Anteil = mein Landanteil), Lebensschicksal (mein Becher, mein Los), Lebensreichtum (beglückendes Land) und Lebenswürde (das „Erbteil“ gibt das volle Bürgerrecht). Kurz: Erfüllung aller Sehnsüchte – das ist dem Beter die gewährte JHWH-Beziehung!

Möglicherweise spielt der Dichter aber nicht nur allgemein auf die Landverteilung an, sondern auf das besondere Los, das den Leviten zufiel. Sie erhielten kein Land zur Bebauung, sondern über sie heißt es in Num 18,20: „Im Lande sollst du keinen Erbbesitz erhalten und du sollst von ihm keinen Anteil erhalten. Ich bin dein Anteil und Erbbesitz unter den Israeliten.“ Das bedeutete zunächst sicher konkret: Die Leviten sollen von den Opfern und Abgaben leben, die die Israeliten dafür geben, daß die Leviten den kultischen Dienst an den Heiligtümern und den Predigtdienst bei den Versammlungen verrichten. Sie leben von den Anteilen der Mahlopfer, vom Fleisch und von den übrigen Speiseopfern, aber auch vom Wein, eben von dem Anteil, den ihnen ihr JHWH-Dienst einbringt.

Diese Praxis ist in unserem Psalm ein Bild für die mystische JHWH-Gemeinschaft des Beters. JHWH selbst ist dem Beter das Brot, das Fleisch und der Wein, die sein Leben nähren, stärken und erfreuen. Der Beter unseres Psalms hat die Einladung von Ps 34,9 angenommen und kann sie bestätigen: „Kostet und seht, wie lebensförderlich JHWH ist.“

Die *dritte Strophe* (V. 7–8) macht deutlich, daß echte JHWH-Gemeinschaft immer einen Praxisbezug hat. Der biblische Gott ermutigt zu Taten und fordert Lebensentscheidungen, die SEINEM Reich die Wege bereiten. Wer „von JHWH" lebt (V. 5–6), muß „für JHWH" leben. Wer sich auf ihn einläßt, wird ihn als oft störenden, unbequemen Mahner und Ratgeber erfahren, als ein Gegenüber (V. 8 a), das beunruhigt – aber zugleich Orientierung und Schutz gewährt, wie ein hilfreicher Anwalt zur Rechten des Angeklagten oder wie ein Schildträger an der Rechten eines Kämpfers (V. 8 b).

Die *vierte Strophe* (V. 9–10) betont das „neue" Leben, das dem geschenkt wird, der sich den Weg des Lebens von seinem Gott geben läßt. Wer die belebende und belehrende Kraft dieser Gottesgemeinschaft erfahren hat, für den verlieren die vielen alltäglichen Gesichter des Todes und des Grabes ihre lähmende, schreckende Mächtigkeit (V. 9–10). Die Scheol (Ort des Todes), die durch Krankheit, Unglück, Schuld, Haß, Krieg usw. das Leben zum Tod machen kann, muß vor dem lebendigen Gott „ins zweite Glied" zurücktreten. Wer sich von JHWH leiten und halten läßt, fällt nicht in die „Fallgruben", die das Leben gefährden. Für den JHWH-Frommen erweist sich die ihm geschenkte Liebe seines Gottes als Kraft gegen die Todesangst – ja gegen den Tod selbst als Zerstörer des gelebten und geliebten Lebens.

Die abschließende *fünfte Strophe* (V. 11) faßt den Psalm zusammen. Der Vers greift mehrere vorher gebrauchte Wörter auf („Freude": V. 9; „Beglückung": V. 6; „in deiner Rechten": V. 8) bzw. formuliert im Kontrast („Weg des Lebens": V. 11 a; vgl. „Scheol" und „Grube": V. 10). In vertrauensvoller Du-Anrede bezeugt der Vers den heilvoll zugewandten Gott: Er wendet SEIN gütiges Angesicht dem Frommen zu und hält ihm SEINE Rechte entgegen, die übervoll ist mit Leben und Beglückung. JHWH selbst ist der vor dem Sturz in die Todesgrube bewahrende Weg des Lebens (vgl. Spr 15, 24), den der Psalm feiert und zu dem er einlädt – und um dessen Gabe er in V. 1 bittet.

Wie oben kurz begründet wurde, hat eine erweiternde Hand durch die Einfügung von V. 3–4 die Option für JHWH präzisiert und verschärft, nämlich als Absage an alle Riten und Praktiken der Fremdreligionen. Die „Heiligen" und die „Schrecklichen" sind, wie z.B. Ex 15,11; Ps 89,6.8; 1 Sam 4,8 nahelegen, Bezeichnungen für Götter und Gottwesen, im Kontext der Überlieferung unseres Psalms wohl Göttinnen und Götter der hellenistischen Welt, deren Kulte auch vielen Mitgliedern der JHWH-Religion im 3. Jahrhundert v. Chr. attraktiv erschienen. Man braucht hier nicht an einen bewußten Abfall vom überlieferten Glauben der Väter zu denken, sondern an die Faszination des Neuen, Modernen, die auf „Anpassung" und „Ergänzung" des JHWH-Glaubens drängte (ein Dilemma, vor dem Religionen ja allezeit stehen!). Zwei Greuel der „neuen" Mischreligion greift V. 3–4 heraus: das Blut, das als Lebensträger in besonderer Weise JHWH, dem Geber allen Lebens, heilig ist (vgl. Lev. 17), wird für Trankopfer (oder ist gar an Menschenopfer gedacht?) zu Ehren anderer Gottheiten verwendet (vgl. Jes 66,3); andere Götter (ihre Namen) werden in bestimmten Notsituationen angerufen, obwohl Israel doch der Name JHWH als alleiniger Lebensgrund gewährt wurde (vgl. Ex 3,14f; 23,13). In heiligem Zorn hat ein Abschreiber noch in biblischer Zeit dies mit V. 4a kommentiert: Wer solchen „unnützen" Göttern (vgl. Jer 2,8.11) oder, wie Ezechiel noch schärfer formulierte, solchen „Scheißgöttern" nachläuft, soll am eigenen Leib erfahren, daß sie das Gegenteil von all dem sind und bringen, was unser Psalm von JHWH bezeugt.

Psalm 23

1b *JHWH ist mein Hirt, so fehlt mir nichts.*
2a *Auf grünen Weiden läßt er mich lagern.*
2b *Zur Ruhe an Wassern führt er mich.*
3a *Meine Lebenskraft läßt er zurückkehren.*
3b *Er geleitet mich auf Wegen des Heils*
3c *um seines Namens willen.*

4a *Auch wenn ich gehen muß*
4b *durchs Tal der Finsternis,*
4c *fürchte ich nicht Unglück,*
4d *denn du bist mit mir,*
4e *deine Keule und dein Stab,*
4f *die geben mir Mut.*

5a *Du rüstest vor mir ein Mahl*
5b *im Angesicht meiner Widersacher.*
5c *Du salbst mit Öl mein Haupt,*
5d *mein Becher ist übervoll.*

6a *Fürwahr, Glück und Güte werden mich verfolgen*
6b *alle Tage meines Lebens,*
6c *und ich werde zurückkehren ins Haus JHWHs,*
6d *solange mir Tage geschenkt werden.*

Einführung

„Wenn ich den Psalm lese, reißt mich der Jubel hoch, begeistern mich die einfachen, immerwährenden Bilder Hirt, Herde, Wasser, das gefährlich enge, dunkle Tal, das die Behutsamkeit des Hirten fordert. Wenn ich den Psalm lese, erschreckt mich aber auch der Trost, ein einfacher, vielleicht ein billiger Trost?, und ich muß an das Kirchenlied aus dem 19. Jahrhundert ‚So nimm denn meine Hände und führe mich ...' denken, das uns heute in seiner Demut fast unerträglich ist, weil es die Verantwortung und die Frage danach ausläßt, ein ganzes Zeitalter des Denkens und der Erfahrungen ausspart ... Der 23. Psalm, eines der schönsten Jubellieder – denen ich nur Paul Gerhardts ‚Geh aus mein Herz, und suche Freud' zur Seite stellen mag ... Daß ich mich gegen den Psalm, den ich liebe, wehre ...? Vielleicht hat er zuviel Gefügigkeit provoziert – unsere jüngste Geschichte ist voll davon" (Ingeborg Drewitz).

Wie viele Menschen haben in und an diesem Psalm nicht schon Trost und Kraft gefunden! Im Judentum wird er mit Vorliebe bei Beerdigungen gesprochen. In der frühen Christenheit haben ihn in der Osternacht die Neugetauften zur Vorbereitung auf das eucharistische Mahl gebetet. Uns ist seine Bildwelt vertraut aus der Nachdichtung, die wir als Kirchenlied singen: „Mein Hirt ist Gott der Herr ..." Was an diesem Psalm fasziniert, sind gewiß seine archaischen Bilder, auf die die Sehnsucht unserer Herzen anspricht. Grüne Auen, klare Wasser, guter Weg, gedeckter Tisch, übervoller Becher, festliche Stimmung, ein Haus voller Glück und Freundlichkeit – und all dies als Gabe eines zugewandten Gottes: Wer möchte dies nicht? Und daß dies geschenkt wird inmitten einer Welt, in der es Finsternis, Unheil und Feinde gibt, wie der Psalm realistisch herausstellt, zieht uns gewiß nicht weniger an, denn so ist die Welt, in der wir leben.

Es ist offensichtlich die Balance des Psalms zwischen Sehnsucht und Wirklichkeit, seine Einwurzelung in unserer Erfahrung und das Aufbrechen dieser Erfahrung auf Gottes Gegenwart hin, was diesen Psalm so kostbar macht: „Alle Bücher, die ich gelesen habe, haben mir diesen Trost nicht gegeben, den mir dies Wort der Bibel gab" (Immanuel Kant). Er ist einerseits so persönlich, daß er zu einem echten ‚Herzensgebet' werden kann; aber andererseits ist er zugleich so allgemein, daß er von vielen mit unterschiedlichen Erfahrungen und in den unterschiedlichsten Situationen gebetet und ‚er-lebt' werden kann.

So verwundert es auch nicht, daß die wissenschaftliche Auslegung des Psalms teilweise weit auseinanderführende Wege gegangen ist. So wird diskutiert, wie viele Bilder (Metaphern) im Psalm vorliegen. Das ist keine nebensächliche Frage, sondern entscheidet über das genauere Verständnis der einzelnen Formulierungen, ja sogar des Psalms als Ganzen. Vor allem geht die Diskussion darum, ob neben dem Bild von JHWH als dem Hirten noch das Bild von JHWH als dem Gastgeber begegnet („der gute Hirte und der milde Wirt"). Andere sehen sogar die drei Bilder „Hirt" (V. 1–3), „Wegbegleiter" (V. 4) und „Wirt" (V. 5). Viele Ausleger sind der Meinung, daß nur V. 1–4 im Bild des Hirten die Fürsorge und den Schutz JHWHs besingen, während in V. 5–6 „real" von einem Dankopfermahl am Tempel die Rede ist, in dessen Verlauf der Beter eben unseren Psalm als Dankespsalm anstimmt. Und den Anlaß des Danks formuliert er, so wird gesagt, in der Metapher vom Hirten. Dieser Anlaß wird dann mit Blick auf V. 3 (in der Deutung: „er führte mich auf den Wegen der Rechtschaffenheit") als Freispruch in einem Gottesgericht am Tempel oder mit Blick auf V. 4 (in der Deutung „Finsternis" = „Todesschatten") als Rettung aus schwerer Krankheit oder mit Blick auf V. 5–6 („im Angesicht meiner Feinde"; „ich werde bleiben im Haus JHWHs mein Leben lang") als Erlangung von Asylrecht im Tempel vor der Blutrache oder vor Schuldsklaverei erklärt.

Unsere Auslegung schließt sich dieser „Danklied"-Theorie beim Opfermahl nicht an, sondern interpretiert den Psalm als Vertrauenspsalm, der durchgängig durch die Metapher von JHWH als dem guten König bestimmt ist.

Auslegung

Der *erste Teil* des Psalms besteht aus zwei Abschnitten, die formal voneinander abgehoben sind: V. 1b–3c redet von JHWH in der 3. Person, in V. 4 wird er als Du angesprochen; während der Beter im ersten Abschnitt (auch grammatisch) Objekt des Handelns JHWHs ist, ist er im zweiten Abschnitt Subjekt („ich gehe"; „ich fürchte nicht"); die Umstandsangabe in V. 4a „auch wenn, selbst wenn ..." markiert die Zäsur. Die Abschnitte bilden eine spannungsvolle Einheit: Weil JHWH *der* Hirte ist, dessen Wirken V. 1b–3c bekennt, findet der Beter den Mut, seinen Lebensweg so zu gehen, wie V. 4 festhält. Schon von dieser Struktur her verbietet sich das Mißverständnis, der Psalm zeichne den Menschen als „Schaf", das blindlings und als Herdentier getrieben wird. Das Vertrauen darauf, daß ein erfahrener, starker und guter Hirte da ist, ermöglicht vielmehr, daß der Beter sogar vor dem Tal der Finsternis nicht ausweicht, sondern geht und geht ... mit den Worten des Psalms im Herzen, der die Gewißheit beschwört: ER ist da und geht mit.

Daß, wie und *warum* ER da ist, entfaltet V. 1b–3c. Den Grund geben der Anfang und der Schluß des Abschnitts an: JHWH – um seines Namens willen. Es ist sein innerstes Wesen, so da zu sein. Weil er Hirte ist, teilt er sein Leben mit seiner Herde, tags und nachts, draußen und unterwegs: beinahe als „primus inter pares"! Die Metapher selbst „speist sich" aus zwei Erfahrungsbereichen, einmal aus der Lebenswelt des Halbnomaden, der mit seiner Herde (und mit seiner ganzen Familie) auf der Suche nach neuen Weideplätzen unterwegs ist, und zum anderen aus der Geschichte Israels, in der es von JHWH in das den Vätern verheißene Land geführt wurde.

Die Einzelzüge der Metapher zeichnen keine Hirtenidylle, sondern lassen den oft dramatischen Kampf ums Überleben des Halbnomaden und seiner Herde durchscheinen. Wo es keine saftigen Wiesen oder grünen Berghänge als Weideland gibt und wo die abgeernteten Felder von den Bauern für die eigenen Schafherden reserviert bleiben, muß „der Hirte" kundig und geschickt sein, wenn er überleben will. Der, von dem in unserem Psalm die Rede ist, bietet seiner Herde alles, was sie braucht: Weideplätze, auf denen gerade frisches Grün aus dem Boden sprroßt, Wasserstellen mit Wasser in Fülle (Plural!) – und vor allem Lager- und Ruheplätze, an denen die Herde vor wilden Tieren, aber auch vor feindlichen Konkurrenten oder Räubern sicher ist. Diese Herde kann in Ruhe die Weide und das Wasser, aber auch die Nacht so „genießen", daß die Lebenskraft immer neu zurückkehrt, selbst wenn weite Wegstrecken zurückzulegen sind. Und die Wege, die dieser Hirte führt, sind gangbar – ohne tödlichen Absturz, nicht zuletzt deshalb, weil er mit seinem Hirtenstab an schwierigen Stellen leitet und stützt. Die beiden in V. 4c genannten „Werkzeuge" fassen dies zusammen: mit der umhängenden Keule wehrt er die wilden Tiere ab (vgl. 1 Sam 17,34f), und mit dem langen Stab führt und stützt er gefährdete oder schwache Tiere bei schwierigen Stellen des Weges.

Die Formulierungen dieser Einzelzüge spielen aber zugleich auf Israels Ursprungsgeschichte an. Das in V. 2a gebrauchte Wort „Weide" bezeichnet mehrfach das Land, das JHWH Israel als Lebensraum gibt (Ex 15,13; Jer 23,3; 25,30; 31,23; Ez 34,14). Die „Ruhe" (V. 2b) ist jener Zustand von Friede und Heil, der das Leben im Lande JHWHs auszeichnet (vgl. Dtn 12,9; 1 Kön 8,56; Jes 32,18). Der Weg des Exodus war ein „Weg durch die Finsternis", der in eine üppige Oase führte (Jer 2,6). Das war die Erfahrung, die Israel die vierzig Jahre seiner Wüstenwanderung gemacht hat: „JHWH, dein Gott, war mit dir: nichts hat dir gefehlt!" (Dtn 2,7).

Gegenüber der Überlieferung von JHWH als dem Hirten seines Volkes oder der ganzen Schöpfung stößt unser Psalm zu einer neuen Gewißheit durch: der Hirte sorgt sich um die einzelnen (vgl. auch Gen 48,15). Er „behandelt" seine Herde nicht als Masse, sondern kennt und liebt sie in ihrer Individualität. Er weiß, was jede(r) braucht – und läßt es sie/ihn finden. Dazu gibt ER Mut und Zuversicht.

Auch der *zweite Teil* des Psalms ist von der Sprechsituation her zweigegliedert: V. 5 bekennt in der Du-Anrede ein Wirken JHWHs, während V. 6 wieder wie V. 4 den Lebensweg des Beters überblickt, wobei das Ich (das Subjektsein!) hervortritt. Angesichts der in V. 5 geschilderten JHWH-Erfahrung kann der Beter sein Leben wagen – auch wenn „die Widersacher" daraus nicht verschwinden. Die in V. 4 genannte „Finsternis" ist hier personifiziert. Das ist die Realität des gesellschaftlichen Alltags, die der Psalm bewältigen will. Wer dem Psalm vorwirft: „Es ist schade, daß selbst in diesem Idyll die Anspielung auf die Feinde nicht ausbleibt" (B. Duhm), hat zwei Dinge übersehen: 1) Das Leben ist keine Idylle. 2) Die „Widersacher" sind eine Chiffre nicht nur für böse Nachbarn, sondern für alle Widerwärtigkeiten des Lebens (vgl. unsere Auslegung von Psalm 13). Nicht ein Leben ohne solche „Widersacher" verheißt der Psalm, sondern er weist einen Weg, mit dieser Realität zu leben – eben in der Annahme jener Einladung zur Gottesgemeinschaft, die V. 5 im Bild des (königlichen) Festmahls zeichnet.

Aus zwei Gründen scheint mir die Auffassung, in V. 5 sei auf das Dankopfermahl am Jerusalemer Tempel angespielt, nicht möglich zu sein. Beim Dankopfer geht die Initiative zum Mahl vom Menschen aus; in V. 5 kommt aber alles (!) von Gott her. Der in V. 5c angezielte „Salbungsbrauch" hat mit dem Opfermahl nichts zu tun. Der Vers ist vielmehr davon fasziniert, daß JHWH den Beter, der von seinen Widersachern verachtet, verfolgt oder mißhandelt wurde, zu einem Festmahl einlädt, das JHWH ihm zu Ehren veranstaltet. Das ist die größte Auszeichnung, die es gibt: Tischgenosse des Königs zu sein (noch heute der Traum vieler Zeitgenossen!). Zwei Einzelzüge aus einem solchen Festessen werden herausgenommen, um die Freude und die Üppigkeit, den Glanz und die beglückende Atmosphäre anzudeuten. Ägyptische Bilder bezeugen die Sitte, bei festlichen Mählern den Gästen parfümierte Fette und Öle in sogenannten Salbkegeln (teilweise noch mit Blumen geschmückt) auf den Kopf zu binden, die dann im Laufe des Mahls auf den erhitzten Häuptern zerflossen, den Kopf herunterträufelten und einen betörenden Wohlgeruch verbreiteten. Und daß der Becher mit Wein „übervoll" ist, hebt die Großzügigkeit des Gastgebers hervor, der sich nicht „lumpen" läßt.

Auch diese Metapher spielt zugleich auf die Ursprungsgeschichte Israels an. Das Bekenntnis „Du rüstest vor mir ein Mahl" ist ein gezielter Kontrast zu dem Zweifel, den Israel in der Wüste äußert: „Sie redeten gegen Gott; sie fragten: Kann uns denn Gott ein Mahl rüsten in der Wüste? Zwar hat er an den Felsen geschlagen, so daß Wasser floß und Bäche strömten. Kann er uns aber auch Brot verschaffen und sein Volk mit Fleisch versorgen?" (Ps 78,19f).

Mit der Gewißheit, daß Gott den Verfolgten, Angefeindeten und Armen zu seinem Tischgenossen macht und die Verfolger dabei leer ausgehen läßt (vgl. „Magnificat“ Lk 1,53), kehrt der Beter in das harte Leben zurück – zugleich aber mit der Absicht, die Einladung, in JHWHs Haus Zuflucht, Ruhe und Stärkung zu finden, immer wieder anzunehmen: solange er lebt (und darüber hinaus!). Er kann den Lebensweg antreten, weil JHWH ihm zwei königliche Wegbegleiter mitgibt, die ihn „verfolgen“: „Glück“ (das Wissen, von JHWH anerkannt und geliebt zu sein!) und „Güte“ (die Erfahrung, daß JHWH alles teilt!).

Wenn wir den ganzen Psalm überblicken, ergibt sich für die ihn prägende Bildwelt nun doch *eine* Metapher: JHWH ist der fürsorgliche und großzügige König des Beters. Auch das Bild vom Hirten ist ja ein Königsbild, sowohl in der Umwelt Israels wie in Israel selbst. So geht es letztlich dem Psalm darum, den Beter die Gottesherrschaft erfahren zu lassen. Er will nicht einen Lehrsatz einschärfen, sondern im sprechenden Vollzug des Psalms soll die Wirklichkeit den Beter ergreifen: daß der Hirte da ist, mitgeht und Mahl bereitet hat.

Das ist Trost für Menschen, die auf Wegen der Finsternis wandern müssen. Und es ist eine Herausforderung, dem Hirten und Gastgeber bei seiner Arbeit und bei seinen Festen zu helfen.

Die Gottesmystik befreit zur Theopolitik.

XI. Der (nichtkanonische) Psalm 151: ein theologisches Nachwort zum Psalmenbuch

Schon in den Kapiteln II und III ist angeklungen, daß die Septuaginta nicht mit Psalm 150, der Aufforderung an die „Psalmengemeinde", die Vorsängerrolle im kosmischen Lobpreis zu übernehmen, schließt, sondern mit einem zusätzlichen autobiographischen Psalm Davids. Dieser als Psalm 151 bezeichnete Text trägt in der Septuaginta die Überschrift: „Dieser Psalm ist von David selbst geschrieben, außerhalb der Zählung (d. h. er ist überzählig), und zwar als er (David) allein mit Goliat gekämpft hatte."

Das hebräische Original dieses Psalms (außer der Septuagintafassung gibt es auch eine syrische Variante) wurde nun – eine gewiß gute Fügung – in der 11. Höhle von Qumran gefunden. Das Original ist etwas umfangreicher, poetisch schöner strukturiert und theologisch tiefsinniger als die griechische Fassung. Die in Qumran gefundene Textfassung ist gewiß die ältere. Wann und wo sie gedichtet wurde, ist schwer zu entscheiden. Ihre letzte Zeile atmet den Geist der Qumran-Essener, aber ansonsten spricht alles dafür, daß der Text vor-qumranisch ist. Die Septuagintafassung „verdankt" ihre Kürzung orthodoxer Ängstlichkeit. Die Vorstellung von David als „jüdischem Orpheus" (vgl. unsere Auslegung) war offensichtlich selbst der aufgeklärten Theologie von Alexandria des Guten zuviel. Das gilt auch von der pharisäisch-rabbinischen Schule von Jamnia, die die kanonische Endgestalt des Psalmenbuchs festlegte. Sie hat den Psalm einfach ausgeschlossen.

Für uns, aus der historischen Distanz und jenseits ängstlicher Orthodoxie, ist Psalm 151 nicht nur ein kostbares Zeugnis frühjüdischer Psalmentheologie. Der Psalm ist zugleich eine abschließende Werbung, *mit* und *wie* David durch „seine" Psalmen die Erde und Gott zu verzaubern.

Leider ist die Übersetzung des Textes der Qumranrolle (11 QPs[a]) in der Forschung kontrovers. Unser Textvorschlag orientiert sich an der 1963 bzw. 1965 erschienenen Ausgabe des Erstbearbeiters J. A. Sanders.

1a *Der Kleinste war ich unter meinen Brüdern*
1b *und der Jüngste unter den Söhnen meines Vaters,*
1c *und der setzte mich ein zum Hirten seiner Schafe*
1d *und zum Herrscher über seine Zicklein.*
2a *Meine Hände machten eine Langflöte*
2b *und meine Finger eine Tragleier,*
2c *und so gab ich JHWH die Ehre,*
2d *ich hatte (nämlich) in meinem Inneren gesagt:*
3a *„Die Berge legen kein Zeugnis ab für IHN,*
3b *und die Hügel verkünden nicht,*
3c *so sollen die Bäume meine Worte bewundern*
3d *und die Schafe meine Werke.*
4a *Ja, wer soll verkünden und wer soll reden,*
4b *wer soll erzählen die Werke des Herrn?"*

4c *Der Gott des Alls – er sah es,*
4d *der Gott des Alls – er hörte es und lauschte.*
5a *Da sandte er seinen Propheten, mich zu salben,*
5b *den Samuel, mich groß zu machen.*
5c *Meine Brüder gingen ihm entgegen,*
5d *schön an Gestalt und schön von Aussehen.*
6a *Groß waren sie in ihrem Wuchs,*

6b *schön waren sie mit ihrem Haupthaar –*
6c *doch nicht erwählte JHWH,*
6d *der Gott nicht sie.*
7a *Er sandte und holte mich hinter den Schafen weg,*
7b *und er salbte mich mit heiligem Öl,*
7c *und er setzte mich ein zum Fürsten seines Volkes*
7d *und zum Herrscher über die Söhne seines Bundes.*

Der Psalm ist ein Midrasch zu 1 Sam 16,1–13, wo erzählt wird, wie Samuel im Auftrag JHWHs den David zum Nachfolger Sauls salbt. Dazu schickt JHWH den Samuel nach Betlehem, wo er Isai und seine Söhne zu einer Opfermahlfeier einladen soll. Einen dieser Söhne nämlich hatte JHWH zum neuen König bestimmt. Wer von ihnen dies sei, das wollte JHWH dem Samuel bei der Feier selbst sagen. Als nun der Erstgeborene des Isai kam, ein schlanker, großer junger Mann mit wunderschön wallendem Haar, das altisraelitische Schönheitsideal verkörpernd, da dachte Samuel bei sich: „Fürwahr, bei JHWH, das ist sein Gesalbter!" Doch JHWH sagte zu Samuel: „Schau nicht auf sein Aussehen und auf die Größe seines Wuchses. Denn es geht nicht um das, worauf der Mensch sieht; der Mensch sieht ja das Augenfällige, JHWH aber sieht das Herz an." So kamen die sieben Söhne des Isai der Reihe nach vor Samuel, aber keiner von ihnen sollte der Gesalbte JHWHs werden. Und als Samuel enttäuscht fragte: „Sind das alle deine Söhne?", sagte ihm Isai: „Der Kleinste ist noch übrig, er ist unterwegs und hütet die Schafe." Da forderte Samuel den Isai auf: „Sende nach ihm und laß ihn holen!" Und als der kleine Hütejunge kommt, hört Samuel die Stimme JHWHs: „Steh auf, salbe ihn, denn er ist es!"

Die zahlreichen sprachlichen Anklänge unseres Psalms an diese Erzählung sind offenkundig. Am wichtigsten aber ist: Der Psalm ist eine Erläuterung jenes Gotteswortes der Erzählung, wonach JHWH nicht auf das Äußere, sondern in das Innere der Menschen sieht. Was er da im Herzen Davids sah, das diesen von seinen Brüdern unterschied und ihn zum König über Israel befähigte, präzisiert nun unser Psalm in V. 2a–4b: Er dichtete und sang zu Flöte und Tragleier Psalmen zur Ehre JHWHs!

Wie der griechische Orpheus, der mit seinen Liedern und mit seinem Leierspiel Bäume und Tiere, ja sogar die Götter verzauberte, so sang und spielte der Schäferjunge David „die Werke des Herrn" (V. 4b). Weil die Berge und die Hügel nicht den Lobpreis JHWHs sangen (vgl. zu diesem Motiv, jedoch positiv gewendet, u.a. Ps 148,9), greift David zu den Hirteninstrumenten und spielt geradezu prophetisch (vgl. V. 4ab mit Jes 6,8) zum Lob des Schöpfergottes auf. Mit seinen dichterischen „Werken" aus „Worten" (V. 3cd) feiert er „die Werke" des großen Schöpfergottes JHWH. Die Bäume und die Schafe lauschen staunend. Und vor allem: JHWH selbst hört die Psalmen Davids und ist fasziniert – und macht den Schafhirten zum Menschenhirten (vgl. die Parallelisierung V. 1 mit V. 7!). Wer solche Psalmen dichten und singen kann, der ist von seinem Herzen her fähig, König über Israel zu sein.

Kann man Größeres über das biblische Psalmenbuch sagen? Psalm 151 spricht eine wundervolle Verheißung über alle aus, die *wie* und *mit* dem orphischen David seine Psalmen singen. In den 150 Psalmen des Psalmenbuchs, von denen wir nur einige auslegen konnten, gibt sich „alles, was Atem hat" (Ps 150,6), ja der ganze Kosmos dankend und anbetend dem Schöpfer zurück – wie die jüdische Tradition *so* erzählt:

Wie schuf Gott die Seele Davids, des künftigen Psalmensängers? – Er öffnete die Tore des Gesangs, er nahm das Trillern der Vögel, das Raunen der Wälder, die angenehmen Stimmen des zarten Windes, der sich zwischen den Zweigen und Blättern hören läßt, das Rauschen der Quellen und Bäche, den Gesang derer, die zu Gott flehen, und ihre Danklieder – und machte daraus eine Seele, die er David einhauchte.

Literaturhinweise

1. Allgemeine Literatur

H. Gunkel-J. Begrich, Einleitung in die Psalmen. Die Gattungen der religiösen Lyrik Israels, Göttingen 1933. ³1975.

K. Seybold, Die Psalmen. Eine Einführung (Kohlhammer-Urban Taschenbücher 382), Stuttgart 1986.

F. Stolz, Psalmen im nachkultischen Raum (Theologische Studien 129), Zürich 1983.

J. Becker, Wege der Psalmenexegese (Stuttgarter Bibelstudien 78), Stuttgart 1975.

O. Keel, Die Welt der altorientalischen Bildsymbolik und das Alte Testament. Am Beispiel der Psalmen, Zürich-Köln ³1984.

N. Füglister, Das Psalmengebet, München 1965.

H. Becker-R. Kaczynski (Hrsg.), Liturgie und Dichtung. Ein interdisziplinäres Kompendium. Bände I und II, St. Ottilien 1983.

G. Bitter-N. Mette (Hrsg.), Leben mit Psalmen. Entdeckungen und Vermittlungen, München 1983.

2. Ausgewählte Kommentare

A. Deissler, Die Psalmen, Band 1–3, Düsseldorf 1963–1965.

B. Duhm, Die Psalmen, Tübingen 1899. ²1922.

H. Groß-H. Reinelt, Das Buch der Psalmen, Düsseldorf ³1986 (1. Teil). ²1984 (2. Teil).

H. Gunkel, Die Psalmen, Göttingen 1926. ⁶1986.

H. J. Kraus, Psalmen, Neukirchen ⁵1978.

3. Ausgewählte Studien zu den besprochenen Psalmen (in der Reihenfolge des Bandes)

Zu Ps 1: R. P. Merendino, Sprachkunst in Psalm 1: Vetus Testamentum 29, 1979, 43–60; J. Reindl, Psalm 1 und der ‚Sitz im Leben' des Psalters: Theologisches Jahrbuch Leipzig 1979, 39–50.

Zu Ps 2: A. Deissler, Zum Problem der Messianität von Psalm 2, in: FS H. Cazelles, Paris 1981, 283-292; E. Zenger, „Wozu tosen die

Völker ...?" Beobachtungen zur Entstehung und Theologie des 2. Psalms, in: FS H. Groß, Stuttgart [2]1987, 495–511.

Zu Ps 149: R. J. Tournay, Le Psaume 149 et la ‚vengeance' des Pauvres de YWHY: Revue Biblique 92, 1985, 349–358. N. Füglister, Ein garstig Lied – Ps 149, in: FS H. Groß (s. o.) 81–105.

Zu Ps 150: H. Schweizer, Form und Inhalt ...: Biblische Notizen 3, 1977, 35–47.

Zu Ps 13: O. H. Steck, Beobachtungen zur Beziehung von Klage und Bitte in Psalm 13: Biblische Notizen 13, 1980, 57–62; E. Gerstenberger, Der bittende Mensch (WMANT 51), Neukirchen 1980.

Zu Ps 30: J. Schreiner, Aus schwerer Krankheit errettet. Auslegung von Psalm 30: Bibel und Leben 10, 1969, 164–175; H. Witzenrath, Am Abend Weinen – doch am Morgen Jubel. Ps 30 – ein alter Osternachtspsalm der Kirche, in: Liturgie und Dichtung (s. o.) 447–495.

Zu Ps 40: G. Braulik, Psalm 40 und der Gottesknecht (Forschung zur Bibel 18), Würzburg 1975.

Zu Ps 47: E. Otto-T. Schramm, Fest und Freude, Stuttgart–Berlin 1977, 50–55; J. Jeremias, Das Königtum Gottes in den Psalmen, Göttingen 1987, 50–69.

Zu Ps 15: W. Beyerlin, Weisheitlich-kultische Heilsordnung. Studien zum 15. Psalm (Biblisch-Theologische Studien 9), Neukirchen 1985; E. Otto, Kultus und Ethos in Jerusalemer Theologie: Zeitschrift f. d. atl. Wissenschaft 98, 1986, 161–179.

Zu Ps 133: O. Keel, Kultische Brüderlichkeit – Ps 133: Freiburger Zeitschrift für Philosophie und Theologie 90, 1976, 68–80.

Zu Ps 114: N. Lohfink, Ps 114/115 (M und G) und die deuteronomische Sprachwelt, in: FS H. Groß (s. o.) 199–205.

Zu Ps 126: W. Beyerlin, „Wir sind wie Träumende". Studien zum 126. Psalm (Stuttgarter Bibelstudien 89), Stuttgart 1977; Sch. Ben-Chorin, Das Volkslied der Juden, in: Liturgie und Dichtung (s. o.) 47–54.

Zu Ps 20.21.101: W. H. Schmidt, Alttestamentlicher Glaube in seiner Geschichte, Neukirchen [4]1982, 190–215; N. Lohfink, Das Jüdische am Christentum, Freiburg 1987, 71–102.

Zu Ps 12.14.11: J. Jeremias, Kultprophetie und Gerichtsverkündigung in der späten Königszeit Israels (WMANT 35), Neukirchen 1970, 111–114; T. Veerkamp, Der Bewährte – was kann er wirken? Eine Auslegung des 11. Psalms: Texte und Kontexte 3, 1979, 5–10.

Zu Ps 19: O. H. Steck, Bemerkungen zur thematischen Einheit von Psalm 19,2–7, in: FS C. Westermann, Göttingen–Neukirchen 1980, 318–324; Ch. Dohmen, Ps 19 und sein altorientalischer Hintergrund: Biblica 64, 1983, 501–517; J. M. Oesch, Zur Übersetzung und Auslegung von Psalm 19: Biblische Notizen 26, 1985, 71–89.

Zu Ps 33: A. Deissler, Der anthologische Charakter des Psalmes 33(32), in: FS A. Robert, Paris 1957, 225–233; H. Graf Reventlow, Gebet im Alten Testament, Stuttgart 1986, 131–139.

Zu Ps 8: W. Beyerlin, Psalm 8. Chancen der Überlieferungskritik: Zeitschrift für Theologie und Kirche 73, 1976, 1–22; E. Zenger, „Was ist das Menschlein ...?" (Ps 8,5), in: FS A. Brems, Regensburg 1981, 127–145; M. Görg, Alles hast du gelegt ..., in: FS H. Groß (s. o.) 125–148.

Zu Ps 16: K. Seybold, Der Weg des Lebens. Eine Studie zu Psalm 16: Theologische Zeitschrift 40, 1984, 121–129.

Zu Ps 23: S. Mittmann, Aufbau und Einheit des Danklieds Psalm 23: Zeitschrift für Theologie und Kirche 77, 1980, 1–23; W. Stenger, Strukturale ‚relecture' von Ps 23, in FS H. Groß (s. o.) 441–455.

Zu Ps 151: H.-J. Fabry, 11 QPs[a] und die Kanonizität des Psalters, in: FS H. Groß (s. o.) 45–67.